U0580043

"十三五"国家重点图书出版规划项目

科学博物馆学丛书

吴国盛 主编

[英] 彼得·弗格（Peter Vergo）主编　王颖 译

新博物馆学

THE NEW
MUSEOLOGY

北京师范大学出版集团
BEIJING NORMAL UNIVERSITY PUBLISHING GROUP
北京师范大学出版社

总　序

　　博物馆是现代性的见证者，也是生产者。它在展示现代社会诸事业之成就的同时，也为它们提供合法性辩护。因此，博物馆不是一种文化点缀，而是为时代精神树碑立传；不只是收藏和展示文物，也在塑造当下的文化风尚；不是一种肤浅的休闲娱乐场所，而是有着深刻的内涵。博物馆值得认真研究。

　　博物馆起源于现代欧洲，并随着现代性的扩张传到现代中国。博物馆林林总总，但数量最多、历史最久的那些博物馆大体可以分成艺术博物馆（Art Museum）、历史博物馆（History Museum）和科学博物馆（Science Museum）三大类别。本丛书的研究对象是科学博物馆。

　　广义的科学博物馆包括自然博物馆（Natural History Museum）、科学工业博物馆（Museum of Science and Industry）、科学中心（Science Center）三种类型，狭义的科学博物馆往往专指其中的第二类即科学工业博物馆。自然博物馆收藏展陈自然物品，特别是动物标本、植物标本和矿物标本；科学工业博物馆收藏展陈人工制品，特别是科学实验仪器、技术发明、工业设施；科学中心（在中国称"科技馆"）通常没有收藏，展出的是互动展品，观众通过动手操作以体验科学原理和技术过程。

　　三大类别的科学博物馆既是历时的又是共时的。"历时的"，是指历史上先后出现——自然博物馆出现在十七八世纪，科学工业博物馆出现在 19 世纪，科学中心出现在 20 世纪。"共时的"，是指后者并不取代前者，而是同时并存。它们各有所长、相互补充、相互借鉴、相互渗透。比如，今天的自然博物馆和科学工业博物馆都大量采纳科学中心的互动体验方法来布展，改变了传统上观众被动参与的模式。

　　中国的博物馆是西学东渐的结果。与其他类型的博物馆相比，中国的科技类博物馆起步最晚。中国科学技术馆于 1958 年开始筹建，直到 1988 年才完成一期工程。近十多年来，随着国家经济实力的增长，国内的科技馆事业进入了高速发展时期。截至 2018 年年底，已经或即将建成的建筑面积超过 3 万平方米的特大型科技馆共 19 家；所有省级行政中心都已经拥有自己的科技馆。由于政府财政资助，多数科技馆免费开放，也激活了公众的参观热情。

　　然而，与科技馆建设和发展的热潮相比，理论研究似乎严重不足。对什么是科技馆、应该如何发展科技馆等基本问题，我们缺乏足够的理论反思和学术研究。比如，我们尚未意识到，中国科学博物馆的发展跳过了科学工业博物馆这个环节，直接走向科学中心类型。缺乏科学工业博物馆这个环节，可能使我们忽视科学技术的历史维度和人文维度，单纯关注它的技术维度。再比如，如何最大程度地发挥"科学中心"的展教功能，我们缺乏学理支持，只有一些经验感悟；至于"科学中心"的局限性，则整体上缺少反思。基本的理论问题没有达成共识，甚至处在无意识状态，我们的发展就有盲目的危险。在大力建设科学博物馆的同时，开展科学博物馆学研究势在必行。

　　本丛书将系统翻译引进发达国家关于科学博物馆的研究性著作，对自然博物馆、科学工业博物馆、科学中心三种博物馆类型的历史由来、社会背景、哲学意义、组织结构、展教功能、管理运营等多个方面进行理论总结，以推进我国自己的科学博物馆学研究。欢迎业内同行和广大读者不吝赐教，帮助我们出好这套丛书。

吴国盛

2019 年 1 月于清华新斋

新博物馆学

/目录

导　言

彼得·弗格

（Peter Vergo）

　　博物馆学是什么？简单地下个定义，即研究博物馆，研究其历史和 1
哲学基础，研究他们经过一段时间建立和发展起来的各种方式，其公开
宣称或者不言而喻的目标和政策，以及博物馆在教育、政治或者社会中
的角色。想得广泛些，这样的研究可能会包括各种类型的观众——参观
者、学者、艺术爱好者和孩子——我们认为博物馆群体就是受到了他们
的指引，相关的话题如博物馆肩负（或者产生）的法律义务和责任也是如
此，或许甚至还有对他们的去向的思考。从这个角度来看，博物馆学的
话题初看起来好像是一门只和博物馆专业人员有关系的专门学科，他们
因为职业的关系或多或少地对这个研究产生了兴趣。实际上，博物馆就
算没有文明本身那么古老，也基本差不多，并且，既然当今博物馆遍地
开花，实际上就牵涉到了人类各行各业的付出——不仅仅是艺术、工艺
或者科学，而且还有娱乐、农业、乡村生活、童年、渔场、古迹和汽
车：无法逐一列举——考察领域极广，几乎和每一个人都有关系。

　　博物馆，就其意义而言，如今这个词汇已经得到普遍理解了，当然
这也是比较新兴的一个现象。像大英博物馆和卢浮宫这样的大型公共资
助（并对公众开放）机构的建立不过几百年，也就是 18 世纪后半叶。但

从起源上而言，如果不是更久远的话，博物馆的历史至少可以追溯到古典时期。博物馆的起源通常可以追溯到托勒密（Ptolemaic）的亚历山大图书馆，这首先是（无论它是否可能还有其他的功能）一所带有图书馆功能的研究收藏地、知识博物院，学者和哲学家以及历史学家的汇聚之地。[1] 在文艺复兴时期的欧洲，拥有权力和财富的人得以深究学问、放眼古希腊城邦以外、欧洲以外，去探求对自然的主宰，对臣民的主宰。正如当时的君王和政治家所充分认识到的那样，这一研究的一个本质部分就是，努力求得对人和世界的完整理解。他们所搜集的藏品——不仅仅有艺术品，还有手工业品、古迹、科学设备、矿物、化石、人类和动物遗体，以及任何一种可以想象到的物品——还有最近历史学家相当感兴趣的奇奇怪怪的柜子和房间，这些博物馆概念产生之前诞生的博物馆不仅仅履行着展示财富、权力或特权的基本功能，也是研究之所。这种地方兼具研究和展览藏品的双重功能，这个理念沿袭了下来，成为早期公共博物馆成立的正当理由，同时也提出了难题。现在更有人觉得博物馆应该不仅仅是陈列令人好奇的宝贝，让有求知欲的人得以欣赏，而且还要积极参与大众教育，当今博物馆在公众导向上创造性的理念使其仍身陷困境。保罗·格林哈尔希在本书中的文章清楚说明，在博物馆的语境内外，要做到寓教于乐，是多么地令人犯愁。

　　但是，博物馆当然完全不仅仅是研究、教育或者娱乐的地方。收藏行为本身，就具有政治、意识或者审美的一面，不可小觑。根据什么标准来评判艺术品是美丽的，甚或是有历史意义的？什么使得某些物品，而非旁的物品"值得"保存于世？我们的博物馆是什么时候收藏（或者拒绝归还）除了我们自身之外的特定文化的物品或者藏品的？我们附加在这些物品上的"价值"同其文化归属、源自的人或者部落有怎样的不同？他们可能具有一个相当特定的宗教、礼仪或者甚至治疗的内涵？收藏的物品，无论何种类型，博物馆都要根据其价值、意义或者货币价值进行判断做出某种取舍，更不用说是把那个物品公开展出或让展品对公众开放，评判标准可能部分源于机构本身特定的价值体系，但是，它更深层次地扎根于我们的教育、教养和成见。无论我们喜欢与否，在准备临时展出或者博物馆陈列时，每每得到(实际上是处置)、排列或者整理一件物品或者艺术品，随之而来还有其他的物品或者艺术品，都意味着历史的某种建构，可能是远古的历史，或者是更近一些的过去，这些历史都是有关我们自身或别人的文化，有关整个人类或者人类劳动的一个特定方面。除了注解、信息栏、所附目录和新闻通报，还有潜台词，包括无数形形色色、常常是矛盾的方面，交织着愿望和野心、才智或者政治或者社会或者博物馆董事、馆长、学者、设计者和赞助商的教育愿望和设想——更不要说塑造了我们并且给我们打上印记的社会生活，政治、社会或教育体制。可以这么说，这些考虑的因素，相比博物馆的管理、保存的方法和技术、财务状况、在公众眼中的成绩或疏漏，更称得上是新博物馆学的主要课题。

博物馆学在任何情形下，都是一门较新的学科。直到第一家博物馆成立后很久，才有人想到它可以成为研究的对象；也还是最近，前文所列举出来的延伸意义上的博物馆学本身才得以被认可为一个独立的研究领域。如果读者愿意承认，正如本书题目所提示的那样，不仅存在博物馆学这样一个学科，而且还有很多可能的博物馆学出现，包括一门"新的"(因此也可能是"旧的")博物馆学，那么"新"博物馆学的定义是什么呢？我给出的最简单的一层定义是，对"旧"博物馆学的普遍不满足的状态，在博物馆行业内外皆是如此；尽管读者可能持反对意见说，这样的定义不仅仅是消极的，也是可以循环论证的。但我要反驳说，"旧"的博物馆学的症结在于，博物馆的方法论探讨得太多，博物馆的目的讲得太少；如果过去少有人注意到博物馆学的话，那么只是被视为一门理论或者人文学科，提出的种种问题也表达得不够清晰，更不必说是探讨了。纵观博物馆行业的历史和发展——同时，至少在这个国家，就目前的尴尬处境[2]而言——脑海里面立即想到的就是腔棘鱼，这种不寻常的生物，它们的大脑在从胚胎发育到成熟过程中，尺寸会缩小，以至于最后只剩下可用的一小部分。除非对博物馆的社会角色重新彻底审核——在

导　言

这一点上，我不是说仅仅用如更多的收入或者参观者这些标准来衡量他们的"成功"——否则，这个国家里的博物馆也许仅仅是成为了"活化石"而已，而其他地方可能也一样。[3]

然而，无论这种重申的必要性有多么迫切，本书并不试图详述作为活动场所的博物馆。我们的目的不是要平均地探讨各个话题；相反，我们探讨了我们认为迫切需要解决的问题。读者们如果想要在这里面找到有关博物馆管理、保存技术、注册方法，或者合作赞助的内容，肯定是徒劳的；相关话题的文章虽然不是极其丰富，但可以找到很多，一般出现在日益增多的有关博物馆学的其他文献中。我们同样还要审视一些新近的"另类"文学作品，它们同样对"旧"博物馆学采取了一种批评的态度。例如，罗伯特·拉姆利(Robert Lumley)的优秀选集《博物馆时光机》(*The Museum Time Machine*)，里面的部分文章考察了各种建筑下的博物馆展览，不仅仅涉及历史，还有性别、种族和阶层[4]，布莱恩·达兰(Brian Durran)即将出版的书《做我们自己的展览》(*Making Exhibition of ourselves*)探讨了另外的话题，即公众展示(通常是主题人物)的有趣话题[5]。又一次重提这样的话题，主要是因为它们容易被忽略引起的。本书也不是为了还英国以外的博物馆学理论和实践一个公正。尽管几乎每篇文章都或多或少地指出国外在这方面的进展，尤其是菲利普·赖特(Philip Wright)和史蒂芬·班恩(Stephen Bann)分别对美国和澳大利亚的博物馆进行了更广泛的考察，但这些不同的文章主要是从英国的角度写的。"非洲永远具有新鲜感"(Ex Africa semper aliguid novi)，虽然其他地方的创新可能对本国的博物馆实践具有重要的借鉴意义，但在我们看来，在英国，20世纪度过得并不平静，这些难题、问题和矛盾将以最尖锐的形式凸显。

本书收入的文章并不是阐发单单一种观点，也不是来自单方面的想法：他们在方法上是不一样的，强调的要点也不同，写作的风格完全来自作者的个人口吻和兴趣。作为编辑，我从未想过去邀请博物馆专家"代表团"来列出一份"全面"的博物馆主题清单。相反，我约请了一部分同事——目前已经成了朋友——来撰写他们热衷的话题。如果这本书从整体而言在读者或者评论家看来"不具代表性"、不够全面、缺乏连贯性，那么错误在我。不过，我不得不说明一点，如果这些可以被视为错误的话，那么这也算是某种蓄意的错误。如果不顾及供稿者在落笔成文前既没有跟我也没有跟同行进行协商的事实，那么他们百花齐放的文章看起来倒是违背了某种如果算不上连贯性至少也是一致性的精神原则，可能是因为分享精神的力量，这个行当，我们大家都身处其中，它的健康发展甚至存活，我们无一不关注。我在此处向他们表达敬意，那些被默默忽略的事实，他们重新提及，勇气可嘉；那些被认为最好不要谈论的思想，他们说了出来。为了完成本书，他们把其他同等重要的事情搁置处理，对这种无私精神，我深表感谢。

1988 年 12 月

第一章
博物馆、艺术品及其意义

查尔斯·索马里兹·史密斯
(Charles Saumarez Smith)

建立博物馆的初衷是要把艺术品从当前的所有权和使用环境中移除，从私有世界之间的流通中转移出来，将其融入一个新的环境，赋予他们不同的意义。博物馆最本质的特征——将他们从众多广大的前私人收藏区别开来的地方——首先在于，他们并非随心所欲地赋予艺术品某种意义；其次，这些收藏应该是公开的，至少对一部分公众开放，他们从而获得某种形式的教育效果。这一点在英格兰的博物馆形成发展轨迹中表现得尤为明显。

在 17 世纪，有一系列复杂的收藏可以向公众开放，比如，伦敦朗伯斯区老约翰·特拉德斯坎特(John Tradescant)的收藏付费参观；但是特拉德斯坎特收藏的基本特征，以及为什么对它更好的描述术语是"方舟"(The Ark)，而不说它是一个博物馆，就在于它的私有性，以及完全是一种个人的积累，个人花费精力和闲暇打理，改变了展出的本质。[1]直到这些艺术品被伊莱亚斯·阿什莫尔(Elias Ashmole)继承并捐赠给牛津大学，它才被冠以"博物馆"的称号，以认定其作为公共基金而不再是私人收藏的性质。1686 年 6 月 21 日的博物馆章程中有明确规定：

因为自然知识和人类生活、健康，以及便利息息相关，因为如果不了解和尊重自然知识，就不能很好地利用自然知识；为此（结果），有必要对专门物品进行考察，尤其是那些结构精湛，对医学有益，或是可应用于制造或者贸易的物品。[2]

为了公众的利益，通过对三维艺术品的研究来提高认识，收藏被永久建立起来。"博物馆"这个词第一次用于指可能促进学术进步的现代机构，而不仅仅指致力于研究艺术与科学的古老机构，记录在 1683 年的牛津英语词典中，当时埃利亚斯·阿什莫尔的收藏被《自然科学会报》（*Philosophical Transactions*）称为"博物馆"（Musaeum）。[3]

从私人收藏向公共机构的转变过程同样体现在大英博物馆的基础上，大英博物馆是主导公众博物馆意识的最重要的机构。大英博物馆的藏品来源于汉斯·斯隆爵士（Sir Hans Sloane）大量多样的私人收藏，这些艺术品最初放在大罗素街，后来转至切恩道。有兴趣的公众可以去那里参观，展品进行了系统分类，符合分类学顺序。1749 年 7 月 29 日，斯隆将自己的收藏遗赠给公众，他的家人得到 2 万英镑报酬。1753 年 2 月 14 日，贺拉斯·沃波尔（Horace Walpole）给贺拉斯·曼爵士（Sir Horace Mann）的信中这样写道：

> 你很难想象我每天是如何度过的，目前我大部分时间都在守护胚胎和鸟蛤壳。汉斯·斯隆爵士去世了，我是他的博物馆受托人之一，这座博物馆将以 2 万英镑的价格转让给国王、议会以及彼得堡、柏林、巴黎和马德里的皇家学院。汉斯·斯隆爵士对博物馆的估价是 8 万英镑，任何热爱河马、独耳鲨鱼和像鹅那么大的蜘蛛的人都会觉得它值这个价！[4]

然而，尽管有这种态度，这些艺术品还是在适当的时候被议会收购了，并被安放在布鲁姆斯伯里的蒙塔古大楼对公众开放。艺术品是为了让公众参观，而且不会再以其他形式分散，这再次符合了博物馆的定义。艺术品的排列方式基本保持原样，但地位和意义按照对公众开放程度和永久性做了调整。至此博物馆已经形成。正如公司法所述，它的目的"不仅仅是为了博学求知的人们来参观和消遣，更是为了普通大众能来参观并从中获益"，不过，受托人很快设置了收费系统，明显公众参观受到一定限制。

到19世纪后半叶，第一批博物馆成立时表现出的明显趋势逐渐被接受，并得到政府的有效推动。这些趋势可归纳为围绕着博物馆概念的四个主要特性：第一，通过对展出艺术品的研究，应该可以在某方面促进知识的发展；第二，也是密切相关的一点，展品不应随意排列，而应按照系统的、可识别的分类方案进行布局；第三，它们不应该由私人拥有和管理，而该由一人以上的所有者代表公众管理；第四，应适当对外开放，如有必要可进行特殊安排，并收取相应费用。

这种混合定义显示了19世纪下半叶博物馆兴盛时期强烈的理想主义。例如，在南肯辛顿博物馆的成立时期这种理想主义是显而易见的。该博物馆的成立不是为了限制或者保密学识，更不是为了提高应用美术领域专家的鉴赏能力，而是具有广泛的实用工具目的，可以有助于提高公众品位，以理解设计在英国制成品中的作用。[5] 正如亨利·科尔（Henry Cole）在给实用艺术系的第一份报告中写的那样：

> 这家博物馆旨在使用，并在最大程度上保存展品；不只是实际使用，还应对其有相关讨论和授课。就我个人而言，我敢说，如果博物馆和美术馆不为教育目的服务，它们就会变成乏味无用的机构。[6]

蒙丘尔·康韦（Moncure Conway）在1882年出版的《南肯辛顿游记》（*Travels in South Kensington*）中阐述了这一初衷在多大程度上得到了实现。康韦来自弗吉尼亚州，在拉帕汉诺克河畔长大，学习过法律，做过短时间的卫理公会教派牧师，后来去了马萨诸塞州剑桥市，在那里与爱默生（Emarson）、梭罗（Thoreau）和朗费罗（Longfellow）结识，来到英国后认识了莱斯利·斯蒂芬（Leslie Stehpen）、卡莱尔（Carlyle）、狄更斯（Dickens）、约翰·斯图尔特·密尔（John Stuart Mill）和罗塞蒂（Rossetti），之后在芬斯伯里南部地区做牧师，并在贝德福德公园盖了一所房子。《南肯辛顿游记》清晰地展示了围绕南肯辛顿博物馆成立的知识兴趣点，因为有系统地组织起来的艺术品能够展示文化差异和变化的各个方面。这种兴趣有些是令人反感的，它清楚地表明了一种知识帝国主义的形式，把殖民地领土并入一套统一的社会发展法律体系；但令人印象深刻的是，博物馆发展到这一阶段，展品本身不仅仅被视为破碎的宇宙历史片段，而是作为可能的指标，作为转喻，可用于比较研究。康韦写道，参观者会发现，"每走一步，真的是在这个锅碗瓢盆的长廊里探索人类和种族发展的痕迹"。[7]他提醒他的读者，"要记住，这一机构的成立不是为了引起人们强烈好奇心，或造就任何流行展品；而是为了推广工业艺术文化"。[8]博物馆每年接待访客 100 万人次以上。

20 世纪下半叶，博物馆成立初衷的崇高理想主义和学术性意愿面临被遗忘的危险。博物馆面临的最迫切问题之一恰恰是这样一种观念，即文物可以并且应该脱离最初的所有权和使用背景，在另一种不同的意义背景下重新展出，而这种意义背景被认为具有更高的权威。博物馆高层权威的核心信念是，他们可以为文物提供一个安全而中立的环境，减少日常交易导致的外观变形和腐烂。人们认为博物馆可以避免文物所有权和认识论意义的改变。然而，任何一个密切关注过博物馆内文物移动情况的人都知道，认为文物在博物馆内是相对稳定和安全并且其意义和使用方式不会被改变的这种假想显然是错误的。通过对维多利亚与阿尔伯特博物馆（Victoria and Albert Museum）中文物处理方式的三个案例研究，可以阐明文物的意义可以通过博物馆的历史而转变的过程。

这三个案例并未选择典型文物为研究对象，而相反，选择了在某种程度上极具问题性的文物。这些文物可能并不适合表面中立的环境，而

图 1-1　J. M. 瑞斯布莱克(J. M. Rysbrack)创作的撒克逊神萨那

(V & A A10－1985)，维多利亚与阿尔伯特博物馆第 50 号展厅

且触及了我们对博物馆本质和目的的认识的边界。通过探索这些个案研究中发现的问题，就有可能阐明展示和解说上存在的更多问题。

　　首先要考虑的文物是最近送到英国雕塑馆的撒克逊神萨那(Thuner)。有必要在讨论之前明确指出，这件文物是体现博物馆公益的一个很好的例子。这是科巴姆勋爵(Lord Cobham)委托弗兰德雕塑家 J. M. 瑞斯布莱克为装饰 18 世纪的斯陀园雕刻的撒克逊众神之一（见图 1-1）。1921 年斯陀园将其卖出后，雕塑一度从学者和公众的视野中消失。后来出现在汉普郡一所不知名的预科学校的花园中，据说被当作板球门柱，1985 年被送至菲利普斯拍卖。在国家艺术收藏基金的帮助下，维多利亚与阿尔伯特博物馆拍得了雕塑，之后便放置在现今这个显眼的位置上，这尊雕塑在众多人像雕塑中显得烦躁不安。如果不是被博物馆收藏，它可能会被卖给私人收藏家，或是卖至国外，从而再次消失，只有专家以及有幸得到它的人的朋友和熟人才能知道它。[9]

　　这里有一个关于如何权衡私人所有和公共所有的相对优点的问题，对这件雕塑而言问题似乎是很明确的，但如果就像通常那样文物被锁在仓库中，问题就没那么简单了。而更重要的问题是，雕塑放置在那里显得与周围环境格格不入。雕塑第一次展出时，它被放在运输用的临时木架上，很明显是刚运过来的，看上去像临时展品，这更突出了它的格格不入。现在，给雕塑安上了永久性的木质底座，同时建造了一个更高的基座，可与它在斯陀园使用的基座相媲美；但它看起来还是显得不合时宜。

　　有几种方法可以解释雕塑在周围环境中明显的尴尬。第一种说法是，它和周边的展品不属于同一流派：这件雕塑是为了在花园中的远观景致而制作，因此雕刻更为粗犷生动。第二种说法是，人们对它的质量多有争议，认为它像是一件杰出作品，雕塑者想凭借这件可被众多 18 世纪贵族看到的作品一举成名，而其他作品多为私人雕塑，创作者的能力也未必比得上瑞斯布莱克。这两种解释都不太让人满意。瑞斯布莱克的雕塑如此引人注目的部分原因是，它还没有被送去保存，仍然保留着它在斯陀园和汉普郡预科学校长期置放而形成的青苔，在一群干净光亮的人像雕塑和相当学术性的展品中，只有它仍保持着自身来自外部世界的印记，还没有受到博物馆氛围的影响和改变。

11

　　这个案例研究显示了文物从最初受委任制作以来历经的变化情况，文物最初很可能是主人展现其考古学问的碑石，或许具有政治讽刺寓意，比如撒克逊州相对沃波尔的英格兰更具自由感；18 世纪后期，游客在斯陀园欣赏它；在整个 19 世纪和 20 世纪初，它逐渐被遗忘并失去价值；它出现在斯陀园拍卖会上有了短暂的商业价值，后来作为预科学校的板球门柱被长期忽视；媒体突然对这座雕像产生了兴趣，认为它是一件遗失的艺术品且有被转运出口的风险；乔治协会曾试图以它是花园中的固定设施为由阻止其出售；当个人策展人的声望和某一特定部门的购买力发挥作用时，文物得到了国家博物馆的关注。雕塑的每一处都可

12

以有多重解读：它是一件商品；是一件瑞斯布莱克的早期作品；是不知名的撒克逊神的代表；是一件私有或公共财产；是一位身披青衣（青苔—译注）的和善的长胡子老头。

物品整个生命周期内转辗的文献认为，一旦文物出现在博物馆，他们就进入了一个安全而中立的场所，不会再受到外面多重意义的压力。[10] 这不是真的；相反，博物馆展品涵盖各种不同领域，因此认识论解读的复杂性仍然存在。关于文物的争论都倾向于严格的二元论：它们是公共所有还是个人所有？它们是否表里如一？它们是好的还是坏的？事实上，博物馆自身经常对所藏文物的状态和它们被陈列和展出的方式进行改变和调整，重要的是要意识到博物馆并不是中立领域。

第二个案例的研究对象是一个门廊。这个门廊的问题或多或少与和瑞斯布莱克雕塑的问题正好相反；这件艺术品虽然在展览中同样引人注目，但基本被公众和学者忽略。门廊被维多利亚与阿尔伯特博物馆用作商标，罗伊·斯特朗爵士（Sir Roy Strong）曾说要把维多利亚与阿尔伯特博物馆变成 20 世纪 90 年代的劳拉·阿什利（Laura Ashley）。[11]

现在标签上清楚地写着：

门廊

英国：约 1680 年

就像博物馆标签一样，暗示了其历史的复杂性。根据其大小不难发现，它实际上不是一个门廊，而是一个进入一个长长的前院的拱门，从伦敦市马克巷开端通向马克巷 33 号，这是建于 17 世纪晚期一座宏伟的三层砖房，屋内的楼梯和拱门都有精良的木雕。1884 年，这栋房子变成了运货商、商人和律师的办公室，同年，佩里·斯坦迪什市长（Major Pery Standish）把它赠给了博物馆。

马克巷门廊被当时的南肯辛顿博物馆收购，报道这一事件的是艺术

13

仲裁人约翰·亨格福德·波伦(John Hungerford Pollen)，他是博物馆早期历史上的重要人物，[12] 曾就读于伊顿公学院和牛津大学基督教堂学院，在那里，他像众多同代人一样，受到高教会派牛津运动的影响。接受圣职后，他改宗罗马，用浅显的伪中世纪习语来说，他做了装饰性艺术家。1863 年，他被任命为南肯辛顿博物馆助理馆员，为博物馆撰写了很多描述性手册，有关于瓷釉的，关于家具和木制品的，关于建筑和纪念碑雕塑的，并向当时的艺术期刊投稿。1877 年他辞去工作，成为里彭侯爵的私人秘书。他赞成收购马克巷门廊这一事实暗示了它在 19 世纪晚期的吸引力。在南肯辛顿工作期间，波伦参加了会展路上所谓的艺术木雕学派；他对装饰性木雕的复兴很感兴趣，就像很多同代人一样，他非常欣赏格林·吉本斯(Grinling Gibbons)那一代无名木雕家制作的丰富装饰。因此，马克巷门廊被博物馆收藏(见图 1-2)，和众多其他展品同时展出，以展示特殊木雕学派的质量和特色，似乎已在博物馆北馆展出，但具体展出方式和地点尚不明确。[13]

图 1-2　马克巷 33 号拱门(V & A 1122—1884)，维多利亚与阿尔伯特博物馆 49 号馆

　　维多利亚与阿尔伯特博物馆中木制品的历史是一个很好的例子，可以说明，博物馆能够以良好正当的理由收集艺术品，但之后便忘记了这

些初衷，或者，想法转变，进而行动改变，因此部分艺术品被搁置和遗忘。在 20 世纪 70 年代某个时期，有人试图给这些木制品注入活力，在美术馆较远的另一端也就是如今的维多利亚与阿尔伯特博物馆商店举行了一次展览。这次展出名为"家具及木制品研究收藏"，内容繁杂令人称奇，但极具吸引力，聚集了分解成块的装潢品，各种木材及各类门廊。维多利亚和阿尔伯特公司将其一扫而空，现在这些门廊只在店铺翻修时临时用用，成为充满商业气息的博物馆现今专注事务的恰当建筑背景。

马克巷门廊还说明，博物馆可以转换和改变文物的意义，从 17 世纪后期伦敦尚存的碎片——木工雕刻很好的范例，变成了店铺配件和公司商标。换句话说，没有遵循文物进入博物馆的轨迹，进入博物馆的初衷是为了保存历史，防止丢失。

第三个案例研究对象如果不是放在最宽松的含义上讨论，与其说是艺术品，不如说是一个房间。这是克利福德旅馆的（Clifford's Inn）房间，内饰为 17 世纪后期的镶板式，1903 年博物馆竞拍而得。这个房间文档记录齐备，它第一个主人是一名叫作约翰·彭哈络（John Penhallow）的律师，1674 年他入住这里，1686 年房间被拆除重建。据记载，两年后他花了一大笔钱"恢复内饰"。1914 年出版的一本薄薄的蓝色手册这样记录了克利福德旅馆房间：

> 克利福德旅馆的镶板式房间很好地展示了在查理二世时期被普遍采用的原则。对称和平衡被认为是设计中的重要因素，通过系统逻辑的计算得出相对的比例，这与早期随意的设计方法形成了对比。房间中的装饰细节在布置上都适当地考虑了平衡性，壁炉架和门上的花雕虽然都是匠心独运精雕细琢，却避免了格林·吉本斯学派常用的过于现实的处理方法。[14]

因此，像马克巷门廊一样，克利福德旅馆房间被视为 17 世纪晚期细木工艺的极佳代表；人们认为它会让参观者感受到那个时期的建筑规

15

模和比例，为同时期的国内艺术品创造一个适当的视觉背景。

时代房间曾一度很流行，不仅在维多利亚与阿尔伯特博物馆，其他地方也是如此，因为任何去参观过美国东海岸各大博物馆的人都知道：纽约、波士顿和费城都有一系列的房间，从它们最初的建筑中剥离出来。[15] 在维多利亚与阿尔伯特博物馆，时代房间是第二次世界大战后利·阿什顿创立的新型美术馆的最基本特征，新型美术馆是为了以清晰的说教方式向人们展示应用美术在时间长河中主要发生了哪些方面的变化以及某个特定时期不同种类的艺术品是如何在外表和文体上相互联系的。

后来，像马克巷门廊一样，维多利亚与阿尔伯特博物馆的时代房间，确切的说，是不列颠各美术馆，迎来了困难时期。20 世纪 70 年代中期，曾有计划以一种刻意极简的方式重新开放这些美术馆，部分原因是缺少资金来做更有野心的尝试；部分原因是当时政府地产服务机构无法生产，更重要的是无法保存任何技术复杂的东西；还有一部分原因是，人们相信，艺术品在小微建筑中展示可使参观不受外部的视觉干扰。第一组美术馆开放后，人们觉得这种展出形式不仅黯淡无光，而且过于单调，后续的展览计划就随之搁置了。克利福德旅馆房间从此被封存在空荡荡的展馆里，不知何时重新展出。

关于时代房间的展出至少有四种主要的反对意见。[16] 第一种是关于如何分配可用空间的看法。人们认为，当有很多艺术品还没有展出的时候，将大量空间用于展出一件庞大的艺术品是不明智的，特别是如果这件展品本身并没有特殊的历史意义（就维多利亚与阿尔伯特博物馆而言，这意味着和知名设计师没有关联）。第二种针对时代房间展出的反对意见是，该建筑本身就是一个历史文物。既然阿斯顿·韦伯爵士（Sir Aston Webb）被认为是爱德华时代伟大杰出的建筑师，人们认为他的建筑内部应该得到应有的尊重，且应尽量使房间的整体比例不受所含展品的影响；这就是说，实际上房间中不能再包含完全不同时期的小房间。第三种反对时代房间的理由是考虑到时代房间的真实性。由于博物馆得到克利福德的旅馆房间的时候（见图 1-3），没有带着最初的家居陈设，而是后来放入了适当的家具，因此，即使它就是那个时代的房间，人们也会认为它不真实，这是一种虚假的形式，对一家社会历史博物馆来说可能是合理的，但对于艺术设计和博物馆而言则不然，因为后者认为艺术品的真实性才是最重要的。第四种反对意见与观众有关。既然国民托管组织有超过 100 万的成员，维多利亚与阿尔伯特博物馆每年有不到 100 万的访客，假设参观者应该对展品制作的历史和建筑背景有相当好的了解；假设博物馆本身拥有三处不同历史时期的房屋，在合适的的环境中展出，那么视觉环境不应该是南肯辛顿美术馆首先要考虑的事情。

这些关于时代房间的使用和展出的问题，没有一个是简单直接的。考虑这些问题的时候，往往会涉及维多利亚与阿尔伯特博物馆及其他博物馆如今都面临的一些核心理论问题和困境。

第一个问题是如何确定文物展览中的相对优先级？拿时代房间的展出来说，由于用同时期的陈列对内部原始面貌进行了仔细的历史重建，可以创造一种完整的场面，让参观者想象文物在原始环境中的运作方式和使用方式，因此牺牲部分展示柜是值得的。但还有更大的关键性问题，即权力的问题，谁来做这样的决定、依据什么标准。国有博物馆的运营方式令人不舒服的一点是，它信任匿名权威。将美术馆的展览视为关于许多候选展出方式的一套复杂决定，而不是去看一个美术馆的陈列是什么，有一种观点认为这些程序必须受到抑制：例如，标签倾向于陈述直接的信息，这些信息只与艺术品本身有关，而与它在美术馆的位置无关；不鼓励参观者将美术馆视为一栋随意的建筑物；目前，至少在维多利亚与阿尔伯特博物馆受到青睐的设计类型是高度唯美的晚期现代主义，这种建筑风格最倾向于减少展出的短暂性和夸张感；美术馆的设计被认为与参观者看待和理解艺术品的方式无关，然而，当然环境要符合并承载观众的预期。

关于时代房间的第二个问题密切关系到环境与展品之间的相互关系及相对重要性。在任何意义上，这个问题都不局限于那些接手了具有独

图 1-3　克利福德的旅馆房间(V ＆ A 1029－1884)，维多利亚与阿尔伯特博物馆 56 号馆

立历史重要性的建筑物的博物馆，它同样适用于新博物馆，特别是如果它们是由国际上重要的建筑师设计的，而且就像国家美术馆扩建的情况一样，是大型公共竞争的结果——这种情况越来越普遍。既然所有关于参观博物馆的模式的调查都表明，参观者除了在博物馆商店，他们往往花极少的时间来参观任何展品，因此，整体环境比实物展品更重要这一观点是有争议的。这个问题并不像博物馆馆长所想的那么简单。虽然我很喜欢植物园，但我一定不是为了园中展示的植物而去，我对那些植物没什么兴趣。至于阿斯顿·韦伯的内部设计，这是一个设计问题；但是在建筑和展品之间有且应该有一种共生关系，应该认识并明确这一点。

　　第三个问题是与真实性有关。这一点极具问题性，因为真实性的概念、真十字架的理念是所有博物馆活动的核心内容。博物馆的参观者在理解真实和虚构之间的界限时，可能比一般人所认识的要复杂得多；但这是一个很难界定的界限，华盛顿史密斯学会的时代房间展示效果最好，这种展示完全不是一种精心设计的错觉，毫不做作。如何划分有效边界，以及允许展品的性质和风格多样化，这是一个问题。

　　第四个问题是关于参观者的问题，他们是带着什么样的预期和知识背景前来。就时代房间而言，这个问题相对简单。参观历史建筑和参观博物馆是且应该是两种完全不同的体验。在参观历史建筑时，不可能按照严格的顺序去看和比较不同历史时期的房间的特征。博物馆中的时代房间可以作为实验展示的实验室，这是历史建筑所不能做到的。但更大的问题——观众是谁，他们的期望是什么——这就不好回答了。博物馆观众的传统看法是，一方面，一小部分精英被认为对展品"真正"感兴趣，也就是说，在维多利亚与阿尔伯特博物馆，有一群学者、鉴赏家和收藏家，另一方面，还有其他人，即无差别的、所谓的普通大众。这显然是一个困难而敏感的领域，需要按照战后阶级形成进行更深入的分析；但在其他媒体中，尤其是电视上，很明显，过去被视为少数人兴趣的东西有了大量观众，这可能会改变博物馆对自己作用的看法。这意味着平民化的展览没有必要，也不应该在对观众的反应上屈尊俯就。

这三个关于艺术品在维多利亚与阿尔伯特博物馆中流转方式的案例研究，提出了一系列关于博物馆中通常应该如何处理艺术品的问题。在讨论博物馆中艺术品的展示时，存在着认识论的问题，即博物馆策展人是如何感知和呈现它们的，以及观众是如何感知和理解的。很明显，这是一项具有高度不稳定性和复杂性的活动，不容易下简单的定义：参观者带着多种不同的态度、期望和体验来解读艺术品，因此他们的理解也呈现个性化；策展人同样对展品的历史和美学意义有独特的个人表达方式；艺术品并不是存在于自己的空间内向观众传递意义，相反，它们容易受到多种形式的意义构建的影响，而这种意义构建依赖于设计、其他物体的背景、视觉和历史呈现方式以及整体环境；艺术品的意义可以改变，不仅仅是数年来随着不同的历史和制度潮流的青睐在改变，还随着不同的人欣赏和理解它们而每天在发生着改变。

艺术品的呈现方式是复杂的，会产生多重解释，这一观点对博物馆思考自身和设计呈现方式有重要启示。大多数博物馆仍然是按照19世纪晚期严格分级分类的理念进行构建，据此，人们相信艺术品可以以一种一致的、单一和线性的方式陈列出来。与此同时，理智的观点已经从单一的压倒一切的理论体系转向重视读者或观众在解释中的作用。值得一问的是，博物馆应该如何重新构建各种活动，以便适应一个变化了的认识论环境？对象并不是中性的，而是复杂的，意义也会反生改变，基于这个认识，博物馆必须在三个重要领域调整其活动。

博物馆需要重新考虑其立场的第一个领域是保存。大部分的保存，尽管不是全部，都是基于这样一个前提，即艺术家对艺术品的最初设想代表了艺术品最真实可信的外观，就好像艺术家和制造者自己都没有意识到，他们正在把一个物品送入一个漫长而复杂的旅程，在这个旅程中，它可能在物理外观和意义上都发生改变。艺术品的生命周期是其最宝贵的属性。人们认为有可能逆转历史的进程，使艺术品的外观回到刚制造出来时候的模样，这是一种当代的傲慢。

20

博物馆需要更仔细地考虑艺术品的认识论地位的第二个领域是展出。我们需要对各种展示方法有更强的反身意识，这些展示方法应是可行的，并且每种方法均应有一定程度（但只有有限程度）的合法性。对艺术品的展示，有一系列的策略，从最抽象的（即艺术品的展示不参照其原始的时间地点背景）到人们认为最现实的（即试图重建艺术品的原始外观）。重要的是，博物馆要认识到，所有这些策略都必然是人为的，而且要让博物馆参观者认识到，展出是一种把戏，它本身可以作为一种戏剧技巧而独立享有。最好的博物馆展出通常具有最明显的自我意识，提高了观众对呈现方式的意识，让观众参与到展出过程中。[17] 这些观点可以被表述成一系列要求：呈现风格应是多样的；观众应该有一定程度的参与；应意识到展出方式中有多少人为成分；应该意识到有各种不同却同样合理的理解。

博物馆需要重新考虑的第三个方面是博物馆学术的本质和目标。博物馆学术界历来对其解说方法保持审慎。人们认为尽可能多地收集看上去与物品生产的原始环境有直接联系的信息就足够了，无须对该物品与其生命周期之间的关系的本质进行大量调查。因此，博物馆学术已经渐渐淡出人文学科的主流研究，沦为了经验主义主导的方法论，停滞不

21

前。然而在社会科学学科中有一种趋势，即重新审视艺术品可能提供的关于社会关系的证据类型。[18] 重要的是，博物馆必须承认并欢迎这些发展，并允许自身成为积极的调查中心，研究个人和物理环境之间的关系的本质。李维·史特劳斯(Lévi－Strauss)这样写道：

> 博物馆摄影师与展品有了密切的接触：他所做的每一件小事（开箱、打扫、维修等），都灌输给他了一种谦卑精神。通过对各类收藏品进行分类、识别和分析，他养成了对实物的敏锐感觉。他通过工具与原始环境建立了间接联系，进而了解了这个环境以及正确处理它的方法：质地、形式，以及在许多情况下的气味，反复的体验，使他本能地了解了那些遥远的生命和活动形式。最后，他为人类天赋的各种外化赢得了尊重，显然是表面上并不起眼的物品对他的鉴赏力、才智和知识的不断吸引激发了他的灵感。[19]

如果这段文字被重译以免暗示博物馆工作人员都是男性，那么就为建立新的博物馆学提供了充分的框架，新博物馆学始终意识到并不断探索着社会系统与物理的三维环境之间的关系的本质，也始终意识到代表的人类学。

第二章

知识的对象：博物馆的历史回顾

卢德米拉·乔丹诺娃

（Ludmilla Jordanova）

世界如此丰富多彩，我相信我们应该都快乐似国王。

——罗伯特·路易斯·史蒂文森

（Robert Louis Stevenson），"快乐的思想"

在 1885 年出版的《一个孩子的诗园》（*A Child's Garden of Verse*）中，罗伯特·路易斯·史蒂文森试图用语言形式来表达童年时期那种天真的惊叹。[1] 当然，"童年"和"儿童"这两个词是特定历史情况下成年人的发明，这些发明得到了我们的认同。博物馆的设计就是为了激发人们对种类繁多的自然物品和艺术品产生孩童般的敬畏之情，也使人们从中获得乐趣。或许，那些博物馆的管理者可能没有完全意识到他们创造奇迹和快乐的欲望，但是通过阅读"全面介绍 1200 多家博物馆和美术馆的综合指南"之《英国和爱尔兰的博物馆和美术馆》（*Museumes and Galleries in Great Britain and Ireland*）一书就会发现，在世界公共展览中，这种假想是多么的常见！[2] 这里面有很多博物馆，在里面你可以看到几乎所有你能想到的东西。博物馆指南上的广告一再重申，新鲜、奇特的体验等待着热切的访客。我们已经习惯于从发现的角度来看待博物馆，没有哪一类人能像儿童那样如此满足于新奇的发现。在博物馆里，每一个人都变成了孩子，因为新鲜、珍贵、重要的物品是参观者惊奇发现的来源。至少是一种理想化的图像。而现实则更加复杂[3]

为了探索这种复杂性，有必要梳理出博物馆运营的一些假设。其中最重要的一点是，人们想当然地认为博物馆的功能是在参观展品与获取知识之间建立联系。这一点在博物馆的建筑、展品的选择和组织、展览技巧、目录和广告中都可以看到。我们相信，正如 200 多年来人们所相信的那样，我们可从博物馆中学到知识。当然，我们承认，博物馆种类繁多，但博物馆的总体经验是给人以"启迪"。"启迪"本身有许多不同的形式，我在此处有意采用该词，是为了让人们注意到参观博物馆能给人以启迪的这一共同愿望，也注意到参观博物馆的综合体验。

我写这篇文章的目的是探索博物馆和知识之间的关系，这可以从三个主要方式来阐释。第一，我们有可能检验这样一个假设：观察是获取知识的主要来源，这种知识不仅仅是关于物体本身，而且还关系到其更多的进程。这是为了将博物馆定位在知识历史、观察理论和科学方法的更广泛的范畴中。第二，我们可以专注于展览技术、展品展览的机制以及展品如何构建意义。第三，为了区分从博物馆获取的各个不同门类的知识，我们可比较各类展品的处理方式，对那些极难以划分到单个类别的博物馆案例进行特别关注。

所有博物馆都实行分类。当我们接受邀请去参观某些物品时，如一件陶器、一块岩石、一件金属器具，事先并不确切知道我们在寻找什么，也不清楚它的重要性，但从我们所经历的困惑来讲，我们很容易体会到物品的顺序及其意义的必要性。所以，很显然，重要的不仅仅是这些物品所带来的视觉体验。物品是一系列思想和形象的触发器，远远超出了创造物品最初的出发点。对物品的历史、真实性、美感、工艺和辛酸史的感受是走向幻想的垫脚石，这种幻想具有美学、历史、恐怖或上千种其他属性。这些反应不应该被赋予"知识"的地位，但是，应该被理解为他们自身独特的逻辑。[4] 博物馆提供的"知识"具有幻想的性质，因为它只有通过想象的过程才能实现。博物馆展品的展示方式会引导、但并不能完全决定参观者的体验和学习。因此，了解博物馆中存在的多种分类方法是很重要的。

博物馆主要有三级基本分类法。第一级分类，我们将整个系列置于一个通常从其内容的性质衍生出来的类别中：地质学、自然史、美术、社会史、摄影、技术；或根据组织人员类别划分：伟大的作家、改革家、收藏家；或按照其所在地区划分。必须注意的是，任何一个指定的类别都不是明确固定的。纺织品和瓷器是美术吗？自然史和社会历史博物馆的预期内容是什么？摄影博物馆是否包括设备和印刷照片？如果包括，这是否危及摄影作为一门"艺术"的地位？乔治·伊士曼博物馆（George Eastman House）的国际摄影馆已经发现了解决这种分类窘境的好方法。印刷照片以画作形式在老房子里展出，因此可以被视为"美术"。这些设备陈列在新建展厅的一个大型玻璃容器中展出。这种风格让人联想到科学博物馆或者技术博物馆。整个类别的物品，例如来自非西方文化的艺术品，可能很难定位，特别是在美学层面上。因此，博物馆所属于的整体类别在决定这些物品是否为"艺术品"上起着重要作用。[5]

第二级分类涉及博物馆内部，它被划分为几个主要的区域：学校、时代、国家、艺术品功能、捐赠者，这些看起来很"自然"，因为它们早已是约定俗成了。回到伊士曼博物馆的问题上来，没有任何逻辑上的理由可以解释为什么印刷品不应该与拍摄它们的相机放在一起，这样做只会削弱而不是强化艺术/技术的差异。然而，这将冒犯无意识地被内化的秩序、规范和价值的观念集合。最终，分类系统在个别物品上发挥着作用。博物馆标签提供了与作者身份、真实性、历史、价值、原创性和意义相关的多种分类。重要的是要认识到，尽管标签为所讨论的物品提供了一个可以"阅读"的语境，但这种语境是有限的、选择性的和受操控的，因为它通常让参观者以某种特定方式进行感知。因此，无名之辈的作品与知名"大师"的作品在对待和评价上是不同的。标签对制造者进行了命名并赋予其价值和地位，从而为这件物品构建了一个背景。

在考虑博物馆与知识之间的联系时还产生了另外两个问题。首先，科学和医学博物馆是一种特别重要的博物馆类型，因为它们以一种权威性方式对世界进行分类，因此也具有有效的知识。为何将美术馆视为博物馆业的典范，对此没有可解释的理由。自然历史和科学是促进"社会最受尊敬的信念和价值观"发展的核心工具，特别是因为它们吸引了广泛的观众，而且不像美术馆那样受到文化精英主义的"污染"。由于他们的教育目的是公开宣告的，尽管科学和医学从业者坚持认为已经将"事实"和"价值"两个类别截然分开，但博物馆也可以同时推广。此外，由于观察在科学和医学实践中长期占有特殊地位，自然知识的获取和这样的博物馆之间便存在一种特殊的兼容性。[6] 其次，为了从博物馆获取知识，无论观众是否意识到这一点，他们都要将自己所考察的物品具体化，将其视为去语境化的商品，并认同它们，让它们产生记忆、联想和幻想。研究这两个过程是很有必要的，它们紧密相连，正是结合在一起，它们产生了一种深刻的见解和理解，理想情况下，这是博物馆参观的典型特征。

据说，从博物馆获得的最常见的一类知识是对历史的感知。例如，纽约约维克维京中心的名字本身就暗示着是一个研究组织而并非商业场面。它的广告是这样写的："参观约维克维京中心，登上时光列车，穿越几个世纪回到英国维京人的真实生活……如今，熙熙攘攘的市场、黑暗、烟雾缭绕的房屋和繁忙的码头都被精确地再现，这样你就能从视觉、听觉和嗅觉上真切体验到维京时代的生活和工作……"[7] 当然，这是一个极端的例子，因为这不仅仅是说博物馆产生了知识，而且表明对过去的情景再现是可行的，传统的博物馆概念过时了。通过刺激三种感官，强调的不是转达信息，而是模仿体验，对真实性的追求达到了极限。

在这样的主张中隐含着一种历史理论，它依赖于我们使用物品作为进入过去并间接生活在过去时代的能力。参观者们必须承认他们所看到的历史真实性和现实性，同时他们也意识到它是人工仿造的。广告声称

图 2-1　贝思纳尔绿地儿童博物馆的陈列柜

的准确性是一个公开的谎言，因为精确的复制在技术上是无法实现的，而且生活的许多方面并不能通过看、闻和听来传达——劳作、饥饿、疾病、战争和死亡就是明显的例子。我们了解历史，并不是通过虚拟地重新经历它，而是通过考察与历史相关的各类证据，并由此产生一种理解，这种理解不可避免地具有很强的理智，即抽象成分。通过观看复制品来假装"了解"过去，这样会贬低历史学，并让观众对自己的知识水平形成一种不切实际的信念。

　　他们所看到的都是经过精挑细选的，因为只有那些形象化的一面才会展出。用视觉形式来表达法律体系是很困难的，但正因为如此，法律对我们的历史理解也同样重要。存在的东西，就像被忽略的东西一样，都不是偶然的，即使选择过程在很大程度上是无意识的。历史神话正是以这种方式建构的——如果说神话是一种无声的力量，那么这种力量是强大的。

　　在儿童博物馆里，让历史重现生机的动力异常旺盛，这些博物馆以传统意义上具有历史启发性的方式呈现，并为每位参观者提供了重温自己别样的童年的机会。伦敦的贝思纳尔绿地儿童博物馆就是一个很好的例子（见图 2-1）。这个博物馆一楼有玩具、游戏、洋娃娃和木偶，顶层正在新建一个专门用于展出儿童社会历史的新馆，包括服装和儿童的日常装备，比如，学步车。很明显，这里的对象分类存在一些问题。它们不是按照年龄排序的，而是按照功能排列的，所以所有的洋娃娃都被堆集到了一起。标签各种各样，一些标签简单，明确是给儿童看的，然而另一些标签较复杂，是写给收藏家的。这样一来，一些洋娃娃的标签注明了生产日期、产地、独特标志和起源。作为收藏品，它们不仅具有市场价值，而且越来越具有审美价值。而作品所揭示的童年元素却是微不足道的。相比之下，许多其他展品的地位则乃生命极短暂之物。这里针对不同的观众进行了多种分类。

为了了解博物馆的隐式史学，就必须查阅该馆新近出版的宣传册。这里有两种关于博物馆的基本假设："贝思纳尔绿地儿童博物馆试图保存每个人的童年，这应该是一家能吸引所有人的博物馆——因为我们都曾经历过童年"，并且"（图片和物品）往往比文字和统计数据更能说明问题，能帮助博物馆参观者感受到过去的孩子或者父母是什么样子"。[8] 因此，该博物馆声称，它的展出能勾起每个人的回忆，这表明，这些回忆是通用的，同时，它开启了我们对逝去童年的访问权限。虽然没有解释这是如何做到的，但人们认为，观看与童年有关的物品可以释放记忆，获取历史知识。不仅如此，"（玩具）向我们展示了微型世界"——这种说法暗示了玩具具有如此强大的模拟性能，以至于简单一瞥就足以了解其传递的有关世界的信息。这本宣传册认为把世界缩小是人类固有的特征，至少可以说，这种自信的假设是可疑的。[9] 它消除了儿童服饰的历史和文化特异性；它对玩具的实际使用做了太多的假设。

这不是经验上的漏洞。我们根本不可能知道玩具对孩子们意味着什么，尤其是在过去。如果断言"玩具可帮助孩子认识到自己的能力，并适应成人的世界"，这无非是在诉说一个成年人的故事。[10] 因此，儿童博物馆的性质是不能靠更多的信息就能澄清的。要做到这一点，就必须更深入地思考博物馆在我们社会生活中的意义，思考我们如何赋予展品以

27

意义，思考我们不断赋予童年的丰富而矛盾的意义。[11] 在这些方面我们还需要做更多的工作，这将通过帮助我们回答以下问题来阐明知识与博物馆体验之间的联系：我们如何能在这些展品中看到童年？这些展品是以何种机制唤起记忆的？我们在参观博物馆时，确实看到的不仅仅是展品的外观，这是合理的，但假设这一过程在所有情况下都以相同形式存在，这是不成立的，因为儿童时期因性别、阶级、种族和宗教产生的差异至关重要。然而，我们仍然不了解更多的东西是如何在展品中被感知的，以及是如何随着不同的观众而变化的（见图 2-2）。

图 2-2　贝思纳尔绿地儿童博物馆的洋娃娃

因此，最好从证据本身的性质着手。博物馆内的所有展品都是艺术品，它们是在知情的情况下，在特定的时间和地点为特定的客户或接收人制造的。显然，我们可以依据其设计按逻辑推断出一些东西来，这些设计总是体现了成年人认为儿童想要什么、应该拥有什么，或者期待买到什么。例如，博物馆中展出的一些游戏精美地描绘了 18 世纪末至 19 世纪期间对儿童进行道德教育的尝试，教他们了解大自然的神奇，让他们学习地理并了解他们自己在生活中的位置。其中包括"沃利斯优雅有益的游戏，展示了大自然的奇迹"。

艺术品展不能呈现"历史上的儿童和家长是什么样的"，这里有两方面原因。"童年"是一个抽象的概念，是一个具有普遍性的概念，除了通过拟人设备，很难想象任何一件物品如何能够体现"儿童"这个抽象概念。当抽象被拟人化时，观众充分意识到运用了一种特殊的手段将抽象性质转化为了物质形式[13]。但在儿童博物馆中却不是这样，在那里，会致使参观者认同这样一种错觉，即他们从展品中获得了真正的见解。此外，"童年"是我们给极其复杂多变的一系列经历起的名字。要以物质形式捕捉它们简直是不可能的。试图这样做就是犯了一个分类上的错误。

这样说儿童博物馆，显然不是要把失败归咎于它们。而是要阐明这样一个重要的认识，即无论观察对象多么逼真或真实，都不可能达到如此多的效果，对象本身也不可能携带这些信息。目前，博物馆普遍倾向于采用模型、立体模型和模拟手段，这在贝思纳尔绿地儿童博物馆得到了一定程度的体现(见图 2-3)。对逼真的追求，就像对于更多"信息"的获取一样，只会强化精准的幻觉与人为性的认识之间的不和谐。没有人相信复制品是原物，尽管他们对其准确性很有信心。

这种信心是不当的。不仅是因为原始场景往往只有零星的证据，而且还因为复制时也不可避免地要进行选择。例如，阶级差别和童工很少被提及，更不用说会在儿童博物馆中生动地重现。[14] 我们知道，宏伟的房屋是通过许多人的艰辛劳作才可以居住的，而在实践中，我们却一致忽视了这一点，只欣赏它宏伟的外表。同样，我们知道，一个世纪前，许多、或许大部分孩子没有什么玩具，也没有机会"玩耍"，接受的教育很少，甚至没有，很小就开始工作，然而在儿童博物馆里，我们欣赏着维多利亚时代吸引人的精致玩具，这些玩具是为极少数孩子准备的，我

图 2-3　贝思纳尔绿地儿童博物馆的玩具销售员模型

们却没有意识到其中的不真实。一个有力的故事是这样构建并延续的：

     "哦，看这个，"孩子们喊道，"啊，我曾经也有一个这样的。"大人们沉思着。贝思纳尔绿地儿童博物馆是那些能让每个参观者都能看懂的博物馆之一。

     然而，它完全是一家博物馆，而不是游乐场。作为维多利亚与阿尔伯特博物馆的分馆，它拥有国际范围的重要历史藏品。玩具、洋娃娃、玩偶之家、游戏、木偶、儿童服饰、童年历史、儿童读物。

     这本简短的指南介绍了能给每个人带来喜悦的杰出藏品。

这本儿童博物馆手册背面的宣传语是一篇杰作。它构建了一个人人皆有的童年，并同时肯定了博物馆的知识价值和快乐价值，又否认了它的无聊和琐碎。但是那些没有拥有展品中一样玩具的孩子们呢，他们的童年是痛苦的，或者仅仅是不同而已？到目前为止，还没有为它们提供展示的空间，这可能是因为展出某样东西能让它得到公众的认可，赋予它某种形式的合法性。因此，我们可以推断，儿童展关系到很多东西，而博物馆是目前可以用来监管儿童展的主要方式之一。必须再次强调的是，这些过程大多是无意识的，因此，对它们进行检查并不是要指责，而是为了将视为理所当然的东西转化为一种形式，使其能够接受批评和人道的审查。

我们必须要问，为什么我们如此强烈地需要在物体中找到社会关系，以及我们对这些东西可能的幻觉是如何产生和维持的？大致说来，这些问题可以从两个方面来回答：一是解决心理层面的问题，二是分析收藏和展示对象的历史。事实上，这两个项目没有必要也不应该相互孤立地进行。

例如，让我们来考虑一下"掌控"这个主题。[15] 在西方社会的历史上，有两个密切相关的过程，分别是自然科学、医学的发展以及殖民扩张的过程，通过这两个过程来掌握控制权。第一个涉及到有意识地掌控自然和人性，第二个是对文化及其物理环境的掌控。每种形式的掌控都会生产出用于展示的艺术品。在科学和医学方面，展示物理世界的基本特征或这些学科的智力成果与用于获取知识和模拟或重建自然界或科学和医学活动的工具一起展出。在殖民扩张的情况下，来自其他文化的艺术品、外来的天然物品，甚至是"土著人"自己都被展示出来。[16] 在这两种情况下，我们都可以合理地谈论有价值的物品、奖品和战利品。战利品同时表达了胜利、所有权、控制权和统治权。因此，它有三个特质：它呈现了各种实践的具体形式，尽管不完整；它也引发幻想和回忆；它引起人们的钦佩。

要从历史的角度分析陈列战利品的人类学博物馆、科学博物馆和医学博物馆，就必须问清楚它们的用途和目的，问清楚它们的利益。正如一些学者所做的那样，我们可能会说，各种各样的博物馆明显地促进了阶级、种族和国家利益。[17] 虽然可能是这样，但这种说法并不完整。这有两个原因。一家博物馆永远不能作为一个单一的文本来阅读。即使我们考虑最基本的问题，即博物馆是为了谁或为了什么，也从来没有一个统一的回答。当代科学博物馆难以掩盖这样一个事实：它们宣扬科学的价值和进步的意识形态，在这种意识形态下，自然科学在掌控自然方面扮演着英雄的角色。然而，与此同时，它们做的远不止这些。例如，它们宣扬自然物体、科学医疗器械、模型和象征物的美。同样，它们也起到了把游戏与科学发现联系起来的作用，这一主题在新的"实践型"科学博物馆中尤为突出。[18] 正如一本关于博物馆的儿童读物所言："在所有不同的博物馆里，有许多……令人兴奋的发现，从恐龙到神奇的机器，几乎无所不包。"[19]

如果这其中哪怕有一丝丝的道理，那么参观展览的观众就不能被当作意识形态立场的被动接受者，靠观看博物馆所有展品的物理外观来理解展品。而是与博物馆环境互动产生体验，这些体验给他们带来了新奇、喜悦，也可能是痛苦，这些体验对他们的触动，就像那些参观儿童博物馆的人一样。通过前往、观看、参与，他们在某种程度上认同了博物馆提出的观察物体能提升洞察力的说法。但是，这是否使得博物馆仅仅成为社会利益的表达呢？

在这一点上，不得不承认，有些博物馆比其他博物馆更具有强制性。我的意思是，这些机构可以通过各种方式来表达它们的引导性假设，以引起参观者的注意。在任何一个特定的时间点上，特定的社会成员都会发现，其中一些假设比其他假设更能有效地击中要害。在这种情况下，我们有权将博物馆的展示行为称作"强制的"。这一点往往适用于那些号称平实、生动、准确和如实呈现的博物馆。而在这方面，沿用"现实主义"一词是有用的。在对纽约的美国自然历史博物馆的灵长类动物展厅的研究中，唐娜·哈拉维（Donna Haraway）分析了利用动物标

33

本、彩绘背景和模拟的自然环境来构建展览的过程。对她来说，现实主义的表现被理解为"以实现意义的技术"的部署。[20] 哈拉维采用的现实主义有很多方面——意识形态、认识论、美学和政治。因此，它是一个可以表达不同形式的权力的术语。她从来没有用模糊或总括的方式谈论权力，而是不断努力地向我们展示究竟是什么样的权力，服务哪些社会群体，以及权力的行使与谁有关。所有这些都有助于严谨地展示一套特定的表征性实践，包括建筑、标本制作和艺术（绘画、雕刻、摄影、电影）。正因为这些可以提供一种（灵长类世界的）中介的视觉感，所以，它们才成为创造科学权威的核心，其结果是美与真的有力交融。对这一现象进行完整的历史描述，需要像哈拉维那样，从一个特定的例子出

35

图 2-4　蜡塑《时间》，17 世纪晚期 G. 宗博（G. Zumbo）的作品

发，细致地阐述博物馆展览是如何产生的、主要行动者的传记、以及激励这些行为的社会、政治和意识形态条件、博物馆设计的社会功能以及在此过程中构建的多重叙事。尽管哈拉维的论述有很多特点是借鉴了19世纪末20世纪初美国的具体情况，但她的论证逻辑适用于很多博物馆。

刚刚被使用的意义上的现实主义，以及无中介视觉的错觉，至少两百年来一直是几类博物馆的核心。例如，透视画并不是最近才发明的，但在17世纪早期的巴黎和其他欧洲国家的首都很流行。[21]以蜡像馆为例，蜡像在17世纪晚期已完全成为大众文化和精英文化的一部分(见图2-4)。[22]蜡像的三个共同特点使其特别吻合我们在此考虑的主题。由于祭祀传统的影响，蜡像有一个强大的道德层面：象征死亡、模范人物和事件、卑鄙的人物和事件都是常见的主题。另一个共同的特点就是使用蜡来达到与人类皮肤异常相似的逼真效果，高度"逼真"的人形表现一直都是蜡模师的追求。最后，医学和蜡模之间有一种特殊的关系，因为在大多数解剖部位的模型中，特别是骨骼、肌肉、神经、血管、肉体和疾病的模型中，蜡模可以达到高度逼真的效果(见图2-5)。在一个"新鲜"解剖物十分稀少而昂贵的时候，蜡模起到了很大的作用，但是我们如何定义这个作用呢？[23]它当然不局限于解剖学、生理学和病理学的教学。这些模型在各种公众场所展出，正如杜莎夫人蜡像馆那些比较出名的模型一样。这些模型本身不仅仅是与医学教育有关，在佛罗伦萨拉斯佩科拉展示的大型蜡像为了"逼真"做了大量的工作。[24]毛发的使用特别生动地说明了这一点——睫毛、眉毛，以及头部及阴部毛发。如果再加上斜倚着的女模特身上的珍珠项链，以及这些女人脸上的狂喜表情、玻璃箱和流苏丝绸衬里，马上就会发现，把这些模型说成是由于技术原因无法获得的一些自然界的刻意替代物，并不能说明什么问题。蜡像也被看作是普及性教育的工具，这种想法与关于蜡像在解剖学教学中具有严格的医学功能的说法一样可信。[25]

36

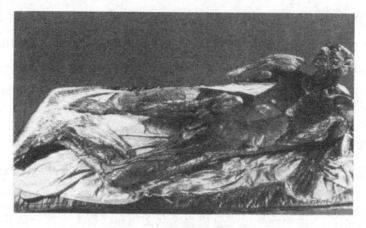

图 2-5　C. 苏西尼的蜡像作品

　　在某个层面上，解剖学的蜡像模型模拟了自然，因此可以被视为知识的合法来源。但在另一个层面上，它们率直地引起了观看者的幻想，而这些幻想无疑是和性有关。杜莎夫人所推崇的蜡像也存在类似的矛盾。在她的心目中，道德工程是最重要的——参与法国革命的主要人物的精准肖像对观众有十分珍贵的教育意义。[26] 一方面，我们从这些模型中"学习"到了一些东西，另一方面，这也会引发从钦佩到仇恨的一系列情感，而且由于许多蜡像博物馆都有一个"恐怖密室"，这种感情中可能还包括恐惧。在所有这些情况下，我们都可以欣赏它的工艺（见图 2-6），这实际上是承认蜡像模型是人类的创作，而同时又被他们的逼真性所打动，这是为了淡化它们的人为性。

　　没有什么地方比"物神"更清楚地表现了展品的矛盾地位。它最初用于描述"被原始人崇拜的无生命物体，因为它被认为具有内在神奇力量或者是有灵魂居住"。到 20 世纪初，这个词已成为艺术和人类学的常见术语，[27] 尤其是与 20 世纪 20 年代的非洲人种学物品有关，"物神……描述了欧洲爱好者消费异国工艺品的方式。"[28] 现在众所周知，那个时期的许多前卫画家，特别是毕加索，在非西方国家，尤其是在人类学博物馆研究的非洲物品中找到了"灵感"。[29] 这些博物馆都有详尽的历史，涉及西方与其他国家关系的许多方面。艺术家们对这些物品的关注，使本文

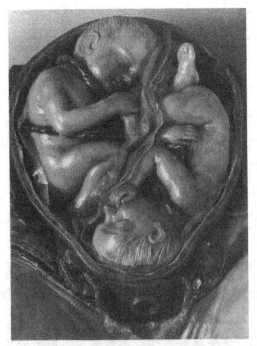

图 2-6　蜡塑《双胞胎》，C·苏西尼作品

所探讨的一些主题更加突出。

　　到 20 世纪 20 年代，"物神"除了是人类学和时尚文化中的一个重要术语外，还是马克思主义和精神分析学的一个核心概念。马克思和弗洛伊德都关心物体如何从人类中分离出来，然后又被赋予特殊而类似神奇的属性。马克思在《资本论》(*Capital*)中说："在商品世界……人类双手生产的产品……作为被赋予生命的独立存在而出现。"他很清楚"物神"一词的宗教渊源，但他用来解释商品崇拜的类比来自视觉："一物在视神经中留下的光的印象，不是表现为视神经本身的主观兴奋，而是表现为眼睛外面的物的客观形式。"[30] 马克思用拜物教来反思物化，博物馆邀请我们观看物品的同时，也在吸引我们对物品进行物化，把它们当成商品。本文中，我一直在探讨博物馆这样做所采用的方法。

　　在弗洛伊德论恋物的著作中，他关注的是"物体[被赋予]性意义"的过程[31] 当然，这跟物化有关联，但弗洛伊德的主要兴趣是在临床上的恋物癖的起源和意义，以及那些被恋物支配的早期的性发展。换句话说，他关心的是他的病人如何将物体，包括身体的某些部位，赋予情色属性。此种论证不必局限于物体的性化，但可以扩展到对展品的全部心理反应。恋物癖的历史与欧洲和异国情调、特别是与非洲紧密联系，正如我们所见，也与艺术和时尚文化对"他性"的特殊形式的借用有关。恋物癖的一个方面是对物体和人的掌握和控制，它是关于物质世界以及其稳固社会关系的能力；另一个方面是要在事物中寻找魔力，并与精神发展紧密相连。这里概括了在贯彻博物馆与知识之间的联系中所涉及的问题。

通过对博物馆的历史性专门研究，唐娜·哈拉维和詹姆斯·克利福德（James Clifford）的作品提出了一些在西方社会有着悠久历史的问题。[32] 参观者和他们所指向的知识对象之间的一系列复杂关系，在我们可以宽泛地称之为"科学"的博物馆中可以特别清楚地看到。我想说的是，从历史上看，通过参考不同时间和地点的一系列例子来追溯博物馆如何产生出知识，这个问题是很有道理的。因为至少从 18 世纪初起，就有一种核心的认识论支撑着绝大多数的科学和医学传统，即是我们最权威的知识来源。[33] 然而，在实践中，所有的科学博物馆在应包括哪些内容和如何安排等问题上一直充满了困难。这揭示了更深层次的不确定性，即我们能从博物馆的展品中学到什么。

对从其他文化中收集到的物品的反映是这种不确定性的一个特别明显的例子。人类学家们似乎仍然不确定究竟可以从他们的博物馆藏品的研究中学到什么。例如，1984 年举办的剑桥大学考古学和人类学博物馆藏品展的目录中总结道："人类学家曾认为，民族学的手工艺品离开了它们的物理和社会背景之外没有任何意义，现在他们已经意识到，对物质世界的考虑对于理解社会制度是至关重要的。"然而，在提出这种在策展人中常见的说法时，作者并没有给出具体的实例进行解释。展览目录本身是围绕着作为艺术而不是作为社会学数据的民族学物品来组织的，以生动的背景上的单件物品为题材，给人的印象是，异域物品既美丽又有价值，可以被称为"杰作"，因此也算是"艺术"。问题出现在对这个物品进行解释的时候。利奇（Leach）在展览目录的前言中声称："社会人类学作为一门学科的价值在于，它使文化的他性成为关注的焦点；'他者'保留其他却不再是有害的和无法触及的……我们的博物馆里有很多宝物；但如果只是宝物，不可触摸，隔着玻璃，藏在盒子，那么它们就没有任何作用。但事实并非如此。摄影和磁带录音现在使人们有可能前所未有地将民族学文物放回其社会背景中，从而打破观察者和被观察物体之间的界限。"[34] 因此，人类学对象的意义一方面来自它们与我们之间的距离，另一方面来自这种差异的消除。后者被认为是源于对社会生活的（可能的）文字渲染技术。在现实主义的具象实践中，物化和认同仍然紧密相连。

根据上述内容，我得出四个结论。首先，要想办法对我们的博物馆实践进行更多的反思。历史观可以发挥重要作用，因为它引发了关于博物馆与其所属社会之间的关系的问题，而这些问题必然把政治、认识论和美学交织在一起。其次，我们研究博物馆的方法必须兼顾物质和精神两个层面。这并不是说追求后者的唯一途径是通过精神分析（尽管对博物馆进行彻底的精神分析会令人着迷），而是为了指出，解释需要达到什么样的复杂性和深度。再次，认为博物馆可以教给参观者抽象术语，这是一种错觉——确切地说，不可能有关于人类、儿童或者自然的博物馆。我们必须意识到知识直接来自展品这一错觉对我们产生的影响。最后，当我们确实进一步探究这种错觉的本质及其历史时，我们其实就是在研究我们社会的历史。这是因为通过观察来认识的信念触及社会和文化生活的所有方面。博物馆的社会和文化建设需要我们密切关注——这是一个庞大而重要的工程，不能因为只有"专家"的兴趣而束之高阁。博物馆深入到过去和当代的文化中，因此它们成为了重要的试验案例，通过它们可以理解现代西方社会对掌握"知识对象"的特殊关注，然后通过举办展览来公开庆祝成果。我们必须摒弃对"宝藏"和"神奇事物"那种幼稚的敬畏，取而代之的是对物品的粗拙、局限和棘手的适度欣赏，无论出于什么原因，我们都赋予它们价值。

第三章
沉默的对象
彼得·弗格

博物馆的存在是为了获取、保护、保存和展示各种物品、手工艺品和艺术作品。这至少是对博物馆功能的一种传统定义。当然，大多数博物馆还从事许多其他类型的活动。[1] 有些博物馆正日趋商业化，部分原因是受到外界压力，至少在这个国家（编者注：此处指英国）是这样的。因此，博物馆商店或餐厅的运作可能与策展部门的工作一样，需要占用大量的时间、精力和思维。现在，几乎每一个希望得到公众、新闻界和媒体、公共或私人资助机构或赞助商认真关注的机构都有大量的教育工作人员。新任命的教育管理者们发现自己在两方面左右为难。一方面是策展人的要求，他们主要关心的是维护和保存他们负责的馆内物品，另一方面是越来越多样化的公众的期望：有外国游客、学校团体参观、少数民族、访问学者和艺术学院学生。此外，对于博物馆是什么或者应该是什么，也有越来越多的新定义，也出现了新类型的博物馆：动态图像博物馆、没有围墙的博物馆，甚至没有实物的博物馆。然而，尽管现今的博物馆种类繁多，但大部分博物馆的主要功能还是上面所提到的那些。

无论如何，本文主要关注的是传统博物馆——事实上，在大多数情况下，只关注它们活动的一个方面，不涉及采购政策，也不涉及行政问题。与资金和赞助无关，与保护无关，也与博物馆永久或暂时保管藏品的安全问题无关。尽管所有这些考虑因素可能会在某种程度上影响到这里讨论的主题，我没有考虑如博物馆商业化运营或其教育部门的工作等次要活动。真正让我感兴趣的是博物馆内外的手工艺品和艺术品，以及它们的公开呈现形式：即布展的方式。

事实上，所有的博物馆都以某种方式来专注于展示它们的藏品，或者更准确地说，展示其部分藏品。这类展览本身就是临时性的：即使在最保守的机构中，很少会有 10 年的时间不对"主要"或"重要"展厅进行重新悬挂、排列、布置或者全面重建。此外，大多数大型博物馆，除了人们熟知的基本功能如收藏物品、艺术品或人工制品之外，正在越来越多地参与制作完全临时性的展览。泰特美术馆（Tate Gallery）一直都是这样做的；维多利亚与阿尔伯特博物馆尽管已经（暂时？）退出了大型出借展览的国际贸易，但它仍然每年还是会举办十几次小规模的"内部"展览；英国伦敦国家美术馆（National Gallery）已经开始在其计划中加入越来越多的特展，尽管规模不大，但随着塞恩斯伯里翼楼（The Sainsbury Wing）的完工，这项活动无疑会有新的发展，使美术馆有史以来第一次有了一个定制的临时展览空间。当然，也有一些非博物馆的机构，如伦敦的海沃德美术馆（Hayward Gallery）和巴比肯美术馆（Barbican Art Gallery），它们没有自己的收藏，而只是为了举办临时展览而存在。除此以外，还有商业部门：交易商和拍卖商，他们和博物馆的同行一样忙于布展。事实上，一些商业美术馆，如伦敦的阿格纽和费舍尔美术馆（Agnew's and Fischer Fine Art）或纽约的圣艾蒂安美术馆（Galerie St Etienne），已经建立了良好的声誉，时常举办与公立机构一样的"学术性"展览；这些美术馆没有得到任何公共补贴来冒着风险举办这些"不流行"的展览，从这点来看，就更加引人注目了。

即使不考虑商界，其他举办展览的组织和机构也是很多的。仅以伦敦为例，想想巴比肯美术馆、海沃德美术馆、皇家艺术学院（Royal Academy）以及主要国家机构如，伦敦国家美术馆、泰特美术馆、维多利亚与阿尔伯特博物馆、大英博物馆（British Museum）、人类博物馆（Museum of Mankind）、科学和自然历史博物馆（Science and Natural History Museums）、国家海洋博物馆（National Maritime Museum）、战争博物馆（War Museum）及军事博物馆（Army Museum），更不用说

还有地方博物馆和市政博物馆、各种独立的和"私人"的博物馆和收藏、考陶尔德学院美术馆（Courtauld Institute Galleries）、华莱士收藏馆（Wallace Collection）、伦敦博物馆（Museum of London），想想，在某一时刻，有多少人参与到设计、讨论、搭建或拆除或多或少的临时性陈列或展览中，然后，尝试计算一下有多少人来参观这些展览和陈列，同时提醒自己，这还只是在伦敦这一个城市，在不列颠群岛各地的城镇和城市都有相同的情形，尽管其他城镇的规模要小一些。当你意识到参与展览制作和参观消费的人数有多庞大时，你会感到有些震惊。事实上，考虑到举办展览所花费的大量时间和精力、巨大的人力、物力和财力，人们很容易认为，除了歌剧之外，再没有其他更昂贵的文化活动了。

然而，至少在我看来，展览的举办和消费仍然是一种猎奇式的粗心大意的活动。公众总是认为，任何一个大城镇或城市，任何一个名副其实的文化中心，都会常常举行各种展览活动；然而，为什么应该这样，这个问题在很大程度上还没有被研究过。即使一个人只是简单地将展览当作文化生活的一个事实来接受，也会产生这样的问题：展览是怎样产生的，是通过什么方式、用什么资源创建的？在什么情况下，出于什么原因？更确切地说，某家机构将会举办什么样的展览？是什么因素决定了展览方案，决定了展览计划内的某个展出，决定了某一展览中材料类型的选择？然而，那些负责举办展览的人往往在回避这些问题，似乎不理解，甚至有时会被警告不要问这些问题。

当然，这种反应是有原因的，在一种程度上可以理解。要研究如何以及为什么举办展览，就需要用放大镜来审视各种敏感的、往往是有问题的、有时是令人担忧的关系：博物馆与受托人之间、发薪人与赞助商

之间的关系；博物馆（或美术馆）与公众之间的关系；公众与展品之间的

关系；一方面是文物保护人员与策展人之间，另一方面是引进的（我指的是特别任命的）展览制作人（有时被称为“客座策展人”，通常为某一领域的学者或专家）之间的关系；机构公开宣布的或不公开的政策与个别学者、策展人或设计者的雄心和热情之间的关系。

这些关系及其造成的压力通常很大程度上影响着一个特定机构对其展览类型和内容的选择。但其他因素也可能发挥同等重要的作用。比如机构为自身设定的以及呈现给大众的某种特殊角色。例如，国家军事博物馆就不会展出抽象艺术。泰特美术馆被定义为英国 20 世纪艺术品的国家级藏馆，它同样可以举办毕加索（Picasso）晚期作品和霍加斯（Hogarth）画作展（1987 年至 1988 年间确实展出过），但不可展出卡拉乔瓦（Caravaggio）作品，除非重新定义其角色和作用。即使该机构的性质并不限制该机构可以设计的展览类型，也可能会有其他更临时性的限制因素，例如展览规划的限制。如果一个提议中的展览是一个持续计划的一部分，而不仅仅是“一次性”的，那么这个计划本身就构成了一个语境或框架，决定了这个计划是否可能被接受或拒绝，是合适还是不合适。一家刚刚举办了一次明代花瓶特色展的博物馆，在可预见的未来，几乎不可能再举办同样的展览了。

即使在确定了主题之后，博物馆在举办临时展览时仍然面临着许多选择。它可以决定只展出自己的藏品，或安排以借展为主，但其中包括一些自己拥有的藏品，或者举办一个纯粹的借展。这样的决定将会受到政治、财政或策展人等因素的影响，而这些因素又会产生“连锁反应”，影响展览的特色和内容。现有的预算，以及在多大程度上可以依靠赞助来弥合愿望和实现之间的差距，同样会在很大程度上决定展览的最终亮相。而且，在决定是否可以借到所需藏品参加临时展览时，安全和环境控制等考虑因素越来越多地发挥着关键作用。比如说，具有特殊价值或历史意义的一幅画是你的镇馆之宝，但在你的展览中可能根本不适合，尽管你很生气，但你可能会发现它可以参加别人的展览，因为他们有更好的安全保障，更好的展出环境来展出这幅画，或者，有时候，只是因

45

为其他博物馆声望更高、资金更足。再有就是那些我认为是"完全不需要动脑筋"的标准，比如尺寸大小。一幅画如果太大，无法通过任何门窗进入展厅，除非你准备把屋顶拆掉，否则无论它与展览主题多么吻合，也会因此而被排除在外。

我在前面已经说过，为什么在展览制作过程中起着重要作用的许多影响因素很少被阐述清楚，更很少被公开探讨，这可能是有充分理由的。在我看来，这些问题应该得到阐述和讨论，这对博物馆行业的健康发展至关重要。要弄清我们在展览制作中的选择标准，以及这些选择将如何影响我们正在尝试做的事情，就首先要弄清我们举办展览的目标和雄心、道德、知识或政治目的。毕竟，除此之外，我们还如何衡量我们的努力是成功的还是失败的（除了通过统计旋转门的访客人数之外）？如果我们不为某种明确的目标、某种可确定的目标而努力，即使这个目标最终是自设的，我们又怎能知道所有这些时间、金钱和精力是否用得其所？

对一些人来说，这些问题似乎无关紧要。另一些人可能认为这些问题是理所当然的，以至于认为不值得讨论。当然，如果只是为了举办一些无价值或低质量的展览，他们这样想也无可厚非。继 1987 年 11 月由艺术历史学家组织的题为"为什么举办展览"的会议之后，《伯灵顿杂志》一篇社论阐述了一些举办展览的"可接受"理由："为了让人们观赏到稀有物品，转变并提高人们对已知作品的认识，汇集价值不相上下的作品"，相比而言，许多"高品质""有声望"的展览的真实原因通常是："为了筹集资金，为了无意义的周年庆典，为了巩固外交联盟，为了利于博物馆主管升职，有多少展览都是出于这些真实的动机？"[2]

不过，可能绝大多数展览举办人还是会承认，展览充其量是一种既带有严肃性又带有目的性的活动。他们通常不擅长确定展览的知识、教育或社会意义，即使有时候可以勉强说服他们，从展览的风格一致性、所用媒介的性质、历史或社会相关性等方面去考虑纳入或排除某种合适或者不合适其主题的材料。然而，如果仔细研究就会发现，选择或排除

46

展品的标准既不是随机的，也不是任意的；相反，它们是基于一种潜在的但通常是不言而喻的目的性。例如，如果某件物品由于上述原因无法借来展出，不得不用另一件物品来代替，那么你很快就会发现，找到替代展品并不容易。尽管有些物品主人愿意借出，即使借方有能力支付运输和保险费用，物品尺寸也可以进入展厅，但是，它却可能不符合展览的"主题"。这一点看似不言自明，但却很重要，因为它清楚地表明，至少在大多数展览中，将物品聚集在一起，并不只是为了它们的外观表现或排列，而是因为它们是展览试图讲述的故事的一部分。展览的"语境"赋予展品"意义"，这种意义超越了它们作为文化工艺品或审美观照对象已经拥有的任何意义。被纳入展览后，它们不仅仅是艺术作品或某种文化和社会的象征，而且是一种叙事的元素，构成了一条话语线的一部分，而这条话语线本身就是一个更复杂的意义网络中的一个元素。

但展览的第二层延伸性的意义便是具有目的性。我想，我们大多数人都有一个共同的概念，那就是，通过展览这个媒介，我们是在面对参观者，也就是公众，无论这个公众是多么的多样化，我们也倾向于相信，参观展览的人"从展览中有所收获"，尽管我们很难界定他们的"收获"是什么（见图 3-1）。的确，如果展览方不在乎参观者是否从展览中"收获什么"，那将是一种非常奇怪的现象。此外，我们可能都会同意，展览方的职能之一是对展品进行某种程度的说明，甚至就展览本身而言，这种说明只是简单的识别，也许只是简单地介绍展品的来源、日期或制作材料。我们也越来越多地接受了这样的观点，即任何具有严肃学术性的展览都会有一本厚重的展品目录，其中不仅有对展品的详细介绍，还有一系列围绕主题的各种文本，如果我们足够幸运，还能看到一篇总览，解释展览的背景，为整个观展做好知识准备。

不过，值得提醒我们自己注意的是，这种展示功能的概念是一个独特的现代概念。肯尼思·哈德森（Kenneth Hudson）在他的著作《博物馆的社会史》（*Social History of Museums*）中引用了一位名叫赫顿（Hutton）的参观者的经历：他费尽周折才获得了大英博物馆的门票，冒失地

**图 3-1   1988 年 11 月至 12 月在伦敦皇家节日音乐厅的大厅举办的
"维也纳的十字路口"展览内景**

询问导游带领一小队人匆匆过去参观的到底是什么物品，他被告知，任何这样的解释工作都不是博物馆工作人员的职能，"'什么？你要我给你介绍博物馆里的展品，这怎么可能，再说，上面不都写着名字吗？'听到这样的回答，我真是惭愧得不知该说什么了。同伴们似乎受到了影响，他们都匆匆忙忙地走了，沉默不语。"赫顿觉得自己是浪费了一次机会，他说，"如果我不知道自己看到的是件珍品，那么对我而言它就一文不值。比如地上有一张皱巴巴的纸，我可能就直接从上面踩过去了，但如果有人告诉我这是一封爱德华六世写的信，它的价值马上就不同了，成了一件文物，我会欣喜若狂地把它捡起来。历史必须和展品融为一体，缺少其中一环其他一环就没什么价值。一想到自己因为缺少一点信息而错过了那么多，就觉得伤心。"[3]

然而，这种认为最好让展品自己说话的态度一直持续到 19 世纪；事实上，在某种程度上，今天仍然存在。我们总是高高在上地对我们眼中过时的传统教育态度不屑一顾。然而，在我看来，我们自己对于展览的教育功能(我指最广义的"教育")的态度也是有待商榷的。就参观者人

48

数和收入方面而言，目前的展览通常是成功的，但这只是掩盖了业内对于我们所从事的活动的一些最基本假设的深深不安。如前所述，我们可能一致同意展览以某种方式向观众展示，从最广泛的意义上讲，展览的目的是教育。然而，对于如何才能最好地实现这一目标，尤其是在展览中需要提供多少适当的或必要的信息介绍的问题上，大家意见分歧很大。

在意见的一方，我们有一些支持者，为了简洁起见，我将之称为"美学"展览。对他们来说，物品本身通常（如果不总是）才是最重要的，比如一幅油画、一件雕塑或一幅版画本身。"理解"，在本质上是我们与艺术品之间的私人交流过程；我们只需要"体验"艺术品，尽管这种体验究竟意味着什么，没人准备说出来。对这些人来说，任何附加的材料，我指的是冗长的解说、信息板、视听展示、照片重现等，都是一种累赘，甚至可能影响我们对展品静静的思考。如果参观者需要这些信息，他们可以自己随时购买展品目录。

在意见的另一方，我们看到的是倡导"情境"展览的人，为了简洁起见，我将之称为"情境"展。这类人通常是（虽然不全是）历史学家、考古学家、人类学家，他们认为，展品只是一种静观对象，展示的物品相对来说没有什么内在意义。相反，它之所以能在展览中出现是因其重要性，它是一个特定时代、特定文化、特定政治或社会制度的象征，代表着某种思想或信仰。在这样的展览中，原物与各种令人不解的材料共同呈现，有时会令人不安：信息性的、比较性的、解释性的，其中很多是书面形式的——这不免让人想起被广泛引用的美国人布朗·古德（Brown Goode）对他所谓的"高效"教育展览的定义："这是一组有教育意义的标签，每一个标签都用一个精心挑选的标本来说明。"[4]

让我们首先考虑一下美学观点，在我看来，这个观点在很多方面都明显存在严重缺陷。最重要的是，这是一种既傲慢又不妥协的态度，它理所当然地认为观众要有一定的教育水平敏感度，对那些来自其他社会和文化背景的访客，对那些好奇但无知的人，从不让步。那种认为应该让某些艺术品"自己说话"的观点没有考虑到这样一个事实，即对大多数参观者而言，这些艺术品是"沉默寡言"的。如果让展品自己说话，它们通常不说；有时候需要历史学家、艺术史学家、评论家和参观者付出相当大的努力，才能把它们哄得伶牙俐齿。

更为严重的是，美学观点认为，我们的视觉感知过程是连贯的、甚至是客观的过程，好像只要"看得清楚"就可以了，而没有考虑到"看"是一个多么复杂和有问题的过程，也没有考虑到即使是最基本的视觉体验也容易被曲解。我想起一个例子，这个例子发生在我多年前第一次读到的一本书里，是艾瑞克·牛顿（Eric Newton）的《美的意义》（*The Meaning of Beauty*），这本书现在已不流行了。作者让我们想象自己进入一片茂盛的草地，乍一看，草地上似乎点缀着毛茛和牛眼雏菊，一种审美愉悦油然而生，但当我们"看"到这些植物都是金箔片和碎纸片制成的，这种美感片刻被反感代替。[5] 然而无论是现象本身还是我们的视觉感知过程都没有受到任何形式的物理干扰；只是因为我们已经形成了某种认知，当我们对外界现象的心理感知发生变化时，我们的审美感知也随之改变。那么，我们对艺术作品的感知又有多复杂呢？比如，严格来说，我们从一幅画中"看到"的是颜料的图案和纹理。这让人想起了那比派画家莫里斯·丹尼斯（Maurice Denis）的名言：一幅画，在表现裸体、战马或任何其他类型的主题之前，本质上是一块平坦的画布，上面覆盖着按一定顺序排列的颜色。是什么使我们能够"看懂"［出自沃尔海姆（Wollheim）］这些模式和纹理代表的自然形式，需要了解其绘画技巧，否则我们的视觉体验会受到限制。而我们对贺加斯画作的"理解"又要复杂得多，比如最近在泰特美术馆展出的那些讽刺 18 世纪英国社会礼仪和道德的作品，其作品更加复杂，不仅仅是因为贺加斯对视觉诙谐和双关语技巧的巧妙运用，还因为其展示了很多现代人不熟悉的典故，而这些典故在同时代人眼中可能很熟悉。因此，这些典故需要费力地重建，然后以某种方式传达给具有不同文化和知识背景的观众。

在这里，我至少要顺便提一下经常被用来反对提供这类信息的一个

新博物馆学

论点。常有人说，提供信息不能成为展览本身的任务，无论如何，人们在观看展览时是不会阅读的，至少不会阅读超过一定长度的文本（标准通常是180字）。好奇心强的观众感到有义务去阅读关于这个展览主题的外部素材，包括阅读目录。对于这个观点，不得不说，某些初步调查似乎表明，参观展览的公众与阅读的公众绝不相同，[6] 当然，我们不能依靠对书籍和其他相关资料的自动求助来弥补展览自身的不足。此外，如果目录足够便宜、足够吸引人、排版得当且有趣，人们确实可能阅读目录，但他们几乎肯定不会在参观展览的时候阅读目录，因此，目录作为构建观展的直接体验，实际上是没用的。

在我看来，这个毫无悔意的"美学"展览最大的败笔就是没有为普通观众提供足够的体验。我不禁想起几年前在伦敦海沃德美术馆举办的名为"仲夏夜之梦"的斯堪的纳维亚绘画展，它的迷人之处在于它展示了在我们这个国家极少有人见过的一系列作品，而令人沮丧的是，它拒绝为观众提供哪怕是最简单的信息，帮助他们理解一连串不熟悉的名字、异国文化和各式各样迥异的绘画风格。展厅没有信息板，没有小标题，没有任何形式的辅助资料，甚至没有斯堪的纳维亚的地图。我们大多数人现在已经被灌输了这样的观点，即这些东西会干扰对作品本身的纯粹审美体验——或者说，正统的观点是这样的。那么，展览的布局和设计又如何呢？既然没有明显地按年代分组，按艺术家、主题或按国家流派分类，那么这些画作是根据什么原则挂上墙的呢？

然而，在我看来，同样不能令人满意的是，过度的语境化展示：发霉的文件，充满了认真的说教，任何私人冥想的机会都被视听节目的喧闹声淹没。此外，某些类型的材料，更是需要很多层次的阐释，以至于人们开始怀疑是否有这个必要。此时，我联想到的不是一场真实的展览，而是一场很容易举办的一个展览：中世纪艺术展，大部分展品就是照明灯下的手稿。试想一下，主办方特别想收录一件小物品，那是一本镶有青金石和黄金的祷告书，极其精致，但旁注不同寻常，明显是后人所为。这本书很小，拉丁文（中世纪的拉丁文）很难看懂，旁注甚至更小

51

第三章 沉默的对象   47

更难以辨认。即使是现在，我也很容易能想象出这本书的样子，因为几年前，我有幸得到了这样一本书。[7]有趣的是，这些旁注是对药理学的观察，包括对梅毒的明确的治疗方法，是否出自祭司之手就不得而知了。

正如我所说，这本书体积小，但极其珍贵，易碎，易受光照影响。几乎可以肯定的是，它将会被放在带有警报器的钢化玻璃陈列柜中，用弱光照明。坦率地说，几乎都看不到。为了展示原作中任何程度的细节，我们聪明的设计师会在旁边摆上一张最高像素的放大的彩色照片。然而，上面的拉丁文文本，特别是旁注由于是手写，还是或多或少难以辨认，因此，重要的是要有一份印刷精致的抄本放在照片的旁边。遗憾的是，由于现在很少有人会说拉丁语，所以还需要有一份译本，此外，还可以就有关物品的历史意义、边注的不寻常内容及出处和年代等问题进行评论。在这一点上，有人开始担心这个可怜的小物件的命运，担心它会被旁边数量多、体积大，且更能吸引人的素材所淹没。这样的展示方法真的是最好的吗？而且，如果这些丰富的附属材料真的很重要的话，那么敢问，到底还需不需要把原物摆放出来呢？

在我看来，造成这些困扰的一个明显的原因是大多数展览举办方对展览的内容和形式考虑得太多，而又为目标观众考虑得太少；事实上，我相信，大多展览举办方都很难界定他们的观众。然而，用布朗·古德的话来说，除非我们对观众的特性以及知识水平和理解能力有更多的了解，否则我们永远不会成功地举办更"有效"的展览。尽管对参观展览和博物馆的许多观众进行了无数的调查，包括考察他们的社会出身，但很少有人去调查这些观众的心态，或者确切地说，是他们的期望。我还认为，我们可以合理地期望我们的参观者拥有一些一般日常知识，但是，我们中那些认真做展览的人严重地高估了这一点。这让我回想起了我大学里的一个学生（人们认为大学生代表着民众中的知识精英），岂知，他竟然完全不知道苏联曾参与过第二次世界大战。这引起了我的思考。不知道苏联在战争中站在哪一方也许并不奇怪，因为该国在不同时期分别

52

担任了盟国和敌国的角色，但是，如果完全不知道该国曾参与第二次世界大战，这对于帝国战争博物馆这样的策展人来说，就会产生完全不同的问题，因为他们可能希望创造出一种展览方式，让观众对战争时期宣传图像的特点提出老练而有趣的观点。如果我们不得不承认，有相当一部分参观者可能不知道这场"近代冲突"的主角是谁（除了模糊地认为可能会是英国和德国），那么我们决定展示方式的出发点就会有很大的不同，而且理所当然地，匹配的信息和附加素材会有明显的不同。那么，展览组织者所面对的关于一个历史久远时期的问题一定要复杂得多：是金雀花王朝时期的英格兰，美国独立战争，还是被征服前的秘鲁？

我认为，造成我们目前困难的第二个严重的问题是，有一种顽固的执念，认为说明必须采取文字的形式。同样的陈腐论调一次又一次地被提出来，说人们除了最短的介绍性文本外，不愿意再阅读什么，说文本普遍妨碍了我们对对象的审美体验。即使设计者的想象力超越了传统的墙面文字或信息板的使用，而采用了诸如语音导游、视听展示或常用的小型日志等解说装备，但必须指出的是，它们也主要是依靠语言手段，因此也会受到同样的反对。然而，据我所知，很少有人考虑采用其他类型的视觉素材和资源来使展示更生动、更经济和更少受干扰。1984 年在奥地利举办的一个专门介绍皇帝弗朗茨·约瑟夫的生平和时代的展览中，其中一间保存有皇室资料的房间里几乎没有任何书面资料，反而有少量有着重要纪念价值的物品，包括一本印刷精美的家谱，上面有哈布斯堡家族主要成员的肖像。[8] 这样的物品，包含不超过 15 个左右的文字，却可以"取代"长篇的家谱概况介绍，因此完全可以收入目录，供参观者闲暇时阅读，让他们在踏入展览时就感受到一些历史背景。

有许多这类不错的非语言资料可以使用，包括从地图和图表、日常生活中的缩影、插图和照片，到幻灯片和电影。例如，工具在使用中展示，而不是放在陈列柜中展示，或者可以展示在创造展出的物品和艺术作品时所采用的技术。举一个既"真实"又是打比方的例子：在展会"仲夏夜之梦"中展出了芬兰艺术家阿克塞利·加仑·凯勒拉的几幅画作，这与他更多的受象征主义影响的作品大不相同，显然他是对芬兰民间艺术产生了浓厚的兴趣。从人类博物馆早先举办的"芬兰卡累利阿民间服饰"展中取出一件衣服，和这些画作一起展出，就容易理解多了。这种服装本身就很生动、有吸引力，而且很容易得到，可以与画作中的一些服装进行鲜明的对比，通过提供一个简单的视觉参照点，将极大地帮助那些有好奇心、但又不专业的参观者理解画作。本来只需要一个两行字的标题就可以了；即使要在口头上解说民间艺术的影响，也没有必要了。在这种情况下，所展示的作品确实会"为自己说话"，一度沉默的作品在遴选者和设计者的努力下，变得滔滔不绝。

在打造"高效"教育展的过程中，遴选者与设计者之间的关系显然是至关重要的。遗憾的是，展览设计者常常把当今常见的高调、声望显赫的展览看成是实现自己审美抱负的工具，而不是把它看成设计出最有说服力、最有教育意义、最有益的展示作品的机会。我觉得这一点特别可悲，因为这意味着，相对来说，很少有设计者能够看到自己能发挥多大的创造性。展览的设计、素材的布局以及设计者为该素材创造的情景，就像实际挑选东西一样，都是在"讲故事"，这种"讲故事"的作用贯彻到最小的细节中：展示字体的选择、墙面材料和颜色的选择、目录的设计，海报的设计、相关广告和宣传资料的设计。在我看来，最重要的是，如果设计者从一开始就参与了与遴选者关于展览主题的讨论，如果他对社会、美学或历史背景进行了研究，甚至参与了对将要展出的作品的选择，那么他就能更好地吸引听众的注意力，并且在阐述这个特别的故事——展览存在的理由——时，留住观众的注意力。[9] 当然，因为可以讲的故事有很多，这不仅取决于素材的性质，还取决于组织者的特定目标和雄心。同样的素材可以用来讲述完全不同的故事，不仅仅可以通过标题、信息板或说明性文字，还可以通过作品展示的顺序、材料本身的划分方式，最重要的是现实和联想语境。

举一个有点耸人听闻的例子。如果我们仔细考察 1937 年至 1938 年间由德国纳粹组织并在慕尼黑和其他德国城市展出的臭名昭著的"堕落艺术"展,我们从特别的视角来看,这可能是一场蔚为壮观的 20 世纪最优秀的德国和外国绘画作品展,包括几乎所有主要的表现主义画家的作品:诺尔德,黑格尔,施密特·罗德路福,佩希斯坦。[10] 如果今天展示同样的作品,关于本世纪德国艺术风格的演变,关于表现性色彩和形式的使用,关于为这些画家提供了以前未曾探索的表现方式的来自原始和部落艺术的影响,人们可能会试图传达什么观点?

然而,1937 年展览组织者的意图并不是最大限度地展示这些作品。不仅仅是口号和标题、墙面文字和希特勒演讲语录的使用,还有展览的设计和悬挂,事实上,与展览的宣传和展示相关的每一个元素都是为了压制国内关于"文化布尔什维克主义"和军事破坏、身体和道德的堕落、种族、艺术中的"犹太性"的宣传。不仅仅展览的标题特别提到了"犹太

图 3-2 "赫尔曼"为"堕落艺术"展制作的海报,1937 年至 1938 年(汉堡展)

人破坏"艺术价值，连海报也将一个类似面具的"表现主义者"头像与紧跟在后面的一张朦胧但明显是闪米特人略带猥琐的面孔并列在一起，没有批注进一步的评论（见图 3-2）。[11] 就连展览的布局，材料的逐段切分都是刻意的说教和专题。作品的排列不是按照时间顺序，也不是按艺术家、学派，或任何已知的艺术史原则。相反，不同艺术家的画作按照组织者歪曲的政治和美学信条所界定的"倾向"来分组：肆意扭曲色彩和形状，破坏宗教信仰，煽动政治混乱和"阶级战争"；其中一部分将"堕落者"与"傻子和白痴"的作品进行对比，最后一部分题为"彻底的疯狂"，包括从达达主义、构建主义到超现实主义等大多数主要"现代运动"的审视（见图 3-3）。

图 3-3　慕尼黑"堕落艺术"展内景，慕尼黑，1937 年

正如伊恩·邓洛普所言，"堕落艺术"展被认为是一次反艺术的示威，它的口号是嘲笑艺术的商业化。[12] 奇怪的是，只有这些作品本身还保持着对这种处置的抗拒。令人尴尬的是，这次在慕尼黑市考古研究所这样狭窄且不适合的环境下举办的展览，却比在新落成的德国艺术之家举行的官方艺术展吸引了更多的观众。"堕落艺术"展的组织者无意中创造了这样一场展览，仅仅凭借展出的作品质量和情感力量，至少对一些参观者就产生了巨大的影响。这样的反应，自然是相当不能接受的。一些外国人，如西里尔·康诺利（Cyril Connolly），在克尔希纳（Kirchner）

57

和诺尔德(Nolde)的杰作前停顿了太久，甚至被警卫赶走，警卫接到特别指令，要留意那些对实际绘画表现出过多兴趣，或那些笑声不够响亮的公众。[13]

如今，相对而言，很少有展览公开地表现其无耻的政治野心。我们自己的政治、知识或社会态度可能会对我们举办的展览种类产生重大影响，并在一定程度上决定公众和产品消费者的反应。但是，就像我们举办展览的教育或说教目的一样，这种潜在的态度和预设仍然是不言自喻的，没有表达出来，尤其是因为我们可能很少考虑这些问题，而是依赖"业绩指标"，如访客人数、门票收入和商业赞助的程度来衡量展览成功与否。针对教育和消遣之间保持的平衡的理念，1909 年，在伦敦白城举行的帝国国际博览会开幕式上，阿盖尔公爵提出了"娱乐而不过度、学习而不疲惫"的简洁目标，[14] 但这一观点已不多见。昔日以雅努斯(Ja-nus)为首的"教育和娱乐"(来自让·德·拉封丹的《拉封丹寓言》——译者注)已经让位于面包和马戏团(历史上罗马皇帝控制罗马民众的方式——译者注)。

到目前为止，耐心阅读论证和举例的读者可能会发现，我多次使用了"教育性"、"指导性"或"说教性"等词语来描述展览举办的目的。展览观众或评论家可能会反对，为什么是教育性的，为什么举办展览的目的不能是简单地提供快乐、娱乐或消遣，或是在不安的生活中，向我们提供一个难得的机会来让我们安静地反思？一种回答可能是，无论如何，要对这些不同类型的体验进行严格的区分远非易事。当然，正如保罗·格林哈尔希(Paul Greenhalgh)在本书中的文章中所指出的那样，教育与娱乐的关系是一个困扰了一代又一代展览方的问题。他对 19 世纪下半叶和 20 世纪初的文化和政治生活中长期存在的万国工业博览会、国际博览会和世界博览会进行了深入的研究，研究中发现的许多问题之一是，在整个上述时期，虽然教育更广泛的民众仍然是这类展览的一个重要目的，但一般来说，娱乐能带来受益，而教育却不能；对于维多利亚时代和爱德华时代的人来说，如何将教育和娱乐有机结合，同我们一样，是一个持久且棘手的问题。[15]

　　然而，在另一个层面上，同样有理由认为，无论主办方的目的是什么，所有的展览，即使是那些以娱乐为主要目的的展览，在更广泛和更深刻的意义上，都具有教育意义。我已经试图从博物馆所从事的各种基本活动来定义博物馆可能是什么。对于后来成为世界上最重要的教育机构之一的维多利亚与阿尔伯特博物馆的伟大创始发人亨利·科尔(Henry Cole)来说，同样清楚的一点是，博物馆也不是什么都是——例如，它们不是"闲散人群"的场所。逛博物馆并不等同于盲目发呆。即便是对面前的展品最粗略的一瞥，这种与艺术作品之间最私人的交流行为，也在无形中拓宽了我们的知识视野，丰富了我们的阅历，由此我们也受到了教育。临时展览或博物馆的陈列能否成功地强化这种经验，并使其更生动、更难忘、更持久，不是以外界强加的某种"客观"标准来衡量，而是遵照展览本身和展览负责人拟定的标准。设计一种更好的方法来界定这种标准，无疑是新博物馆学更为紧迫的任务之一。

59

第四章

主题公园和时光机

柯林·索伦森

（Colin Sorensen）

"请你告诉我，你现在这样做，是以谁的名义？"

——娜迪亚·布朗热（Nodia Boulanger）

    我想起了我的父亲，随着岁月的流逝，我越来越觉得父亲是《人间 60
喜剧》（*Comédie Humaine*）中精明的观察者，他告诉我说，要真正了解
一个人就要知道他是如何打发他的业余时间的。也许是因为这个原因，
也因为我作为伦敦博物馆现代部的管理员早已熟知伦敦在过去三四百年
发展变化时的生活和特点，我一直对都市流行的消遣和娱乐特别感兴
趣，尤其是所谓的"休闲产业"的历史。令人高兴的是，娱乐的专业提供
和出口在伦敦依旧是十分重要和独特的活动，几百年来，它的变化和延
续反映着伦敦人的品位和他们关注的事物。用现在的行话来讲，他们以
前是、现在仍是，这一"产品"的消费者，所以娱乐生产者（娱乐经理人、
表演者、剧作家）须一直密切关注和了解他们的品位和关注的事物。莎
士比亚（Shakespeare）或许是"埃文河畔的吟游诗人"，但是他是为泰晤
士河畔大街小巷、宫殿酒肆的观众而写作，因为他知道他们心里在想什
么，他知道什么能让他们发笑，什么能激发他们的想象，什么能保证稳
定可观的票房"提成"。

还有一些人也一直认为，各种娱乐能引导我们了解大众心理。理查德·阿尔蒂克(Richard Altick)研究了正规博物馆建立之前受欢迎的都市演出和展览，写成研究巨著《伦敦的演出》(*The Shows of London*)。[1]

在此书中，他引用了一段笔记，这段笔记由来自佩卡姆的 A. W. 先生写在一本 19 世纪的剪贴簿上，"在这个伟大的国度，看看你四周，想想人们的各种表演和消遣，然后再下结论，人们在不同历史时期的脾性和思想是否可以不受到那些演出和娱乐的影响。"英雄所见略同。吉卜林(Kipling)将伦敦音乐厅称为"社会史的素材"；列宁也认为参观音乐厅使他很受启发，并在给高尔基的信中评论道，"音乐厅里有一种对寻常事物抱有某种讽刺或怀疑的态度。有一种企图，试图将普通东西的内里翻出来，使它扭曲变形，指出日常生活的不合逻辑性。"

　　随着数万英国人加入到五花八门的表演业及其分支行业中，我们这些在博物馆工作的人很难不意识到观众的品位和关注点的变化。一个明显的、几乎是普遍的关注点，在各种不同的情况下表现出来，这就是对"过去"的关注。与其说这是对历史的兴趣，人们可以理解为对某种时间顺序的因果过程的认识，倒不如说是一种迫切的愿望，希望现实与时间中的某一时刻直接对视，重温一个早已逝去的情境，在那短暂的一瞬间，遥远的全方位的"真实"、可感、可听和(特别流行的)可嗅到的遥远的"当时"变成了当下和令人信服的"现在"。

　　当然，为什么会这样，这是一个值得我们思考的问题。我想知道，是不是因为我们的环境越来越人格解体，导致我们寻求一些方式来表征我们的个体——是一段真实的还是选择性的历史，大胆的"我思故我在"变成了安慰性的"我忆故我在"？至少于我而言，我们是多么急切地想要回到过去，是如此频繁地回想过去，令人震惊。前几天，我忽然想到，这与"怀旧疗法"非常相似，几年前还有一些人自愿为这种疗法在报纸上做广告。我读到"进行怀旧治疗吧……从找出你记忆中关于过去的细节开始。使用一些道具，如照片或纪念品……目的是让每个人都像以前那样对待别人，这样病人就不再会感到那么孤独。"这被描述为一种治疗健忘症的广泛有效的疗法——顺便说一句，也可以用于治疗老年痴呆症。

我必须承认，对我来说，在同时从事大众娱乐和历史产业的当代企业中，最有吸引力的是"历史"主题公园。近几年有几十家这样的公园出现，未来还会有更多。他们致力于唤起过去的、通常是乡村生活的回忆，鼓励我们在他们重新创造或重建的房舍中漫步，寓教于乐，发人深省，穿越时空。在世界上所有的主题公园中，具有各种不同表现形式的迪士尼乐园无疑是最有名、最成功和最有影响力的。在主题的选择和呈现方面，它极好地体现了创造这个乐园的人对美国人这个概念的态度。他们不管个人的种族和信仰是什么，为所有人提供了一个愉快迷人的对这个国家的记忆，为每个人提供了一个可以分享的童年。

这样的主题公园，就像博物馆（它们的近亲）一样，有着很长的历史——事实上，它们有着许多相同的历史。18世纪的许多庄园主人都受过古典教育，他们精心设计了景观以与维吉尔（Virgilian）（奥古斯都时期古罗马诗人，著有《田园诗》。——译注）相呼应，他们乔装成一个"真正的"隐士，居住在小树林或峭壁上的岩洞里。因为即使在更专制的年代，这些受到不公正对待的人也很难在那样不舒适的环境中待几个夜晚，所以当夜幕降临的时候，他们就会脱掉古典服装，骑自行车（或类似交通工具）前往最近的村庄——就像我曾经在阿尔斯特民俗博物馆（the Ulster Folk Museum）的草屋里见到的那位年迈的、蓬头垢面的农民，她静静地坐在那里，展示着一种古老的编织技术，但是五分钟后，她立刻恢复了活力，开着她的莫里斯小汽车匆匆赶回家，让我十分吃惊。

历史主题公园，或者他们年轻一点的表兄妹——文化遗产中心，通常位于两种不同类型的地方之一，第一种类型是从一个"真实的"地方改造而来，那里有足够的历史建筑、自然或人为的特征"就地"存留下来，通过一些不一定明智的修复和修整，原貌重现，向游客解说。美国弗吉尼亚曾经的殖民首都威廉斯堡就是这样一个典型的地方和典型的过程。在19世纪20—30年代，正如一位热情的撰稿人所说，"在小约翰·戴维森·洛克菲勒(John D. Rockefeller Jr)的要求下",“灰姑娘之城(Cinderella City)”“恢复到了 18 世纪的样子”。于是，大笔的资金用来收购房产，后来的建筑被拆掉，整个城重建成想象中以前的模样。“当你漫步在小道上，伟人走在你身旁……伴随着共和国诞生的阵痛。”

63

图 4-1　什罗普郡铁桥峡谷博物馆，铁器和铁炉博物馆分馆

在这个国家，以类似方式被重新发现和复活的最著名的历史遗迹也许是位于什罗普郡煤溪谷的铁桥镇。这个早期工业革命的活动中心几个世纪来一直处于半蛰伏状态，隐藏在塞文河一个树木繁茂的拐弯处。在过去几年里，它被发掘出来，扩建，注入教育色彩(见图 4-1)。

另一种主要类型的历史/主题公园，并不依赖于有历史遗迹的地方，这些地方通常完全是人造的——的确，它们的有效性通常来自自由地将其他地方的历史元素引入到原始遗址中，并根据预先确定的主题进行部署或分组。

64

美国汽车大规模生产的先驱亨利·福特(Henry Ford)，尽管据说他曾断言"历史是一派胡言",但他还是不遗余力地在他所创建的主题公园中汇集了他最喜欢的充满历史感的建筑。在这些建筑原主人的主动热情的配合下,福特将托马斯·爱迪生(Thomas Edison)的工作室和所有设备(以及它们原来所在的那片土壤)从新泽西州的门洛帕克搬到这里,与福特自己的出生地一起重建,成为密歇根州迪尔伯恩附近的"格林菲尔德"的主要景点。在这里,福特还费尽周折地从俄亥俄州代顿市将莱特兄弟的自行车商店搬来并重建,兄弟俩曾在那里试验滑翔机,并最终设计和制造了著名的飞行器,于1903年12月在北卡罗来纳州的基蒂霍克首飞。

在占地200英亩的格林菲尔德山庄的其他地方还有一个刨工坊、一个温室、一些横梁发动机、一个制桶店以及数十个大大小小的工业设施。还有一些有力象征美国小镇生活的东西,如木屋、校舍、锡版照相摄影棚。为了更好地反映主题,福特还加入了费城会议室(the Philadelphia Meeting House)的复制版,因为正是在费城会议室里美国革命领导人投票决定与英国决裂,还有亚伯拉罕·林肯(Abraham Lincoln)在华盛顿福特剧院(the Ford Theatre)被枪杀时坐的那把血迹斑斑的椅子。为了激励美国未来的年轻人,亨利·福特建立了一座公园,也就是他的文化遗产中心,这是一个以民族天才为主题的公园,彰显了节俭、创造和独创和最重要的起身自救的美德。

在这个国家,以一种至少等同于亨利·福特或小约翰·戴维森·洛克菲勒一样(尽管没有他们那样的财力)的奉献精神和远见卓识的热情,不知疲倦的博物馆馆长弗朗克·阿特金森(Frank Atkinson)在过去20年里在达拉谟郡比米什的一个264英亩的土地上聚集了英格兰东北部过去的建筑和艺术品,它们能让人回想起那个地区以前的生活方式、苦难和胜利。

所有这些主题公园有什么共同点呢?显然,共同点有许多。首先,所有这些地方都是穿越时空的——确切地说,是穿越了现在这个时空,它们是对过去的体验,允许和鼓励我们可以暂时停留在另一个时间。为了做到这一点，他们中的一些人玩弄时间，我们有些人担心，一些主题公园定格了时间，死亡和腐朽似乎荡然无存。奇怪而自相矛盾的是，在名义上讲究时间流逝的机构中，这些现象是不容许发生的。这种对时间真实性的否定，这种对当时和现在之间的任何间隔的人为省略，导致了一种现成的假设，实际上是一种暗示，即当时和现在非常相似，我们和过去的人除了一些表面上的差异外，也是十分相似的。我们只需戴上头巾或者是假发，几百年就消散了，只有那些艺术品，不能言说地显得古色古香。

"过去是一个陌生的国度，在那里人们做事情的方式是不一样的。"——莱斯利·波勒斯·哈特利(L. P. Hartley)的这句话也许再熟悉不过了，但却真实而贴切。我们不能否认过去几代人在信仰、知识、假设和愿望上的千差万别；即使我们的祖先和我们在身体外形上相似(尽管只有上一代人的照片这一点似乎与这一观点相抵触)，但他们生活的世界我们却无法再进入。毫无疑问，如果说我们能进入，那就是误导和对历史的扭曲。

在这个变幻莫测、令人不安的时代，历史主题公园和文化遗产中心可能会告诉我们更多关于我们自己和更多关于过去的事情——事实上可能远不止这些。当然，它们越来越受欢迎的一个原因似乎是因为它们的当代社会作用。这种作用往往超越了预期的教学和娱乐的融合，而具有更深层次的意义。位于法夫的安斯特拉瑟的苏格兰渔业博物馆(the Scottish Museum of Fisheries)就是这样一个典型的例子。虽然它很小，但却有效地诠释了做一个渔夫、尤其是航海时代的渔夫的意义。所以当地人开始私下联系馆长，询问他们是否可以带东西放进这家博物馆里，不是额外的藏品，也不是用于展示的钓鱼工具，而是像装饰窗台的小花瓶这样简单的东西。他们希望私下匿名地纪念海上逝去的亲人和渔民，有的甚至是好多年前的逝者。我觉得这既非常感人，又非常有启发性。这是对博物馆的一种致敬，因为博物馆有效地鉴定了这种体验的性质，即渔夫的生活，以至于对一部分参观者来说，它已经成为一种庆祝，一种对死者显性的纪念。生者显然认为这是一个适合纪念亲人的地方。最后，博物馆专门腾出一个房间，让亲属们可以在这里短暂地停留、缅怀。因此，这家主题博物馆显然不仅仅是艺术品的时尚聚集地。

所以，历史主题公园园长、博物馆馆长或文化遗产中心的管理者，在某种程度上都以某种方式代表了一种新的世俗的神职——显然，没有任何关于授予女性神职的问题！（大约一年前，在一个难忘而振奋人心的星期里，我听到一位博物馆的官员鼓励他的同事扩大他们的"教牧关怀"，另一位官员要求美术馆提供"完全沉浸式体验"，还有一位博物馆馆长称赞通过"亲手"接触文物而获得的近乎神秘的洞察力。）正如我们所预料的那样，他们的方式各有不同。有的人偏爱收敛的清教徒式的浪漫，其他人则喜欢大力宣扬商业效率。有人拥护吹的天花乱坠、反对改革的巴洛克——在我们最成功的一些供奉火与水元素的庙宇中，对所有伴随的技术都有一种强大而明确的万物有灵论的潜流。当今的德鲁伊教成员或是流浪的大群嬉皮士部落需要找到一个自己选择的巨石阵，为他们炮制的仪式借用或再造一个象征性的焦点。我记得自己和其他参观者一起站在一座历史悠久的冰冷的壁炉前，它曾经熊熊燃烧，发出轰鸣的声音，而现在，看着里面曾经明亮的火焰被电子灯代替，听着一段有声有色的录音解说，解说旨在介绍这个地方以及这些奇特的自动化仪式的"意义"。虽然这是奇怪的经历，但我很疑惑，为什么我从没到过这个地方，但是所有这一切都显得那么熟悉。然后我想起了自己曾经读到特尔斐的祭司们如何在幕后制造烟雾和火焰来让到神殿见证神谕出现的朝圣者信服，这些朝圣者在那个老太婆面前嚼过桂叶后爬到她的三脚架上，坐在"先知的裂缝处"，说一些不清不楚的话。所以，主题公园、文化遗产中心或博物馆的策展人代表了一种古老的（如果不是最古老的）职业。

这些展览和场所将我们带到别的时间，它们被誉为"时光胶囊""时光弯道""时光机器"——这样的短语我们经常听到，就像经常听到"遗产"这个词一样。最早谈及这种时光机器装备的是赫伯特·乔治·威尔斯 1895 年首次出版的著名寓言小说《时光机器》(*The Time Machine*)里一位不知名的科学家。这位时空穿越者坐在他神奇的机器里不是摇摆着缓慢穿过静止的过去时光，而是摆脱了重力和时间的束缚，在过去和未来自由穿梭。非常巧的是，就在同一年，最强现代时光机器在巴黎公展，它不是虚拟的科幻，而是实际的装置，能定格时间，游戏时间，如果需要，甚至可以反转时间。1895 年 12 月 28 日，卢米埃兄弟在卡普辛十四大道的咖啡馆展示了他们的"电影机"。事实上，他们不只是展示了一种科学玩具，还带来了一场通信革命、一场全世界范围的艺术与娱乐的变革，正如我们所见，也为史学家介绍了潜在的无尽资源。

然而，似乎极少有史学家或古文物研究者试图去理解这一新媒介，去思考它意味着什么或者能用它能做什么——它能够如何丰富和扩展他们的研究领域，并且扩大记载范围。半个多世纪以前，摄影技术已完善，不少有历史头脑的人开始使用它。例如，在 19 世纪七八十年代的伦敦，一群朋友组成老伦敦遗迹摄影协会(the Society for Photographing Relics of Old London)，他们知道一些古城的残留风貌不久会消逝，于是对它们进行了记录(现在成了无价的记载)。这些摄制的古文物图片常放在博物馆里，但是它们很难与雕刻、画作这些收藏品联系起来，而这也无法怪罪任何人，因为虽然它们有趣且能增进知识，但一般认为它们也没有独特的美学意义。

这一情形看起来令人吃惊，但是却持续至今。我清晰地记得当我 1970 年参加维多利亚与阿尔伯特博物馆举办的纪念查尔斯·狄更斯(Charles Dickens)逝世一百周年的展览时，我曾提议为每本小说配上当时伦敦的图片——例如，福克斯·塔尔伯特(Fox Talbot)的早期伦敦摄影作品，与《匹克威克传》(*The Pickwick Papers*)和狄更斯的其他早期小说几乎出自同一时期。于是，我费了好大劲找来可用的例子，最终在世界最著名的博物馆的橱窗里找到了一些有趣的照片，而这一橱窗旁边的柜子里存放着博物馆日常要用的拖把头。

次年，即 1971 年，科林·福特(Colin Ford)，以前是国家肖像馆(National Portrait Gallery)的职员，现在是位于布拉德福德的摄影电影博物馆(the Museum of Photography and Film)馆长，他花费了肖像馆的许多资金制作由朱利亚•玛格丽特•卡梅隆(Julia Margaret Cameron)所摄的一本维多利亚名人影集。这让本以为这样的旧照片不会有很大价值的人十分吃惊。但是大众媒体十分重视这一事件，然后整个大气候就开始变了。每个人似乎都在寻找或者是开始收集他们的旧照片，最后，博物馆策展人也开始重视起来。我想部分原因是这些历史旧照有了新的经济价值，但是它们也以一种全新的独特方式树立了这种认识。现在对相片的态度截然不同了，以至于很难意识到这是最近才发生的变化。用《巡回鉴宝》(Antiques Road Show)里学者的话说，大家现在都一致认为旧照片"适合收藏"。

　　一个有意思的巧合是，在同年——1971年——我去埃克塞特参加博物馆协会(Museums Association)的年会。在最后一天，我心目中的两个英雄如期出现了。他们都不是博物馆行业的人，但是他们对我来说真的是英雄般的人物——他们在他们的历史研究和记录领域取得了巨大成就。其中一位叫萨姆•汉纳(Som Hanna)，是来自兰开夏巴恩斯利的小学退休教师，他最先用电影来记录手工艺者的技艺以留给后世子

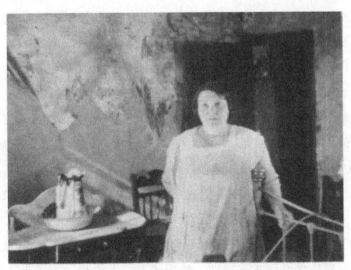

图4-2　纪录片《住房问题》画面(安斯蒂/埃尔顿，1935)

孙，同时也用以教给学生当地人以前的生活方式。我心目中的另一位英雄是亚瑟·埃尔顿（Sir Arthur Elton）爵士，他和他的朋友弗朗西斯·克林根德（Francis Klingender），工业考古革命发起人之一，确立了对过去工业的新的认识。或许他最有名的纪念物是图书馆和他收藏的印刷品和图画，都与早期工业革命相关，现在以他的名义存放在铁桥镇。

让我吃惊的是，虽然有人正确地将亚瑟·埃尔顿爵士誉为先驱历史学家、作家、编辑和收藏家，但是他们中间很少有人熟悉他忙于创作生活的另一面。不仅他的作品与过去的著名事件相关，而且他还是调查和记录现在的好手。的确，他是英国记录片发展过程的先驱，他和埃德伽·安斯蒂（Edgar Anstey）一道于 1935 年为煤气灯和焦炭公司（Gaslight and Coke Company）导演了英国最有影响力的纪录片之一：《住房问题》（*Housing Problems*）（见图 4-2）。在这部出色的电影里，普通人首次面对着摄像机说话，告诉观众住在伦敦东区贫民窟的感受。他们还在屏幕上向我们展示他们鼠灾泛滥的住处。他们不是穿着戏服的演员，不是逼真的蜡像，他们不是站在修复的房间里，影片也没有画外音评论。他们的讲话真实而惊人。这只有电影能做到，也是人类首次做到。埃尔顿是一位真正的史学家，他也认为认知和洞察当前历史并记录下来很有必要。

所以，历史和教育电影的先驱萨姆·汉纳和《住房问题》的合作导演亚瑟·埃尔顿爵士都参加了埃克塞特的博物馆会议，并一同登台。他们的主题是如何使用电影和视听媒体，尤其是针对博物馆人员而言。这两位杰出的人物像是唱双簧，希望增进策展人和史学家的技巧和意识，虽然只有九位观众，但历史久远。

有一些人的生活——至少是他们的专业生活——目的是记录历史包括当代史，所以专业制作的纪录片无法引起他们的注意。尽管 20 世纪二三十年代有许多人进行业余电影制作，但似乎很少有博物馆人员注意到这一点或是意识到其重要性。那些迷人的电影片断频繁出现在电视上，展示二三十年代的街道场景、家庭生活或假日生活，毫无例外都出自业余电影制作者之手，但是这些家庭影片爱好者鲜有"活历史"的观念，也没有意识到要为日常生活创造一个具有历史意义的记录。可以理解的是，他们着迷于电影记录时间并回放的能力，哪怕只是为了再次享受一次假期体验，或者回忆起孩子们蹒跚的第一步。与毫无艺术感的历史纪念碑相比，这些胶卷留住的是一种不同的、更持久的意义。

有句格言，"博物馆是用来收藏的"，它说的是有形的物体和相关解说，换句话说，是主要说明词和用以例证的物体。有人认为，物质文化研究应该主要关注物质证据，我们现在所称的视听媒体的独特能力，即能够回忆起物体所来自的生活环境，似乎没有什么吸引力。几乎没有人认识到，一种可以记录这种情况的方法的出现，可能从根本上改变人们收集物证的目的。有人告诉我，几年前，苏格兰的一家博物馆想要扩大其关于采石的画展，于是着手寻找一些电影来展示这一行业已消失的技能，但没有找到。那些古老的技艺直到最近才在该地区得到广泛的应用，但没有人想到用摄像机来记录它们，剩下的也许是安慰性的大量陈列品：原材料、已加工和未加工的石头样本、工具和在世的老工匠的回忆手稿，没有机会看见他们在工作的"情境"。

当然，我不希望博物馆里都是电子屏幕展示。把"时光机器"技术引进静态博物展览存在许多问题，最主要是美感和品位。如果将"生活环境"的记录与赖以生存的物质材料联系起来是有价值的，那么就应该以一种得体的方式来管理，但是，同样地，我们肯定不能把这么多活生生的证据留给别人去处理。我们和我们的继任者需要这些信息，所以我们应该善于收集这些信息。就像我们试图通过一种大家都能理解的方式来说话和写作以便与不同的受众交流一样，或许我们也应该学会理解这些更新的"时光机器"，并用一种同样清晰的方式使用它们。如果我们不被"电影艺术"所束缚，我们甚至可能会发展形成我们自己的视听语言。毕竟，博物馆是缪斯女神的神庙，神庙里缪斯的数量真的有限制吗？

当有人在博物馆界提出这样的看法时，得到的回应常常是：我们不想、也负担不起进军电视节目制作行业。但事实上，我们并不需要制作

71

长达一小时的史诗或 13 集半小时长度的连续剧，只要两三分钟、制作精良即可。我们不应该想到"商业渠道"或"上电视"——尽管这被认为是有利可图的。相反，在我看来，对行为和情境更广泛、更全面的记录可能会对收藏产生适当和持久的影响——而且，最终，无论是单个的物品，还是物品使用的记录或者情境将被认为具有优越的价值或意义——不过，有时，关于情境或者环境的记录可能被视为更可取的收集。因此，一件艺术品往往是单独呈现的，超出了它所处的时空，并且被期望独立完成解释和唤起的重要任务——这是是一种图腾符号，象征着一种原本无法言说的复杂。我记得自己曾独自站在画廊观看一个据说代表了石油业的汽油泵，感受到了一种华丽的孤独。

或许，正如我之前所暗示的，我们工作中最重要的部分之一就是召唤魂灵。我引用了莱斯利·博斯·哈特利的《送信人》(The Go－Between)，我认为送信人——介于生者和死者之间——不失为对我们工作的一个好的定义。但通常在博物馆业，我们要在十分严格的条件下召唤魂灵，在我看来，我们不想见面、也不想去理解他们。我们召唤他们是为了让他们帮助我们理解这些文物，像我们展示这些"东西"是如何发挥作用的。我们的兴趣似乎主要在于物品本身，而不是它们诞生的人文环境。我经常感到不安的是，在我们唯物主义的、以物质为取向的关注中，我们似乎暗示，人们之所以高贵，是因为他们所操作的机器、所用的工具，而不是机器和工具因我们而高贵，这让我感到可怕。

这并不是说我想从博物馆专业人员的工作中去掉"乐趣"，我一刻也不想浇灭收藏家的热情或让他们停止奉献。但是对现世历史的研究和记录应该基于其他标准，而不是同行业余爱好者的冒进的取向。我冒昧地提出，我们有，或者说应该有一个更严肃的目标。现在，除了堆积的大量材料造成的储藏和保存必要性的实际限制（因为这些可能会需要很大的开支），对于什么是可以收藏的似乎没有什么法律上的制约。关注点的转变、兴趣的扩大以及社会同情让"每个人"——当然也包括"每个女人"——成为了文化遗产故事的英雄主人公，影响了我们对于"历史"意

72

义的理解，于是也影响到我们收藏什么来进行展出。这是明显的意识革命再加上苦乐参半的认知，由于社会的整体不确定性和周围环境的转瞬即逝，因此我们日常生活中没有哪一件物品没有成为学习、研究和收藏的对象。但是这真的是最好最现实的办法吗？难道我们不应该非常严肃地看待我们正在努力实现的目标，以便论证累积越来越多的"物质证据"是否是一种正确的做法吗？在易卜生（Ibsen）的《培尔·金特》（*Peer Gynt*）中，培尔通过剥洋葱来比喻寻求真理的核心，一层一层地剥开，结果发现洋葱没有心，只是一层层相互包裹。在我看来，我们似乎在冒一个险。与培尔相反，我们一层层地添加越来越多"洋葱皮"（无生命的物质证据），相信它们越多，我们就越接近现在和未来的真相。相反，我们不应该将"时光机器"（我们的多种手工艺品和多媒体收藏）装满大量对后世有用的东西送到将来吗？就像埃及的法老墓和北欧海盗人的葬船，当后代发掘出来的时候，获得信息、长了见识，都以此为乐。

然而，目前看来，人们的努力似乎是朝着别处——确切地说，是朝着相反的方向。作为一个国家，我们在很大程度上沉浸在一种通常是有选择性的、有时是感性的回顾之中。我们的许多收藏都是一种纪念品的巨大累积——激励我们重建一个刚刚消逝的时代，有证据表明，这个时代对后继者的想象力施加了无与伦比的影响。我们的许多收藏看起来似乎只是囤积的一个大玩具店，架子上的东西吸引着各个年龄段的游客，他们渴望在"过去"玩耍很长时间。在那里，所有的家庭都可以在"昨年"乐园里度过一天。

或许，弗朗克·阿特金森关于比米什伟大的主题公园/文化遗产中心的宏伟构想和成就将被视为我们这个时代的象征，就像阿布辛贝神庙（The Temple of Abu Simbel）象征着拉姆西斯二世的那个时代一样。后者象征着结构牢固、宗教观念深刻的社会，关注来世，然而前者是在一个宗教没那么重要的年代，它讲述的是人们对过去生活（至少是前天生活）的关注。在遥远的将来，当人们意识到我们在自己的时代如何花费大量时间创造一些场所，让我们在另一个时间共聚一处，这肯定会被认为是一件好事。

　　这样想会不会很荒诞？如果当前对于建造历史主题公园和文化遗产中心的热情能像中世纪的教堂一样持续影响公众的想象力，代代相传，一座山谷接着一座山谷会成为过去——不是我们的过去，而是未来人的过去——的复制品所占领。或许有一天，相邻的主题公园将横跨这片土地，每个主题公园都是为了纪念不同时代、不同世代祖父母的生活和磨难。丹·克努克山里（Dan Cruikshank）和科林·埃默生（Colin Amery）在《英国浩劫》（*The Rape of Britain*）一书中写道："在英国，已经有一些人对自己的出生地毫无记忆，与他们的先辈没有任何联系。"[2]昔日的主题公园和明日的主题公园仍然可能会有特别的意义。在满是坟墓和教堂的土地上，我们的祖先依然会被召唤。

第五章

教育，娱乐与政治：国际大展的教训

保罗·格林哈尔希

（Paul Greenhalgh）

在这个财政极度紧张的时期，英国的大型博物馆比以往任何时候都更关心自己的公众角色。为了证明自己的正当性，他们必须不断吸引观众和拉赞助。简而言之，博物馆不能仅仅作为一个人类遗产的守护者或学者们的避风港而存在。博物馆还必须成为公众更感兴趣的地方，通过在门口募捐和为赞助商提供赞助目标，公众越来越多地将其视为一种博物馆参与其中的博学活动或保护活动筹资的方式。因此，当代博物馆的经济和社会状况类似于大型国际展览兴盛之时，在这种情况下，所有的动机，无论好的还是坏的，都无法敌过聚齐参观人数和赢得赞助的强烈需求。

本章中，我将通过对比我对当今博物馆政策的理解与大型布展者制定的政策，来探讨当代博物馆与公众之间的关系。我集中研究第一次世界大战之前几十年里举办的英国展览，利用巴黎博览会作为对比材料，我要探讨的大部分内容可以很容易地应用到欧洲其他国家和美国，目的在于让人们认识一些大型展览的思维模式。有些人执迷不悟地认为艾伯特亲王精神延续到了1851年水晶宫展览之后的展览中，这些思维模式将让他们大吃一惊。1870年至1914年间，大型展览组织者的目标、目的和手段对我们来说似乎是不讲理和粗鲁的，但作为特定文化观的典范，它们仍然具有显著的意义。与那些可以被定义为娱乐的部分相比，组织者对待展览中那些被视为教育部分的方式特别有趣。与这种特殊的两分法相联系的是政治理想的呈现，无论是有意识的还是无意识的。本章还将讨论一些第一次世界大战前几十年间本不该被人们忽略的重要展览。

从 1851 年至 1914 年，英国展览经历了两个截然不同的阶段。随着英国总体社会经济文化氛围的转变，展览的组织结构和哲学观也开始发生变化。从 1871 年起，展览的规模趋于空前宏大；到 1890 年，从花销、到场人数和占地面积上来看，1851 年的水晶宫展览也只不过是平均水平。从整个欧洲来看，1851 年至 1870 年间的展览似乎更加低调。在组织方面，1871 年"连续"展览的形式在英国崭露头角，改变了展览的特征。1886 年以后，英国的展览大规模引进娱乐设施，与早期的展览彻底分离。然而，在 1851 年至 1871 年间，后续要素开始被发明出来并首次投入使用。也是在这段时间内，展览媒介的多数优点和问题暴露无遗，尤其是在教育、政治和公众方面。

水晶宫的建造者们显然是在没有任何计划或事先考虑的情况下，意识到了展览作为大众教育方式的潜力。当时的评论人士被工匠阶层对待展品的严肃态度所震撼。亨利·梅修（Henry Mayhew）写道：

……跟你擦肩而过的每一个人都穿着灯芯绒夹克，衬衫或皮靴；每件新奇制胜的展品周围都里里外外围着两三圈人，他们伸着脖子，聚精会神地观看着机械的运作。你看到那些农民……从栏杆上探出身子，瞠目结舌地看着自动运转的磨坊……但最吸引人的还是织布机，周围聚集着成群的工匠和工人……大家都好奇地听解说员讲解着织布机的运作原理……实际上，对这些人来说，世界工业博览会不仅仅是一场展出，更是一座知识的殿堂。[1]

这与大多数贵族参观展览的态度形成鲜明对比，他们总是对展品嗤之以鼻，觉得展品太多，平添枯燥，无甚新意："这种上流人士带着厌倦感闲逛的展厅，却是普通人大开眼界的殿堂。"[2] 用以诠释展品的各种方式，包括见多识广的讲解员，专业人员操作的机器以及旁边的解说板，似乎足以激发了观众的兴趣和热情。

1862 年的南肯辛顿大型展览沿袭了其杰出前辈的模式，这一次，教育更多地与商业和工业一起成为公开宣称的目标的一部分："这样的展览让公众在教育、社会和道德上受益；参展商的不断增加也证明了制造商可以从中直接获利。"[3] 在 1851 年和 1862 年，伦理和商业问题在任何意义上都并不矛盾或互斥。对于一个几乎完全通过贸易积累巨额财富的国家而言，生活的物质层面似乎与更抽象的方面完全一致。商业与道德、教育目标，甚至宗教都没有冲突。展览显示，"19 世纪下半叶以来，文明的进步遍及全球；其中的每一个教育阶段——宗教的、社会的和精神的——都体现着众生对造物主的依赖"。[4] 因此，前两次展览显得天衣无缝，没有任何矛盾或不一致的地方，让公众体会到生活物质层面、精神层面和神学层面的融合。他们创建了一种教育模式，即使在今天，这种模式的成功也给我们留下了深刻的印象。展品依次陈列，工作人员进行解说和操作，参观者簇拥过来聆听。在相当大的程度上，社会和历史背景保证了展览取得成功。这些大型的、几乎是史无前例的展览，都是在专门设计的建筑物中进行的，它们的规模和富丽堂皇令人叹为观止。在 1862 年的南肯辛顿展览会上，震惊而又害怕的人群带着敬畏的心情注视着他们在贫乏的一生中从未见过的景象。第一次国际展览，展品丰富而新颖，展厅看上去有阿拉丁洞穴风格，只是教育性稍逊。

第一次世界大战前的 40 年是该流派在全球发展的黄金时期。与 19 世纪最后 25 年在巴黎举办的三场展览相比，英国的展览活动不算多，但如果认为水晶宫展览后英国的展览热潮已经消退，那就错了。关于 1851 年大型展览的文献远多于 1870—1914 年间所有展览记录的总和，但若以此评判其历史重要性是有失偏颇的，因为从非常实际的意义上来说，1870—1914 年才是英国大型临时展览馆的全盛时期。二级文献一般认为水晶宫展览是有史以来最成功的展览；许多资料表明，1862 年以后没有值得注意的展览。这不仅反映了当时英国艺术和设计方面的薄弱，更表明了学者们不愿参加那些公然将娱乐设施作为展览构成并且远离通常的优秀展览中心（比如伯爵宫、牧羊人森林等地方）的展出活动。本世纪前十年有关英国艺术和设计的无数专著中，几乎没有一本提到那个时期唯一最重要的文化事件——1908 年的法英展览。它作为一个历史事件的默默无闻，最主要的原因是它在当时的知名度以及组织者采取的推广手段淹没了其历史价值。很多其他展览存在同样的问题。根植于艺术设计历史中的阶级意识使得某些实践模式不适合作为研究对象。即使是现在，任何迎合大众娱乐兴趣的活动也不太可能受到这些学科的关注。

约有 30 场大型展览在临时展厅举行，其中一半以上的参展人数超过了 1851 年的世界工业博览会，所有展厅都比 1851 年的展览的展厅大。最重要的事件如下：

1871 年，国际展，南肯辛顿

1872 年，国际展，南肯辛顿

1873 年，国际展，南肯辛顿

1874 年，国际展，南肯辛顿

1883 年，国际渔业展，南肯辛顿

1884 年，国际健康展，南肯辛顿

1885 年，国际发明展，南肯辛顿

1886 年，印度和殖民地展，南肯辛顿

1887 年，美国展，伯爵宫

1888 年，意大利展，伯爵宫

利物浦国际展

格拉斯哥国际展，凯文葛罗夫公园

1889 年，法国展，伯爵宫

1890 年，德国展，伯爵宫

1895 年，印度，宏伟的历史奇观，奥林匹亚伯爵宫

　　　　　印度帝国，水晶宫，西德纳姆

1896 年，印度、锡兰（斯里兰卡旧称，译者注）、婆罗洲及缅甸展，

　　　　　奥林匹亚伯爵宫

1897 年，都柏林国际展

1899 年，伟大英国展，奥林匹亚伯爵宫

1901 年，格拉斯哥国际展，凯文葛罗夫公园

1904 年，布拉德福德展

1907 年，都柏林国际展

1908 年，苏格兰爱丁堡国家展

　　　　　法国—英国展，白城

1909 年，帝国国际展，白城

1910 年，日本—英国展，白城

1911 年，格拉斯哥国际展，凯文葛罗夫公园

　　　　　帝国节，水晶宫，西德纳姆

　　　　　加冕展，白城

1912 年，英国展，白城

1914 年，英美展，白城

　　每一场展览至少吸引了 200 万观众，其中规模最大的是 1908 年的法国—英国展和 1901 年的格拉斯哥国际展，分别接纳了 1050 万人和 1150 万人。它们都具有世界工业博览会的显著特征：展厅宏大、至少 1/3 的空间留给了国外产品、展品种类繁多（即使是在 1883—1886 年间在南肯辛顿举行的各大特展上）、政府积极参与。其中 11 场展览可被视为头等重要活动，这些展览分别是 1871 年和 1874 年的南肯辛顿展览、

1886 年的印度和殖民地展览、1888 年的意大利展览、1888 年的格拉斯哥展览、1890 年的法国展览、1901 年的格拉斯哥展览、1908 年的法国—英国展览、1909 年的帝国国际展、1910 年的日本—英国展览以及 1911 年的格拉斯哥国际展览。[5] 同时期的其他一些展览也很受欢迎，而且基本上都很成功，但与这 11 场展览和欧洲大陆上其他同类展览相比，它们显得较为狭隘。

这一时期英国展览最显著的两大特征是在格拉斯哥牢固确立了展览传统[6]，以及在伦敦同一地点举行系列展览的特别偏好。也就是说，以四场系列展览为例，已建成了半永久性展览设施，而且在随后几年内至少被重复使用了四次。因此，1871 年之后，南肯辛顿保留了完整的场地，1872—1874 年继续接展，1883—1886 年间建造和维护了新的设施，在此之后，在该场地上建立永久性博物馆的计划得以实现。[7] 伯爵宫建筑群建于 1887 年，曾用于美国、意大利、法国和德国的豪华表演，后来演变成今天的永久展览中心。位于牧羊人森林的白城于 1908 年为法国—英国展而开放。直至第一次世界大战前夕，这个最令人印象深刻的场馆里都有各种展览，直到最近，白城体育场才成为唯一保留下来的特色。系列展览现象在伦敦以外的任何地方都没有发生过。在英国境内，它显然对接展的博物馆和美术馆的结构和政策产生了影响。

79　　1871—1874 年间南肯辛顿系列展的显著成就是始终如一的品质。在过去四年中，多样化的国际参展商也为保证观众规模做出了贡献。在前两次展览后，只有美术区渐显倦怠，这主要是因为越来越多的收藏家不愿意借出画作。在所有四次展览中，除了在传统展区展出通常的展品之外，每年还有两三个专题讨论文化和技术的新课题。1874 年后，随着系列展越来越专业化，这一特点更为突出。在 1883 年至 1886 年间举办的展览中，专建展厅举办特定主题展。1883 年举办了渔业展览会，1884 年的主题是健康，1885 年的主题是发明，1886 年的主题是印度和殖民地。这些主题通常更适合于贸易展览会而不是国际展览，但由于有与主题相关的美术和装饰艺术，所以得以保持其形象。

总体而言，这些展览集中体现了组织者的思维从公共教育到专业发展的转变。同样，对商业、工业和帝国主题的专门强调是展览从群众活动的概念向专业教育者和资料提供者身份转变的决定性一步。英国公众暂时被降级成了通过展览提高管理和技工意识的首选目标。很难衡量这些展览对它们所涉及的实践领域的影响，但从最广泛的意义上来说，只有 1886 年的印度和殖民地的展览满足了公众的想象。当时，德意两国刚刚结盟，美国工业日益发展，对非洲的争夺也在进行之中，英国希望利用自己的展览传统探索本国经济发展的新可能。不用说，除了印第安人和殖民地人，1883—1886 年系列展览的观众人数与同时期任何其他活动相比都要少。

专业化在 1887 年有所不同，当时新伯爵群宫的组织者们决定举办一场展览，展出所有能想到的产品，但只限于来自一个国家。对这一系列展览而言，参展方的数量被认为是判定活动成功与否的关键。就这点而言，美国(1887)、意大利(1888)、法国(1890)和德国(1891)的展览都是独一无二的(见图 5-1)。每场展览都包括国际展览的一般类别，总共有六类，包括农业、采矿、机械、制造、教育和科学以及美术。每个展览都有众多的委员会、评审团、奖项和数以千计的私人或公共参展商。这一构想由约翰·罗宾逊·惠特利(John Robinson Whitley)提出，他是一名成功的商人，后来成为慈善家，他希望将其他伟大国家的文化引入伦敦以促进国际了解。虽然伯爵宫展览充斥着商业主义、政治宣传，携带着总体强烈的贸易色彩，但它们可以被视为世界上最后一场以慈善为主要推动力的世界博览会。

惠特利和他的顾问们选址伯爵宫是有策略的。在西肯辛顿，它因为跟展览中心肯辛顿有地缘关系而受益，不用支付南肯辛顿现在开始征收的高额租金。撇开慈善不谈，惠特利的主要动机是利润，而这与个人声望密切相关。为了提高声誉，他买下了这个场地，但需要彻底修整才能使用。"简单地说，在大型展览举办的四个月前，伯爵宫和西布朗普顿还是一个卷心菜园子。我们一共 2000 多人，分成两组，分别上白班和

图 5-1　威尼斯的重建，意大利展，伦敦伯爵宫，1888 年；当时的明信片

夜班，我是一个轮班的挖土工、记账员、男主人和向导，有时站在那儿
累得睡着了"。[8]他的目标是将高雅文化的元素，比如精美的装饰艺术、
科学技术的教育展示、人类学和地理学，融入到贸易展台上和游乐园中
（见图 5-2）。他以欧美国际展览为模版，如维也纳（1873）、巴黎（1878）
以及费城（1876）。他决定只陈列一个外国国家的展品，几乎没有英国的
文物，这可能有两个原因。第一个原因最为明显：费用。外国展品总能
吸引很多观众，但同时与多个国家打交道是一场代价高昂的行政噩梦。
第二个原因与英国的参与有关。如果他作为一名移居国外的英国人（他
一生大部分时间都在美国度过），试图以国际展览的形式在伦敦举办一
场大规模的英国商品展，他将不得不面对英国政府的干预。当然他选择
了回避。举办一国展是一次实用主义的妥协，但事实证明它非常成功。

　　惠特利无意间为英国最后一个具有国际意义的展览场地提供了典
范。1908 年的法国－英国展是第一次世界大战前在白城举行的五场展
览中最早的一场。在整个传统的背景下，这场展览在所有方面都获得了
良好的评价。它占地 140 英亩，拥有抵达伦敦市中心的现代火车和公共
汽车服务。这是一场壮观的展览，有风格各异的展馆，一个人工湖和无

**图 5-2　东方野外竞技场，法国展，伯爵宫，1890 年；
选自查尔斯·劳"四国展"（伦敦，1892）**

尽的娱乐设施。餐厅、露天游乐设施、杂耍表演、剧院、商店和一个大型运动场穿插在高雅艺术建筑群、科技厅和行政大楼之间。小型火车和小船载着观众穿梭现场，华丽的花园里回荡着管弦乐队和铜管乐队在众多的舞台上演奏的音乐声，艺术和科学让这场展览大放光彩（见图 5-3）。其中，美术馆的 1200—1800 年的法国艺术、现代法国艺术、1300—1800 年的英国艺术和现代英国艺术四场精彩的展览尤其吸引了人们的评论。企业家伊雷姆·齐拉法（Imre Kiralfy）设计并建造了这个展馆，他在伯爵宫担任展览组织者，并从约翰·惠特利身上汲取了重要经验。他还参观了一些有史以来最优秀的外国博览会，如芝加哥哥伦比亚博览会（1893）和巴黎博览会（1900）。他在白城的展馆不输于伯爵宫之前英国任何展馆，它比迄今为止在英国举办的任何其他展览都更具有巴黎世界博览会和美国世界博览会的氛围（见图 5-4）。

　　这一时期，随着英国各种展馆的建立，一些意识形态结构开始形成，到目前为止，最重要的是教育和娱乐的分裂。人们一直坚信，教育和娱乐是两码事，一个与工作紧密相连，一个与快乐相关。1871 年，在南肯辛顿举办了首次系列展览。那时，英国人对展览的新奇感刚刚开

图 5-3　翻转和螺旋轨道，法国－英国展，1908 年；当时的明信片

始消退，观众也不再被动地对所有展品感到惊讶。评论员比以往都更自
觉地注重展览的教育意义，他们发现大众主导了展览走向，让其发展成
了一种假日。"始终要记住的是，系列展览的主要目的不是将各种作品
聚集在一起，也不是吸引大批度假人群，而是通过精选的标本向公众传
授艺术、科学和制造方面的知识。"[9] 虽然这位作者是出于好意，但观点
却是错的。公众正在将展览变成一种享受，不是为了提高智力。因此，
1862 年以后，英国国际展览的观众通常不是为了组织者的意图前去参
观，而且组织者和消费者之间就展览的职能产生了分歧。不出所料，
1883—1886 年系列展的组织者选择举办专业展的时候，南肯辛顿的观

84

图 5-4　摆环，日本—英国展，1910 年；当时的明信片

众寥寥无几。到 1887 年，娱乐活动最终融入到现场设施中，人们认为这是组织者吸引观众的权宜之计，因此也是与展览主要目的相悖的。

到了 1900 年，娱乐与高等文化之间的尴尬平衡或多或少已经制度化，成为英国展览政策的一部分。如果展览不提供娱乐设施，就很少会有观众参观，然而，如果要让展览得到官方赞助并获得必要的文化地位，教育必须成为一个突出的元素。阿盖尔公爵在帝国国际展览会（白城，1909 年）上的就职演说中说，"市民们已经知道如何将展览变成一个宁静的度假胜地，在这里，男女老少有节制地娱乐、不倦怠地学习。"[10] 于是，这种模式形成了：高雅的娱乐，轻松的学习。在同一场展览中，《泰晤士报》的一名记者指出，许多教育展还没准备好开幕，所有的娱乐设施都已经开放并且运行了。"展览的教育部分似乎还处于萌芽状态，但总指挥齐拉法先生了解他的观众。他的观众更喜欢双翼飞机、水车、魅力水波、摆环和翻转等，而不是世界上所有的教诲"。[11] 爱德华展厅没有出现这种矛盾，一些片区用以娱乐，另一些片区接受"教育"。娱乐设施吸引了大批观众，贴补了带有文化性质的展品区（包括美术区），这些区域反过来又保证了展览的严肃性和地位（见图 5-5）。因此，

85

直到 1886 年，英国展览对娱乐的态度一直是矛盾的，后来转为消极，到 1908 年娱乐却成为了展览的自然特点，但对娱乐的基本观点没有改变。在这方面，人们能察觉出组织者对此常常怀有歉疚和尴尬。1886 年以后，几乎所有的展览官方文献都没有提及娱乐设施，而娱乐设施占据了展览场地很大比例。"摆环""后手翻"及"魅力水波"都是很赚钱的，但是为了显示展览的庄重，只能被历史遗弃。

图 5-5　雕塑馆之一，法国—英国展，1908 年

很明显，等级制度影响了展馆的建造、使用形式，当然也影响了后来历史学家的记载。实践被编纂和分派的地位不是依据其内在价值或受欢迎程度，而是通过其社会地位。很多都是可以预见到的，同样的偏见在今天的主要教育和展览机构中一直存在。然而，在满足和否定展览的乐趣方面，阶级并不是唯一影响因素。在英国，教育和娱乐的分离就如同工作和快乐的分离，因此在整个 19 世纪，这一直是道德家很关注的问题。到 1900 年，很明显，中产阶级将高等艺术视为一种文化责任——一种维持社会地位的必须——而工人阶级几乎不会在意任何形式的艺术。因此，不仅教育和娱乐之间的关系有问题，而且关于娱乐的合理界定也有问题。约翰·斯图尔特·密尔（John Stuart Mill）是最伟大的功利主义者，他一直在为他所谓的"更高层次的娱乐"和"较低层次的娱乐"之间的关系而苦恼。[12] 更高层次的娱乐代表着艺术、人文和人类致力的所有领域；较低层次的娱乐与基本功能相关，包括性行为。密尔认为，高低层次的娱乐都了解的人自然会选择进行高层次娱乐。以他看来，大部分人不选择高层次娱乐的原因是因为他们被剥夺了体验快乐的机会，因此与快乐疏远了。他相信，教育能给予他们这样的经历。

密尔对教育和高层次的娱乐看法比起对闲暇的看法，更容易与工作产生联系。他延续了托马斯·卡莱尔（Thomas Carlyle）论证的道德传统，并将其发扬光大，他将工作视为意识的核心，发现如果没有针对既定目标的有计划的斗争，就不可能想象生活是有价值的。约翰·罗斯金（John Ruskin）同样拥护工作为核心的观点，认为工作是大多数人获得快乐的唯一真正机会。在他之后，威廉·莫里斯（Willian Morris）把他的社会变革理论集中于对工作的彻底改革，与其他任何一种活动形式形成对照。对他而言，重要的是克服工作与娱乐之间的鸿沟，这样两者才能相互转化。因此，19世纪下半叶，一种英国的道德传统伴随着文化产品的展示而形成，并影响了英国人对文化展览的态度。这种传统将工作视为实现生活最终满足的重要方式，如果不是唯一途径的话。在卡莱尔看来，这项工作可能是十恶不赦的，而莫里斯认为应该是令人振奋的，但对他们两个人来说，无疑都是工作。这种态度是19世纪下半叶英国文化中最有力的一种态度，对左右两派意识形态都有影响，鼓舞了社会主义者和高资本论崇拜者们。

到1851年，工作的概念已经远远超出了它直接的经济定义，并且已经渗透到人文学科中。工作至少潜在地出现在人类活动的大多数形式中，它意味着清教主义和道德上的痛苦，为了最终的快乐而做出的牺牲，意味着情理和体面。最重要的是，它意味着强调生产而不是消费。文化活动意味着知识，知识意味着教育，教育意味着工作。实际上，工作是一切价值的基础，是通往上帝的道路。这对国际展览组织的影响是双重的。首先，每件展品都必须能让观众从某种程度上受益，不管这种受益多么间接；其次，它向观众灌输了这样一种理念，即他们应该参观展览，至少在一定程度上是为了学习。没有工作就无法设想实际的表现，因此必须不断考虑促进工作的智力和道德的提高。例如，在1862年的南肯辛顿展览会上，设计一个蒸汽发动机展厅，或者一个挂满画作的画廊，目的是为了提高观众的生活能力，让他们能够把工作放到首位。一切都是为了从实践上和道德上提升技能或传达知识。展出的物品，或者至少是组织者可以控制的物品，必须被解读为一种更好的生活方式的象征。自然地，当通过有目的的努力来引导生活时，生活会变得优越。因此，1862年，南肯辛顿的组织者谨慎地移除了那些引导人们耽于娱乐的项目。

任何能像这次展览一样激起公众思想的东西，肯定会产生一大堆古怪的建议，其中一些近乎疯狂，另一些则通过放肆的言行显示出某种精于算计的自私。第一场展览在带来这些奇怪的提案和建议方面起到了很大的推动作用，但第二场展览的推动力更大。[13]

排除在展览之外的物品包括棺材全面展示，世界上最古老的面包，一个人工飞行器（申请人希望乘坐着在大楼内飞行），以及半女人半狒狒的朱莉亚·帕斯特拉纳（Julia Pastrana）的遗体。通常情况下，这种排斥并不是基于任何其他理由，而是因为被拒的物品类似于大众娱乐，而不是更高文化的物品。

88　　许多实际展出的展品，如电子滤沥机和大礼帽通风机并不见得更为理智，但它们不具有娱乐性。尽管看起来有些反常，但将展品排除在展览之外的主要理由似乎是，它们会给观众带来无趣的快乐。

1886年以后，当英国的展览计划开始考虑休闲时，有些展馆仍然没有考虑到这些活动是为了让公众获得乐趣而举办的。在这方面，大多数展览的美术区的参观者少得惊人是一个令人关注的现象。尽管这些数字与没有参加国际展览的艺术展相比还算不错，但与其余的装饰艺术展和机器展厅相比，美术展通常表现不佳。显然，游乐设施最引人注目。

的确，在英国的展馆中美术展区是最矛盾的，主要是因为作品包含的意识形态与美术实践背后的核心动机背道而驰。这里没有让观众放纵享乐和公开表达快乐的空间。整个 19 世纪，一方面受罗斯金和拉斐尔前派艺术家的傲慢道德的影响，另一方面受皇家学院（Royal Academy）的自我意识的帝国主义影响，这些艺术作品的基调和氛围始终是干巴巴的。展览方式增强了展出作品的氛围，一排排的双挂图片，精心统一的标签和画框，试图以其传闻中的美德来让参观者受益。当然，与此同时，这些排列违背了当时很多人认为的——现在仍然这么认为——绘画的实际作用，即绘画与人类的快乐、爱、尊严和悲剧的表达密切相关。为了遵循维多利亚时代的课堂格言，审美消费的潜力被牺牲了。

　　1890 年至 1920 年，当博物馆在英国大量涌现时，人们对博物馆的作用已经有了基本认识。就算它们有提供快乐的功能，它们也会下意识地被定义为工作。博物馆和美术馆能帮助观众进步和提高。尽管这一观点与我们这个时代存在着明显的矛盾，但它在很大程度上仍是博物馆观的哲学核心。从最抽象的概念到存在的意义，再到合格人口可获得的实际工作的数量，每一层次的工作都已经发生了翻天覆地的变化。曾经执意认为，工作是通往纯正性的重要方式，但现在已经不再是一个先验的真理了。

　　法国的展览传统是在 19 世纪下半叶与英国展览一起发展起来的，现在为我们提供了有趣的对比材料。事实上，法国从 1797 年起就开始举办大型的全国性展览，但直到 1851 年水晶宫展览之后，才下决心把这些展览办成门类齐全的国际性展览。从 1855 年第一届巴黎世界博览会开始，巴黎大约每 11 年举办一次这样的展览。

　　1867 年博览会在各方面特别是大众教育领域为其他的博览会树立了榜样。该展览深受空想社会主义的影响，其中最著名的是雷蒙德·勒普雷（Raymond Le Play），他是整个传统中的关键人物之一。正是在他的努力下，百科全书（Encyclopedie）的概念第一次被认真地应用到展览媒体上。他认为博览会旨在总结文明，从物理上再现以前的所有知识，展览馆的组织原则是，参观者能够有序地看完来自各国的展品而不感到迷惑。正是勒普雷和他的同行组织者兼盟友朱尔斯·西蒙（Jules Simon）和米歇尔·希瓦利埃（Michel Chevalier），将教育理念永久地注入了世界博览会："即便是在最穷的学校上学的最穷的学生，最无能力的人，最无知的人，最天性愚笨的人，也是一个人，既然他是一个人，他就有能力认识到真理，并以此为生活准则"。[14] 博览会上的"人类劳动历史"部分体现了他的目标，即对所有国家的工作进行全面考察。勒普雷相信对任何特定主题都有全面了解的可能性，因此他将博览会的抱负设定得如此之高，以至于巴黎城外无人能与之匹敌。

19 世纪的最后 25 年见证了一个戏剧性的演变。1878 年、1889 年和 1900 年的巴黎世界博览会，使英吉利海峡对岸发生的一切相形见绌（见图 5-6）。1855 年和 1867 年在巴黎所做的准备工作取得了非凡的成果。这三次博览会经常被视为是相同类型中最精彩的。的确，很难否认，它们是有史以来最伟大的展览。

1878 年的世界博览会见证了特罗卡德罗宫的建造，并在柴洛山前铺设了华丽的花园和喷泉。然而，在社会和政治上，这是一件反动的事情，主要是由于普法战争和公社带来的右倾。尽管如此，百科全书的概

91

图 5-6　新几内亚亭馆，世界博览会，1900 年

图 5-7　阿尔及利亚集市和开罗街，世界博览会，1878 年；

选自《1878 年博览会图片专辑》（巴黎，1878）

念仍然存在，并运用到更加奢华的建筑中。历史上第一个"民族之路"诞生了，每一个参与国倾其全力和费用建造一幢具有其文化特色的建筑。建造了阿尔及利亚村庄和集市，还有一条"开罗街"（见图 5-7）。在特罗卡德罗宫的主体部分，有一个高卢人通史展，还精准重建了坟墓，向法国人阐释了他们的民族起源。这些特色都是在几十个艺术科学主题馆之外附设的。重要的是，1878 年博览会最终确立了重建和现场展示是教育的自然手段的理念。如果认为有必要向公众介绍古代高卢、埃及、蒸汽泵、路易十四、热带疾病或椅子设计的知识，那么最好的方法就是创建这些事情发生的具体情境，让观众观摩发生过程。

在随后的 1889 年世界博览会上，最引人注目的教育特色是"人类居住史"，这是一条很长的街道，人们沿着走下去，就可以看到各国的房屋历史。39 座房屋都是由巴黎歌剧院的建筑师查尔斯·加尼叶设计的，包括山顶洞人、驯鹿和爱尔兰麋鹿时代、石器时代、抛光的石头、湖泊居民、青铜时代、铁器时代、埃及人、亚述人、腓尼基人、希伯来人、贝拉基人、伊特鲁里亚人、印度人、波斯人、日耳曼族、高卢人、希腊人、罗马意大利人、匈奴人、高卢罗马人、斯堪的纳维亚、查理曼大帝、中世纪、文艺复兴、拜占庭人、斯拉夫人、俄国人、阿拉伯人、土耳其人、瑞典人、日本人、中国人、拉普兰人、因纽特人、非洲野蛮人、北美印第安人和阿兹特克人。[15] 有几十座宫殿展示欧洲列强的各个殖民地和原始人部落真正居住的原址，此外，民族之路、阿尔及利亚宫和开罗街反复出现。同样，这些特性超出了艺术与科学之外。整个展馆以景观为主，营造出一种整个世界都存在的幻觉，甚至像工程科学这样枯燥的主题也被转化为以埃菲尔铁塔和机械画廊的形式动态展示。

图 5-8 "巴黎旧貌"，世界博览会，1900 年；选自《1900 年博览会图片专辑》(巴黎，1900)

　　1900 年巴黎博览会的情景非常相似，除了 1889 年出现过的这些特征，还增加了一些新的展出。最吸引人的是"老巴黎"，它重建了整个中世纪的城市中心，数百人穿着真实的服装"居住"在里面，埃菲尔铁塔的一侧建造了一个"天球仪"，其结构像一个巨大的类行星，里面容纳了各种展出，包括某种早期的天文馆。由于场地太大，难以步行走遍，一条电动人行道载着人们参观。整个城市都参与了这次博览会，展馆占地数

新博物馆学

百英亩；整个市中心暂时变成了一个博物馆，市民们成了自豪满满却没有酬劳的员工（见图5-8）。

就娱乐性而言，法国对待展览的态度表现出与英国人明显的不同，尤其是关乎教育方面。在法国的展览传统中，教育和娱乐的双重性远没那么明显，甚至根本没有出现。1867年勒普雷的开创性工作向后来的展览灌输了这样一种理念：两者分离既无必要，也不可取。一方面是因为他的空想社会主义，另一方面是因为拿破仑三世吸引群众的强烈愿望，世界博览会被注入他们从未摆脱的平等主义。1878年的人们认识到，从最广泛的意义上说，要想取得成功，就必须修建群众可能乐于使用的设施。包括教育在内的所有其他动机都融入这个最初前提，并带有它的一些风采。最终，法国博览会最重要的感觉是节日气氛，一种朴实的，喧闹的节日。在这一点上，他们甚至不同于英国最受欢迎的展览。乔治·奥古斯都·萨拉（G. A. Sala）对1867年博览会的描述展示了一个放松享乐、乐趣无穷的展览馆。对他来说，这场博览会是一场盛大的狂欢。

> ……我们愉快地吃完饭，我回到博览会馆，心满意足，脑海里却十分镇定。到这个时候，展馆外面的咖啡馆和餐厅都已结束营业。那些在这些娱乐场馆逗留到十点关门时间的各国食客到哪里去了？他们都走了，空无一人的咖啡馆里，成堆倒放的椅子像树立的阴森森的纪念碑，法国、意大利和西班牙业主愁眉苦脸地站在门口，把口袋里的钥匙而不是硬币弄得叮当响……[16]

博览会因其娱乐性、丰富性和趣味性受到盛赞。一本1900年博览会英文指南强调了展览和城市本身的这些方面。

> 这里有火花、色彩、阳光下的欢笑以及精神上的陶醉，就像乙醚一样易挥发。美丽、风雅和无拘无束的巴黎！有机会谁不去？明

亮、轻松和快乐的巴黎！一想到要踩着它那水银铺就的路面，一种微妙的狂喜就席卷全身。奢侈，肆意，——啊，唉！美伦美奂的巴黎！不过，英国人是勇敢的民族——我们去。[17]

在 19 世纪的任何一场英国展览中，这样的诗句是几乎写不出来的，在 20 世纪更是少之又少。尽管对所有那些对高雅文化感兴趣的人来说，需要对博览会的至高无上的重要性有开放接受的心态，但是上述引用的两位作家的最大期待都是感官上的满足，而不是自我完善；事实上，两位作家都认为这给他们的评论蒙上了一层不得体的色彩，暗示巴黎及其世界博览会做了错误的诱导。他们在对待文化艺术品消费的不同态度之间左右为难。作为典型的伦敦文化名人，他们无法将快乐与罪恶或者学习与文化分离开来。他们因巴黎作为一个大都市而喜形于色，但是他们
94 隐晦地谴责享乐主义，因为在 1900 年，几乎没有英国知识分子能够最终调和他们眼中的快乐和他们所认为的高雅文化。今天依然如此。

如果说享乐主义是导致两国分道扬镳的原因之一，那么他们有一个共同点，那就是愿意公开地提出政治主题，并将其融入到展览中。在法国和英国举办的每一场国际展览背后都有一股政治推动力，为展览指明了方向和意义。在 1886 年以后举行的大多数英国展览中，有一个主题主导了所有其他主题：帝国。其次，与之密切相关的是对高资本的庆祝，因为机器技术的进步。欧洲博览会和美国的世界博览会反映了同样的主题。组织者没有隐藏他们的兴趣，没有人对帝国主义的想法感到羞耻，场馆中数以百万计的人充满热情和炫耀地庆祝它，沉浸在征服的荣耀中。为了实现这一点，展馆提供了最重要的元素：景观。庞大的建筑、花园、塔楼和拱门都在夜晚灯火辉煌；每一种现代技术奇迹大量出现；外国人要么参观，要么参展；尽可能地展出美术和装饰艺术；机器大厅和殖民展馆；无数的餐厅和咖啡馆。占主导地位的政治理念将以这样或那样的形式呈现在大多数展品特性中。政治促进了规模效应，而规模似乎意味着政治信息的真实性。这两者是相互依存的，它们之间的关

系保证了博览会的成功。显然这并不是要对所表达的思想的道德性做出任何正面评价——1914年以前，这些思想常常是冷淡傲慢，咄咄逼人，为贪婪所驱使和充满种族主义的；简而言之，媒体由于公开恪守政治理想而具有明确的社会侵入性。1889年以后，私人资助的展馆往往通过对当时的主流话语提出反对，从而彰显自己的主张。因此，人们仍然感兴趣的不是各种教条的意义或基调——这是完全可以预见的——而是这些长篇大论与公众的相关性。展览馆对人们的生活很重要的，这就是它们成功的原因。

当参观者在展区漫步时，随处可见各种关于国家和其职能部门作用的争论，这些建筑物、艺术品和娱乐结构与这些信息逐渐融合在一起，印入他们的脑海中。也许这就是国际展览和当代英国博物馆的最大区别，在英国博物馆始终存在一种人为中立的氛围。政治客观性，无论如何定义，都被认为是适当的，一方面是为了保护展品免受当代世界的苛责，一方面是为了安抚那些提供资金的政府官员。中性博物馆大概是无害的。从民粹主义的角度来看，它们也做得远远不够。95

这种对客观性的追求，除了起到将博物馆与世界隔离的作用外，没有任何哲学平台，尤其是在公共文化活动方面。大多数策展工作人员都致力于这样一种理念，即公众参观完博物馆后，应该比以前感觉更好，更了解世界。但是，即使是这样一项广泛的声明，也意味着存在一种政治立场。英国人作为一个国家群体，在什么能构成知识，或者什么让人们对世界感觉更好的问题上意见不一。因此，策展人不得不被迫猜测人们的思想现状，或者在客观性的伪装下，仅仅通过展览媒介呈现自己的世界观。如果博物馆一旦实现目标之后有机会赢得大量观众和转达明确的信息，那么策展人必须认识到，政治的中立是不存在的，公开的政治言论应该发生在文化活动的每一个层面。也就是说，博物馆是一种强烈的政治现象，我们应该以一种炫耀和诚实的态度承认这一事实。在社会政治舞台上声称客观性是对所有证据的公然蔑视。

然而，从博物馆学的角度来看，政治诚信并不是唯一岌岌可危的问题；诚实本身并不会带来有趣的展览。相反，问题在于，如果组织者和策展人毫无保留地相信一项事业，可能会产生多大的能量。国际展览取得了惊人的成功，这在很大程度上要归功于他们对整个场馆的政治立场的公开承诺和展示。当时，政治气氛和倾向渗透了整个展馆，进而引发了辩论，并引发了广大公众的智力热情。1908 年的法国－英国展与 1989 年的维多利亚和艾伯特博物馆之间的区别就像一场体育赛事，一方的奖杯岌岌可危，另一方却稳拿奖杯。无论展示的技能、参与者的水平或任何其他因素如何，具有明确目标的活动总是比缺乏目标的活动更有趣。这是国际展览大获成功的关键：它们不中立，而且组织者也对中立知之甚少。展览展示了国内外政策，吸引、宣传和震撼了观众。外国参展表面上是出于友好，但通常是处于痛苦和嫉妒的竞争中。正因为如此，展览的重要性远远超越了它们所展示的物品的总和。因为观众人数庞大，非政府机构商业公司强烈要求参展。展览越世俗化，就越成功。因此，与 1871 年至 1886 年间南肯辛顿举行的大多数展览相比，伯爵宫和白城得到的官方赞助更少，却得到了更多的媒体关注和更多的参观人数。如果认为它们只是在大众层面上更成功，那也是错误的。它们所展出的美术和装饰艺术、科学技术理应受到高度的重视。

简而言之，国际展览捕捉到了当时的社会政治气候并予以回应。事实上，展览正因此而存在。它们成为了所服务人群的中心力量。更重要的是，1914 年之前的展览充满了使命感，展示着举办这些展览的原因。

与英国人不同，法国人在博物馆里保持着政治意识形态的生机与活力。将蓬皮杜中心、奥赛博物馆、维莱特博物馆、大众艺术博物馆和卢浮宫的重建与英国的同类展馆进行比较，就会认识到两国文化政策之间可怕的鸿沟。蓬皮杜中心是在一场政治风暴中由一个完全致力于特定文化政策的中央政府构思和建造的，它是世界博览会的自然继承者。它形象、非常受欢迎、充满活力、喧嚣和充满现代感，它已经取代了博览会的伟大图标埃菲尔铁塔而成为这座城市的象征，然而人们仍能在其中轻松自在地看到 20 世纪一些最伟大的杰作。奥赛博物馆用纪念展来打动和吸引观众，这是展览的另一个传统。人群被展览的规模、费用和精湛的艺术与设计所吸引。奥赛博物馆的展出政策是社会主义者和保守党之间政治争论的中心，而这种争论在某种程度上，永远不会发生在英国，因为在英国明显的中立阻碍了讨论。[18] 激动人心的气氛和节日的氛围使这些展馆充满活力，我们也能够参与争论它们的意义以及对群众的影响。

也许一个例子就足以说明法国和英国之间存在的鸿沟，或者更具体地说，巴黎和伦敦之间存在的鸿沟。1980 年，在蓬皮杜艺术中心举办了一场萨尔瓦多·达利（Salvador Dali）作品的大型回顾展，之后又在泰特美术馆举行。[19] 在巴黎，展览开幕式是轰动的。博物馆工作人员为了更高的工资和更好的条件举行罢工，个人观点没有被抵制，数百人聚集在四楼阳台，不断地向达利和他的随行人员撒下五彩纸屑，每一张上面都写着"罢工"。达利挥挥手，放声大笑，成千上万的人高呼口号，双方都认为这座建筑和这个场合适合这样做。展馆里，一把 20 米长的勺子悬在空中，勺子里盛着一辆大众汽车；毗邻的是一个新艺术风格的地铁站。门厅里建了一座山，人们必须走上去才能看到一些作品。楼上电影院放映了达利的一些电影，播放着音乐，全面展示了绘画和素描。每天需要排好几个小时的队才能进去，展览成本已经通过门票收回。

另一方面，在伦敦，没有勺子，没有山，没有电影院，几乎没有艺术家及其生活背景介绍。这些画整齐地排列着，朴素而恭敬。达利虽然有名，但不用排队。巴黎人把展览当作一个节日，展览是政治化的，欢乐的，最重要的是带有明显的超现实主义。伦敦的展览自命严肃认真、学识渊博，但却有意避开巴黎的政策，将达利与世界隔绝开来。这似乎是一种有意识的尝试，试图减少人们从一件具有较高文化地位的事件中可能获得的快乐，或者至少这是那些看过两场展览的人的看法。伦敦的组织者实际上剥夺了他们的观众以最好的方式了解超现实主义的机会，也就是说，通过体验一个超现实主义的环境的方式。法国人似乎还记得他们从博览会传统中得到的教训，英国人却忘记了。更糟的是，英国人一直下意识地痴迷于作品，这妨碍了他们自己博览会的成功。

　　国际展览绝非能够在它们的文化和社会努力中享受一劳永逸的成功，作为一个范例，它们应该被今天的博物馆策展人谨慎使用。但国际展览确实表明，流行文化和高雅文化是有可能紧密联系在一起的，甚至一种文化有可能成为另一种文化。同样，它们表明，如果展览媒介要发挥充分的公共作用，就不应回避当代社会政治舞台的活力。从消极的方面看，英国的传统显示出一种贫乏的状态，源自把快乐从学习中分离出来的悲哀而病态的坚持。最重要的是，所有的国际展览都掷地有声、咄咄逼人和令人震撼，挑战着参观者的被动天性。一想到制作人伊雷姆·齐拉法如果今天还活着并担任主管，他将如何提高伦敦主要机构的参展率，人们就不寒而栗，但毫无疑问，这将是一场通俗、嘈杂和振奋人心的成功之举。像他这样的职业有我们绝不能忽视的阴暗面，但他的平等主义给我们所有的人上了一课。

第六章

论在新的国度生活

史蒂芬·巴恩

（Stephen Bann）

我正在澳大利亚西部的珀斯等公共汽车，一名年轻人递给我一张 99
纸。这是来自本地的一封信（以"敬启者"开头），有日期和署名，信的顶
部注明了主题："研究历史"。这封信行文严谨、印刷精美，我猜递信之
人便是书信的作者，很显然，这封信代替了任何直接的交流。他写道：
"亲爱的先生/女士，我写这封信是请求您提供有关我的'家族遗产'的信
息。从 1982 年 1 月开始，我就一直在研究我 19 世纪的家人，他们住在
澳大利亚西部的本迪戈、维多利亚和卡尔古利。接下来是一个澳大利亚
家族的简短故事，这个家庭的族长有 6 个儿子和 6 个女儿，他们住在伊
格尔霍克以北四英里的地方、本迪戈、维多利亚……从 1875 年至 1890
年间直到第一次世界大战。这个家族中的 3 个儿子迁徙至澳大利亚西部
后，加入到淘金热中，其中一个死于矿难，另一个（作者的祖父）定居下
来自学成才成为一名电工，第三个在第一次世界大战期间客死在遥远的
法国（这个兄长'以美妙的唱腔而闻名，无论他走到哪里，都能让人们感
受到快乐'）。"这封信最后写道：

> 如果有人能够提供 1875 年至 1930 年之间维多利亚和澳大利亚

西部历史的复印资料，我将不胜感激。我相信您能帮助我完成我正在努力出版的一本关于我家族历史的书。

这个故事，或者说这个消息（这正是我要传播的信息，虽然我还未对该信息进行谨慎甄别，名字也不准确），似乎证明了历史记忆在其非常脆弱的一面中超乎寻常的永恒。不过，它用以证实自身的技术和范式当然会紧密地与我们所处的某个历史时刻相联。我那个在汽车站碰到的聊天对象，显然已对学术性浓厚的史料编纂学模式着迷了，即所谓的"研究"。他通过学习得知，研究是需要借助现代技术的帮助而进行的，而且还需要获取有关的"复印资料"。他把研究的最终出版视为最后的验证，尽管要走到这一步的难度并没有被缩小（"我正在努力出版"）。不过，如果我们把这些为研究项目注入社会一致性的重要因素排除在外，会出现一种特别纯粹的形式：对家族的一种纪念，当然，这是以家长制的模式存在的（不能提及女性的姓名），但是这样可以为简单的美好生活留下想象和发挥的空间。就像是那个在第一次世界大战中丧生的叔祖父一样，"无论他走到哪里，都能让人们感受到快乐"。

在这篇论文中，我想通过这个信息和这个分析所暗示的稍微迂回的轨迹来探讨博物馆学的问题。我早期在博物馆和收藏品方面的许多研究工作主要集中在对这些特定历史背景下的表现形式的修辞分析上。[1] 这些研究把修辞的认知状态看作是理所当然的，并且假定我们能够对类似奥古斯汀博物馆（Musee des Petits—Augustins）或克鲁尼美术馆（Musee de Cluny）这些机构的形式进行分析，它们与外界达成了一种完全的交流，在这些展览馆里面，收藏品的专门布置能够对前来参观的观众产生非常具体的影响，呈现在他们面前的是"14 世纪"或"弗朗索瓦一世时期"这样的具体概念。但是，我要提醒的一点是，如果认为这样的一个机构公开取得的成就即是需要说明的全部，那么就是把目的和起源搞混淆了。杜·索梅拉德（Du Sommerard）的确是这样做的，他为七月王朝的巴黎民众提供了一种显著而强烈的体验，他精心安排，让他们感受到了历史性。但是，能使他走到这一步的想象的和心理学上的"奥德赛"（Odyssey，这里引申为一种民族精神，可理解为一种独特魅力——译注）究竟是什么呢？

要回答这一种问题，我要对博物馆学的作用进行研究，因为有人可能会认为博物馆学的作用是零碎的或不完整的。现在，那些像"博物馆里没有展品"的观念正日益流行起来——由于相比起单一的博物馆保管和制度方面的信息，有关博物馆学的动态方面的信息正越来越受到重视——仔细地研究存在于个人与历史关系中的复杂中介，以及这些中介向公众表达成功与失败所采用的方式，似乎是一个合适的话题。

除了之前提及的我在澳大利亚认识的那个人，我要举的第二个例子来自动荡不安的 17 世纪的现代博物馆。约翰·巴尔格雷夫（John Bargrave）是坎特伯雷大教堂的教士，他是最有趣之一（而且很幸运地，也是保存最完好之一）的"珍品陈列室"创造者，通常人们会认为，他的"珍品陈列室"是现代博物馆收藏品展览的鼻祖。[2] 然而，约翰·巴尔格雷夫也是这个家族中的最后一名代表人物，他的家族在内战爆发之前，在帕特里克斯伯恩教区的比弗隆斯庄园上发展起来，但之后因为冲突而消亡。他留下来的伟大碑铭记载了这一事实，现在仍可以在帕特里克斯伯恩教堂的南侧走廊中找到，只不过有些部分磨损得很厉害，难以辨认：

整个墓室内散布着忠勇的巴尔格雷夫家族的先人墓葬，其中有骑士扈从的约翰家族，比弗隆斯庄园的创始人老约翰，他的后嗣罗伯特及其妻子们安卧在这块大理石下。内战中这个家族为王室而生，为王室而死。阿门。子嗣、兄弟、坎特伯雷基督教堂牧师约翰痛书。

如果存在关联的话，那么关于巴尔格雷夫家族的描述与其家族的珍品陈列室，二者存在什么关系呢？如果要进行胡乱的猜测去尝试把这两件事拉到一起的话，这将会是一件危险的事。但必须肯定的是，在这两个方面之间的确存在一种联想性的调和。悲痛的儿子和兄弟巴尔格雷夫题写铭文让大家看到了他的勋爵家族的衰败惨状：他的碑铭是刻在一个雕刻好的石头上并广为人知，而且用上"忠勇的巴尔格雷夫的墓葬"的描述，这唤起了曾经人丁兴旺的家族记忆，如今他成为了这个家族的主要代表。老约翰·巴尔格雷夫是比弗隆斯的"创始人"：他建起了一座房子和庄园，打算让自己的子子孙孙在此居住。但他的意图被残酷地挫败了，第二代约翰，站在坎特伯雷大教堂的高处，冥想着他的家族的毁灭。那么他做了些什么呢？他建起了一个珍品陈列室。各种物品——包括石头、戒指、小雕像，甚至是"一根法国人的手指"——被贴上精致的标签，逐个摆放在这款设计特别的展柜里。这就好像巴尔格雷夫在幻想中又一次住进了家族的墓室里，但这一次他能够保证不再遭受任何财物的丢失，这一系列藏品被收藏家赋予了象征意义，它们不会再腐蚀或丢失。

那么，历史是如何影响这位缅怀者和收藏家的呢？在巴尔格雷夫的碑文中，内战不足以，但似乎的确是残暴地中断了家族历史进程，尽管巴尔格雷夫家族在某种意义上应该为国王而战斗，甚至牺牲（这样在伦理上符合"忠勇"这一说法，而在职务上也符合"骑士扈从"这一头衔）。在澳大利亚那个例子中，第一次世界大战野蛮而无知地闯入了"拥有美妙唱腔"的叔叔的生活："他的脚中枪了，伤得很重，必须要截肢，但由于药物的缺乏，他很快死去了。"这两个例子中，在某种意义上，家族的历史可以看作是一种自我婴儿期全能的投影，它必须要与自身不受限制进行繁衍的欲望与历史的真实原则进行调和，去使人接受悲惨的结局（巴尔格雷夫家族的结局），或是接受相当讽刺的逆转（澳大利亚歌手本可避免的死亡）。

在前述两个例子之间，我会另外讲述一个泰坦尼克号般成就的创造性人物，他以一种痴迷的方式而不是精确地以收藏的形式，具体化了自己对家族历史的向往。维克多·雨果（Victor Hugo）使用钢笔画和水彩画为载体（通过进一步精心的技术修饰）去预想其传奇家族的发源地：位于孚日山脉的雨果·泰特·迪埃格里小镇。[3] 在生命的最后时刻，雨果流亡到根西岛，他通过使用城堡堆砌和挥洒自如的黑色水墨绘画技术，想方设法去具体描述可能出现的全能自我与混乱局面的对抗势力之间的斗争，并刻意取得二者的平衡。这里存在一个很明显的矛盾。雨果的祖先中并没有真正意义上的中世纪贵族。另一方面，他世袭了父亲的拿破仑一世时期的贵族地位。相对于 1789 年法国大革命爆发授予他的尊号，他显然更喜欢中世纪起源的模糊性的贵族地位。毋容置疑，它们可以成为创造的灵感。

到目前为止，我所举的例子都来源于中世纪的历史，这些例子脱离了（虽然在某种意义它们也可能先于）博物馆制度的管束。巴尔格雷夫家族的碑文是巴尔格雷夫收藏品的前奏。也许，雨果对模板水墨画的研究或许确保了一种富有想象力的身份，这种身份后来在对中世纪雨果戏剧、诗歌和小说的大量再现中得到了证实（尽管去寻找任何有关前因后果的蛛丝马迹都会是一件愚蠢的事）。那封澳大利亚信中提到了"研究历史"，说是要把家族的历史进行发表出版，这在很大程度上是不能实现的，这封信通过把个人对过去的渴望围绕着跨个体的主题具体化而说明了一个微小而朴实的道理：父权制的统治、日期体制、地理分布的因素（从本迪戈到卡尔古利）以及遥远的战争侵扰，都会被平淡的田园生活所消解。这三个例子之所以被挑选出来，是因为它们的时代跨度很长，现在我们把这三个例子当成是可以获取过往历史灵感的一个索引，试图把它们——只要在其所处的时间轴线范围允许——与英国和澳大利亚各种类型的博物馆经历联系起来。关于过去居住关系的问题——家族历史的问题以及那段家族人员迁徙和消减的严酷历史——将是最重要的。但同样重要的是我这篇论文标题提出的："在新的国度生活"——在一个"新的国度"里，过去的历史如何发挥其作用，以哪种方式（如博物馆）进行呈现？

在我开始回答这个问题之前，澄清它的一个前提是很重要的。当然，我的文章题目灵感来自帕特里克·赖特（Patrick Wright）那本令人拍案叫绝的论文集，《在一个古老的国度里生活》(*On Living in an Old Country*)。[4] 但我并不打算去勉强地借用这一参考文献来支撑这个老生常谈的二元式话题：英国与澳大利亚的对比，旧世界与新世界的对比。实际上，澳大利亚社会学家唐纳德·霍恩(Donard Horne)的著作《幸运的国家：60年代的澳大利亚(1964)》[*The Lucky Country*：*Australia in the Sixties*（1964）]以及《大博物馆：历史的重现(1984)》[*The Great Museum*：*The Re—presentation of History*（1984）]相当粗略地图解了这一点。早期的研究是对战后澳大利亚社会的一种公正而深入的分析，它有效地论证了战后澳大利亚的历史意识可能存在的空白。"小国通常都有历史以支撑，也有未来可启迪。澳大利亚似乎已经失去了对过去的感觉，也失去了对未来的感觉。"[5] 在后来二十年的研究认为欧洲(东欧和西欧)正在被泛滥的博物馆学所淹没，这种博物馆学把我们所有人都变成了博物馆里的游客：

> 在欧洲各大教堂里经常可以看到这种邪教的信徒。他们手持一本又长又薄、绿色或者栗色装订的书就可以……这些书是《米其林指南》(*Michelin Guides*)。他们通常都是些游客，试图想象过去。
>
> 他们正在从事这一区域的现代工业社会的公开展览，把欧洲的部分地区变成了一个已经证实的过去文化残余的博物馆，然后进行大量专业的复原，以至于那段时期的民众甚至很可能都认不出自己使用过的手工艺品。[6]

这种分析的困难之处在于，它很快就从善意的讽刺变成了居高临下的贬低——而这一点并没有因为作者频繁地保证自己是一个全额付清会费的邪教信徒而避免，至少在他的欧洲休假期间是这样。留意其中一个全句："他们正试图想象过去"。几乎完全被排除在《伟大的博物馆》之外的问题是：为什么人们应该尝试想象过去，以及这种复杂的文化过程究竟需要什么样的"想象"操作。霍恩研究的基本假设之一是，在历史的某些阶段——比如说在工业革命前——与过去存在一个广泛的共享关系，在过去不必同被旅游业过度利用的政权代表谈判。但是，正如大卫·洛文塞尔（David Lowenthal）提醒我们的那样，与过去的关系（我把它称为"历史的感受"）是不可避免的建构关系。[7]当阿洛伊斯·格尔决定把"年代价值"作为另类标准来识别和评估历史物品时——当时他宣称，即便是最简单的农民都能检测这样的质量——他并不是暗示对年代印记的感知是一种所有年代和所有文化普适的天然的人类遗产。他只是在庆祝一个同时发生的事实：浪漫主义土壤培育的文化价值最终产生了广泛的民主的共鸣。

唐纳德·霍恩的《伟大的博物馆》几乎没有告诉我们任何他描述的这个现象，这从根本上是因为没有真正关注什么是可以被称为旅游现象学的东西——如何从个体的生活维度上体验。相比之下，帕特里克·赖特则十分重视个案的历史——像蒙特摩尔塔（Mentmore）这样的建筑物，像玛丽·罗斯这样复原的藏品，或者像塞维治小姐（Miss Savidge——一个女性时尚品牌——译者注）这样的人——并且成功地在每一个个案中重建起历史关系，因为特别而更加引人注目。与此同时，他敏锐地觉察到，这些在历史中不同形式的投资都是由于它们自身所决定的：蒙特摩尔塔的冒险故事是由卡拉汉内阁（the Callaghan Government）意识形态的混乱所产生的，玛丽·罗斯的史诗是由撒彻尔夫人当政早期的价值观所决定的，而塞维治小姐的悲惨故事则是因为现代规划政策缺乏灵活性所导致的。但这并不妨碍他提出一些关于历史的现代应用的一般性特点这一类重要问题，这些问题不可避免地产生于他所举例子的丰富特殊性。例如，在编后记中，他最终提到一名法国评论家菲利浦·霍约在他的"吉斯卡尔·德斯坦的遗产政策"中的建议：当代对国家历史的强调"更多地是为了促进在很大程度上改变了继承和传统概念的新价值的产生，而不是出于保护和评价一个"不朽的学术历史的愿望"。[8]正如帕特里克·莱特对论证总结的那样，对过去的意识需要经历几种不同的增强模式——差不多就像是信号通过扬声器传递一样——才能实现共同的表达。"'过去'可能仍是一个想象的对象，但它现在围绕着三个主要的模式来组织：家族、欢乐和乡村。"

因此，"新的国度"里博物馆的问题是一个回避简单二元分类的问题：简而言之，对于一个已经失去了"对过去的感觉"的澳大利亚而言，并不比已经蜕变成"伟大的博物馆"的欧洲更有亲和力。它不能放弃作为基本假设不可否认的事实，即个人希望获得关于过去的知识。所谓"研究历史"，就像我在公共汽车站结识的那个人一样，但是他们是承受了集体压力才做到的。即便如"家族历史"这种私人和亲密的关注都可以在主题方面进行扩大从而补充历史内容。

可通过博物馆和其他建筑物里的多个层面来认识到一点，其中许多博物馆和建筑物是由澳大利亚南部历史信托协会（History Trust of South Australia）赞助的，它们都分布在阿德莱德（Adelaide）城内和周边地区。澳大利亚南部绝不会失去"它的历史感"，它似乎在过去十年左右的时间里就已经高调地动员起来了，在南澳大利亚海事博物馆（the South Australian Maritime Museum）进行了一系列的创造性试验。该博物馆建于 1986 年，曾自我标榜为"澳大利亚最新最大的博物馆"（图 6-1）。这间海洋博物馆坐落于阿德莱德港，位置靠海，包括一组修缮良好的港口建筑群以及博物馆主体，位于在 1854 年至 1857 年间建成的邦德和费斯集市（Bond and Free Stores）中。但是最大型的博物馆建筑群集中在阿德莱德市中心，沿着北大街一带，那里的美术馆和国家图书馆等设施与移民和定居博物馆（the Migration and Settlement Museum）等"社会历史博物馆"以及旧议会大楼等历史遗址毗邻。

阿德莱德的确有点像一个博物馆区，而且抵制了在离市中心一定距离的新地点重新布置文化设施的趋势（在珀斯、墨尔本、布里斯班和悉尼可明显看到这一现象）。从国会大厦到挤挤挨挨的南澳大利亚大学区（建筑本身保持在原址上）这一连串的 19 世纪建筑的排列达到了历史的密度。这个序列可能没有悉尼的麦克奎因大街或墨尔本的科林斯大街在建筑上那么出众，也没有那么多殖民地早期的纪念碑。[9] 但它毕竟是一

106

系列值得参观的地方，而不是一排壮观的门面。它还以一定程度的一致性反映了过去的一种规划，这种规划从整体上与独特的南澳大利亚社区的独特历史紧密联系，而且并非偶然。

Welcome to the
South Australian Maritime Museum
Australia's newest and biggest!

Opened by the Prime Minister of Australia, Bob Hawke, on 6 December 1986, the Museum commemorates 150 years of South Australian maritime history and is spread throughout Port Adelaide, the State's foremost heritage area.

To make your visit to the Museum a memorable one, this brochure is offered as a walking guide to give you a glimpse of the colour and character of our historic Port.

The Museum comprises:
The Bond Stores
The Old Port Adelaide Lighthouse
No. 1 Wharf
s.t. Yelta
m.v. Nelcebee
Weman's Building: Museum Shop
Lipton's Tearooms

图 6-1　南澳大利亚海事博物馆官方手册（局部）

这个项目可以从这个地址上的两个主要的代表物看出来，一个是旧国会大厦（the Old Parliament House）里的多屏幕视听展览室（然而旧国会大厦里面除了原有的装潢什么也没有），而另一个则是在国家图书馆（the State Library）展出的 19 世纪中期阿德莱德市建筑物的全貌。这个视听展览室播放着欢快的标志性曲调，在其播放的时候经常会对这些歌词进行重复："它是一个国家，南澳大利亚，是一个国家而不是一个地方"。对于这一主题来说，这一预测十分恰当地说明了南澳大利亚殖民据点的形式多样化以及其政治体制的日益成熟，因为它们成功地应付了影响整个澳大利亚的不同经济条件。然而，这幅壮丽的图景更加朴素和经济地彰显了自己的观点。它由连续 360 度的摄影图像组成，展示了阿德莱德市在建设过程中的位置。在"上校之光"铺设的预制网格上，脚手架充当了一组包括商业、民用和宗教等不同类型建筑物的助产士角色。城市正在生动地形成。

如果我们把这个全景放置在一个更精确的历史背景下，它会有更大的意义。阿德莱德最初的计划是在城市网格的中心地带建设一座圣公会大教堂，就像新西兰基督城的城市计划一样，一直保存到今天。然而，定居者中已经很强大的来自不同宗教团体的抗议成功地消除了这种象征性的忏悔偏袒行为。在全景图上可以看到的各种礼拜场所分散在城市网格结构中，没有任何迹象表明它们在整体规划中有一个特殊的位置。

图 6-2 移民与定居博物馆官方手册(局部)

因此，这两种不同类型的景观——19 世纪的历史文献和当代的宣传幻灯片——彰显出南澳大利亚历史的两极：一个既具原则性但又禁止多样化发展的社会，虽然这个社会可各自保留不同的意见；而另一个则是疯狂欢乐的社会，但它能集思广益，获得更高度的统一（当然，我所讨论的，是这两个具代表性的策略的影响，而不是任何有关南澳大利亚精神的自然属性）。可以得出这样的结论：博物馆本身（以及南澳大利亚历史信托中心）的一贯规划是对业已形成的移民多样性的褒扬，而不是强调英国政府在该地区拓展政治中所起的任何作用。阿德莱德附近有一间博物馆，仍保留着英式王室的风格。它是位于斯普林菲尔德里（Springfield）卡里克山（Carrick Hill）的一栋美丽大宅，那里仍然保留着其原来的家具、图片和文物藏品，周围有花园，显然这座房子罩上了富有教养的亲英派家族的光环，过的是前拉斐尔派画家运动（the Pre—Raphaelite movement）[10] 的田园式写意生活。这与其他博物馆的指导性主题非常不同。

108

首先，这间移民与定居博物馆（the Migration and Settlement Museum）坐落在这座前贫困收容所的大楼里，宣称自己是"澳大利亚第一家多元文化博物馆"（见图 6-2）。它提供给参观者的体验是双重的，"收好你的船票……回到 19 世纪"，但同时也学会用在参与社区建立中的错位感来增加在时光穿梭中的刺激感受，"你会发现自己在一个离境港，收拾行李准备前往南澳大利亚"。历史真实性方面最大的努力是建立了大约 1850 年的出发场景。博物馆提供了一幅透视画，有一条狭窄、蜿蜒的鹅卵石街道，画中人物穿着 19 世纪的服装站在两边。有人说，这并不是一个"欢乐的"场面，更不是一个如家一般的环境。左边的两名成年男人无精打采地做着各自的事情，而一个小男孩可能与其中一人有关系，一副心不在焉的表情。在右边站着的似乎是一家人，期待着来自新世界的召唤。在这个小男孩和他那畏缩的妹妹的脸上，对旧世界的忧虑已经充分地勾勒出来了。从我们现在所处的位置来看，这些贫苦的人们无处可去，当然在这条肮脏狭窄的街道上也没有避难所。他们唯一的机会是跳出煤油灯照明的场景，进入未来。

109

这是博物馆主题发展的历史基线。它的一部分是通过照片来实现，照片用"曾经有过"的强烈效果补充了透视画的戏剧逼真性。[11] 家族主题再次被提起，但在这种情形下，跨越跳板的行为似乎将家庭团体与一种强化的命运和目的感紧密地联系在一起。博物馆还通过对移民群体的种族多样性进行深入记录扩展了主题。"来自不同背景的 8 名南澳大利亚人在一个视听节目中发表了"对社会的看法，节目中大量加入了迷人而多彩的民间传说。最后也许是最原始的，它通过调用计算机技术的参与和"反馈"来扩展自身的主题。那些访客，在这里是暗指那些参观南澳大利亚的访客，被邀请到"我们的计算机终端去寻找'他们'国家团体的名录"，而且"在我们的世界地图上注册登记'他们的'原产地"。在追溯了移民和定居的模式之后，他或她被邀请在信息库里留下一点统计的痕迹。

毫无疑问，这是一个历史博物馆，它围绕着霍尤（Hoyau）的"家庭、欢乐和乡村"三个理念来组织（在这个例子中，集中体现在"约 20 世纪 20 年代的东欧马甲"形象中的丰富多彩的农民神话在很大程度上包括了其中的第三个理念）。澳大利亚被描绘成一个避难所，以躲避旧世界里肆虐的互相残杀的历史冲突（"远处震耳欲聋的枪声，让我们重温对两次世界大战的恐惧"，"逃离战火纷飞的欧洲，前往南澳大利亚的临时移民招待所"）。意大利人社区的发展受到特别的重视，它产生于 1939 年至 1945 年同澳大利亚处于战争状态的一个国家，但仍然体现了经久不衰的家庭和不顾一切的欢乐精神的主题。"意大利家庭团聚"是博物馆宣传册的结束语，在这幅画中，五个相貌相似的男人在一位女族长慈祥的微笑注视下举起五只玻璃杯。[12]

这家移民与定居博物馆说来话长，它的布局富有想象力而且高效。在展出南澳大利亚社区的时候，它将一些地方性组织的联合体分解，再把它们组合在一起，并贴上生动的民族标签。[13] 但是，它可能没有以个体的语言来标识参观者。把他们的名字改成种族起源的标记，或者是地图上的一个痕迹，这就放弃了进一步识别的可能。在这篇文章的开头生动具体地表达了三个人过去的经历，我不得不承认这间博物馆并不符合他们的具体需求。我在公交车站认识的那个人，他从本迪戈到珀斯一直在奔波做研究，可是他来这里找不到到任何信息，即使他的家族历史在某个阶段来过阿德莱德港。在更根本的层面上，他也许不会找到任何强有力的隐喻来补偿他对历史缺损的感觉，以及从想象上对历史的复原。

这一点可以毫不贬低地说出来，因为南澳大利亚历史信托基金(the History Trust of South Australia)近年来开设的第二大博物馆非常满足这一需要。事实上，南澳大利亚海事博物馆是阿德莱德港四分之一区域的一部分，在过去的几年中，阿德莱德港得到了高度的复原。博物馆的所在地利普森大街现在是"遗产区的中心"，拥有"几乎没有改变的19世纪街景"(见图6-3)。因此，港口内得到修复且仍在运行的建筑物与博物馆内的债券和自由商店(以及一些邻近的地方)之间，有一种令人愉快的文化连续性效果。然而，在后一种情况下，我们进入的是一个博物馆，非常明显的标志就是那里安放的大比例尺寸的物品，其中包括一些结实的船只。海洋博物馆像移民和定居博物馆一样，并不打算将材料组织成一个统一的叙述，而且，相对于历史重建和说教式的展示，海洋博物馆本身拥有更高比例的珍贵而美妙的藏品。然而，在最大空间位置的正中央，是两艘历史复原的移民船货舱。参观者进入这些狭窄的空间，如果是早期的船只，会非常压抑，坐在粗糙的稻草垫子上，(最重要的是)听到船木发出有规律的吱嘎声。昏暗的火光似乎在前后晃动，木头连接处发出悲哀的吟唱。我们正在参加一个通过的仪式，有点不安，但又十分有趣。

在第二艘船的船舱出口(一个更现代更无声的样本)，电脑正等待着参观者的到来。在这种情况下，电脑上有一个完整的程序，列出了南澳大利亚航运史上的乘客名单。有一个很好的机会，你或者你的南澳大利亚主人，很有可能在上面找到他们的祖先。打印出来的文件可以带走保存。在吱嘎作响的货舱之后——这种借代修辞法代表着整艘船，但也以一种更为隐蔽的方式，代表着子宫般的向新生活的过渡——这种陈腐但有效的操作引入了一丝讽刺。然而，这两种体验的结合尤其有效。通过对强烈的心理刺激的移情反应，自我的想象延伸被祖先粗略的文字颂扬所抵消。每一个都证明了个人对过去差异性的投资。

图 6-3　南澳大利亚海事博物馆，阿德莱德港

已经有足够的证据表明，南澳大利亚这个"新的国度"正试图以连贯和令人印象深刻的方式发展自己的"历史感"。我将放弃显而易见的辩证论点，即正是过去的缺失才激发了对"文物"和历史的狂热崇拜，或者同样显而易见的一点是，我所唤起的这种反应不一定是普通游客的反应。

在我看来，这些建议并没有对这些博物馆展览的完整性提出质疑，这些展览缺失根据特定的主题方案明确地构建了过去，而且在这个过程中还设法塑造了一名理想的参观者，这在表现手法本身就有所暗示。然而，如果没有来自另一种文化的反例，就无法真正衡量这组例子的真正意义，因为另一种文化的历史和发展路线不那么透明。关于"古老的国家"和"新的国度"之间的对比隐含在我已经提出的整个论述中，虽然它不需要涉及由唐纳德·霍恩提出的尖锐的二元制特性，但是在这项研究中必须进行进一步的测试，从极端的程度上来参考复杂的例子，而不是清楚的例子。

利特尔科特（Littlecote）离坐落于伯克郡（Berkshire）的亨格福德（Hungerford）只有几英里远，它建于 1490 年至 1520 年间，是一座都铎王朝（Tudor）时期庄园，极具魅力（见图 6-4）。内战期间，由于其独特的战略地理位置，主人亚历山大·波普汉姆（Alexander Popham）上校的私人军队坚守在这里。可惜在1688年王朝复辟之后，进入到一个关键的历史时刻，当奥兰治（Orange）的威廉王子暂住了在亨格福德附近时，他与英国辉格党广泛地召开会议并进行讨论，他的目的是想把流亡海外的斯图亚特王朝詹姆斯二世接回到自己的国家，并组成威廉和玛丽的联合政权。麦考利勋爵（Lord Macaulay）的著作《英国的历史》（*History of England*）高度赞赏"光荣革命"以理性的、没有流血的方式进行，他不失时机地用生动的笔触来强调利特尔科特的史实性。与国王的特派员第一次会面后，麦考利告诉我们，王子"将会隐退到两英里外至今盛名的利特尔科特庄园居住，这不仅是因为其珍贵的建筑和家具，还因为它给人一种恐怖且神秘的罪恶感，因为都铎王朝时期在这里犯下的罪行。[14] 场景被预设好了，政治讨论被限定在特定的话语体系中，——不亚于充满流血事件的沃尔特·斯科特爵士的历史传奇。[15]

利特尔科特被赋予了历史的维度，而当麦考利在随后安排荷兰王子与英国专员之间的关键会晤时，也没有忽视这一点。似乎从中世纪起，英国的整个历史，以盔甲和肖像为转喻，被卷入了一场辩论赛中，这场辩论赛的结果是否定武装冲突是调和政治分歧的唯一方法。

113

　　12月9日，星期日，王子的请求通过文书的方式传达到哈利法克斯。委员们在利特尔科特就餐。他们应邀参加一个华丽的集会。古老的大厅里挂着几件曾参加过玫瑰战争的铠甲，以及菲利浦和玛丽的宫廷里挂过的几幅英雄人物的画像，现在却挤满了贵族和将军。在如此拥挤的人群中，简短的一问一答交谈可能会引起大家的注意。哈利法克斯抓住了这个第一个出现的机会，想套出伯内特（Burnet）的所思所想，"你想得到些什么？"机灵的外交官说道："你希望国王得到你的权力吗？""一点也不，"伯内特说道："我们不会对他的人身造成丝毫伤害。""如果他要走呢？"哈利法克斯（Halifax）说道。伯内特说道："那没有什么比这更令人期待的了。"毫无疑问，伯内特站在王子的阵营表达了辉格党人的普遍观点。[16]

　　麦考利精雕细琢的叙述致力于把非暴力辩论的主题作为至高的政治价值来展现，同时强调场景的历史"本地化色彩"。这个重要的会议并不必在利特尔科特举行，但是它的召开使麦考利能够用历史真实性的代表性价值观加强他对意识形态的分析。它看起来一点也不会使人觉得异常，1914 年版的《英格兰历史》（*History of England*）——年轻的赫伯特·巴特菲尔德（Herbert Butterfield）揭露出"辉格党历史"的不足之前很久就已经出版了[17]——应该有一整页的插图："威尔特郡利特尔科特宅邸景色，摄影照片"。在我们看来，这种地方索引记录的引入可能会引起一些不方便的问题。准确地说，这张照片是什么时候拍的，专门为这本书而拍的吗？然而，事实上，它最恰当地补充了麦考利的叙述，因为《英格兰历史》既是意识形态话语——关注政治选择和价值——也是本体论话语，通过"现实效应"指向过去。[18]

图 6-4　威尔特郡利特尔科特宅邸景色。转载自麦考利作品
《英格兰历史》（插图版：伦敦，1914）

　　当然，没有必要为了欣赏麦考利所使用的表述的连贯性，而与他一样相信"光荣革命"会继续造福人类。[19]我仅仅认为，在这个重要的 19 世纪的叙述中，利特尔科特被构建成为一个真实的历史场景，代表着过去

　　　　　　　　　　　新博物馆学

的历史，也代表着 17 世纪的历史，在神话和诗歌中发挥作用，同时也主持着政治辩论。这项成就是维多利亚时代以及后来的时期特有的吗？同样的说法在我们的时代也适用吗？

提出这个虚伪的问题就是要表明他们没有这样做。如果南澳大利亚的博物馆集中在简单但与移民和国家起源的多样性相关的主题上，那么，以历史严肃性为要旨的英国博物馆肯定不仅要考虑多元文化的视角，还要考虑不同时期的政治辩论赋予"我们的岛屿故事"的不同版本的意义。从"光荣革命"的神话中去了解英国的历史，对麦考利来说已不再是一个明确的选择，而且，同一时期的历史学家必须考虑到发生在过去半个世纪的漫长而富有成效的对内战意识形态历史的重新考量。但是，也必须考虑到最近的学术修正主义，它指出辉格党的意识形态能潜在地存在多久，即使它已经被历史学家明确地否定了。[20] 事实上，这也适用于南澳大利亚，因为旧议会大楼里的多元文化展览不能完全掩盖这样一个事实，即政治进化关乎政治价值观，而不仅仅是多元种族在和谐社会里的融合。我有机会去参观南澳大利亚博物馆，当时正值英国研究中心成立，该中心的第一个官方议程是克里斯托弗·希尔（Christopher Hill）的演讲："英国历史上 17 世纪革命的地点"。[21] 辩论中直率的立场（如希尔博士所表现出的）可能会超出英国历史学术研究的影响，并加深那些非常积极地代表澳大利亚历史的博物馆学家的自我审视，这种期望很有吸引力（也并不是过分的理想主义）。

但这是一个题外话，远离了利特尔科特和麦考利提出的关于它的表现的问题。关于利特尔科特，我们必须暂时回归，或者更确切地说，回到它被称为"利特尔科特的乐园"（The Land of Littlecote）（哥特式）的地方，这里暗示的不仅仅是想象中的种族和历史娱乐范例——迪士尼乐园（见图 6-5）。[22] 利特尔科特脱下了都铎王朝乡村房屋的朴素制服，现在以各种各样的方式展示自己，其中很多都是经过精心设计的历史建筑。在房子所在的广阔河谷的一端，游客可以自由进入一座有着精美马赛克的罗马别墅的遗迹，他们可以根据考古学提供的线索发挥自己的想象。然

115

而，在庄园里，想象就没有那么自由了。这个主要的接待室里摆满了真人大小的、内战时期的士兵、仆人和家属，他们懒洋洋地坐在詹姆斯一世时期的餐桌旁，靠炉火消遣，研读地图，做一些与他们的历史困境相关的、温和积极的事情。广播中质朴的口音描述的"此类型仅存的唯一"的克伦威尔教堂中没有这些稻草巨像，同大会堂一样，这里的盾形纹章仍然和麦考利的描述中一样高高在上，但在这种情况下，更多的是艺术珍品而不是国民良心。它们形成了"这些隶属于王室军械博物馆的、独特的克伦威尔盔甲收藏"。[23]

利特尔科特的内部空间已经被叙述过了，但叙述却出奇地偶然。波普汉姆上校正在考虑是否要把他的妻子送到相对安全的布里斯托尔（Bristol）去，而各种命令在一定范围内将会把他们的地盘置于危险境地。广播正挨家挨户地通知我们这个消息，并且展望着未来（波普汉姆夫人无法幸免为她的安全所做的精心布置）。但对内战冲突性质的真实感受是不会被允许"去渗透这个感人的小故事的"，更不用说相互对立的政治价值观了。利特尔科特的叙述成为维多利亚晚期家庭情感崇拜的继承者，这种家庭情感崇拜与历史装饰格格不入，在《你最后一次见到你父亲是什么时候》（*And when did you last see your father?*）这幅画上体现出来，而不是像麦考利的辉格党人那样一本正经[24]。在伯纳特和哈利法克斯举行重要交流的大会堂里，除了女主管被说服穿上一条长裙外，没有任何历史意义的娱乐。

116　　　然而，奥兰治的威廉，做了几天利特尔科特最尊贵的居民后，也会偶尔出现。1988 年 7 月 23 日和 24 日的那个周末，当地一家戏剧公司与英国内战协会合作，重新上演了他"从托贝到伦敦的历史性旅程"中抵达利特尔科特的一幕。房子前面的草坪上挤满了穿着 17 世纪军装的人，远方的鼓声在亨格福德路上回响。中午 12 时 30 分，王子五彩缤纷的游行队伍映入眼帘。他说了几句关于法国军队对一支步枪小分队的威胁的话，这支小分队的任务是在大雨的天气保持线路干燥。然后他退席，宫廷假面舞会开始。在再次检阅他的队伍并启程前往伦敦之前，他要出席一场比武。与此同时，在一个中世纪的花园里，孩子们把父母给的钱捐给了当地的一些慈善机构，作为回报，他们得以参加"许多令人兴奋的活动，包括"城堡弹跳（Bouncey Castle）、面部彩绘（Face Painting）、掷球击椰子（Coconut Shy）、旋转飞椅（Chairoplanes）、稀有品种农场的纺车以及更多游戏。"

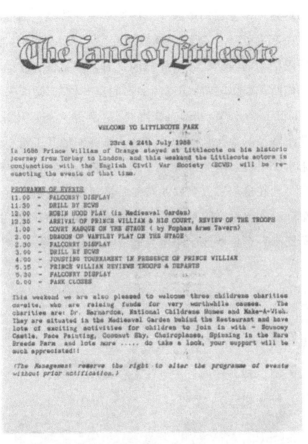

**图 6-5 "利特尔科特的乐园"：1988 年 7 月 23 日和
24 日的文字资料**

"利特尔科特的乐园"这个主题是绝对无伤大雅的，以"家庭、欢乐和乡村"为指导思想重构历史。民族志可能不会公开出现，因为这是对英国特色的颂扬，但它通过独特和差异的语言（"克伦威尔盔甲的珍稀收藏"，"稀有品种农场里的纺车"）悄然而至。在利特尔科特及其周围发生的历史事件几乎没有留下什么痕迹，除了在缩小规模的波普汉姆的家庭故事中，或者在奥兰治的威廉通过一场时代错误的闹剧所取得的进展。这就是"伟大的博物馆"吗？欧洲是一个腐败代码的集合体，它把那些消费它们的人变成了精神上被疏散的"游客"？也许只有一个迹象表明它可能不是，但这是一个重要的迹象。当游客们和等待奥兰治的威廉到来的军队混合在一起时，一个奇怪的现象发生了。那里没有中心的空间组织，没有历史活动的"场景"，威廉做演讲时，没有扩音器把声音放大到整个地方都能听见（正如在前述庄园的房间里一样）。每个来自英国内战协会(the English Civil War Society)的士兵点燃火药，开礼炮致敬时，有一个问题出现了，他会认为自己在做什么呢？他并不是小分队中的一员，而是来自 20 世纪 80 年代的一个人，却身穿 17 世纪的道具服。当大雨倾盆时，他在这场不太友好的布莱希特风格的戏剧里做什么呢？有些人可能会随口作出一个简单甚至不可信的回答。我发现，这一现象的神秘程度不亚于一个长着疤痕的澳大利亚人在公交车站分发"研究历史"的信件。

118

第七章

参观者在博物馆的体验

菲利普·莱特

(Philip Wright)

在"自由"做出选择和"有能力"做出选择之间有着明显而直接的联系。除非我们能采取行动，否则行动的权利就失去了它的价值。自由和资源之间的关系是确切的。正如许多百万富翁的生活方式所表明的那样，拥有的资源越多，享受的自由就越多。不是每个人都能拥有足够的资源让他们享受完全的自由。但是，更多的人可以通过额外的机会和物质能力来实现自由。这就是自由和平等不能分割的原因。

——罗伊·哈特斯利(Roy Hattersley)，"自由的真正含义"，

The Observer，1988 年 1 月 25 日

表达对参观者在艺术博物馆的体验的担忧是一件很容易的事情，成本很低，甚至可能赢得非博物馆专家的赞赏。试图解决这一问题的博物馆专家都知道，博物馆参观者的期望值和先验知识经验水平在广度和深度上都有越来越大的差异。没有所谓的"典型参观者"，也没有一个单一的层次是可以预期和解决的。[1] 博物馆必须迎合口味不一的参观者，参观者学习做事的速率不尽相同。此外，博物馆展览中所蕴含的知识体系

也在不断扩展，在某些情况下它可能非常复杂，甚至是相互矛盾的。对于试图解决知识传授问题的博物馆专家来说，他们的方法将不断受到挫败，即便是妥协也很少能得到满意的解决。这就像试图到达地平线：无论走得多远，最终目标依然遥不可及。因此，除了极少数例外，艺术博物馆——由最重要的国家机构领导——似乎不愿意解决这个问题，原因就在这里吗？

对他们来说，参观者体验的好坏似乎不是主要问题。真正的问题是他们的博物馆所拥有的艺术品的质量，因为人们认为这种质量不言而喻且不证自明，而且是与欣赏这些作品时所能获得的体验是同质的。我的目标是鼓励那些负责管理这类博物馆的人更批判地审视这种态度是如何产生的，并鼓励他们重新平衡博物馆服务的优先次序。我的前提是艺术史学家或艺术专家知道如何照顾自己。他们享有教育特权，几乎在任何情况下，他们都能找到并整理出他们所需要的东西。满足他们的自身需求和期望应该是处于艺术博物馆公共服务的低优先级，事实上他们应该最后得到服务。首先要满足通才（没有全职从事艺术工作的非艺术专家）的需求，其次是发展新观众。在博物馆被迫收取门票的不幸日子里，提供高质量的服务也应该跟上。相反，即便这家博物馆不是付费博物馆，也应该同等对待访客。免费入场并不应成为粗制滥造或粗暴对待访客的借口。最近的许多研究表明，如果参观者认为或证明这种体验是值得的，他们会愿意付钱，而且还会付费再来。越来越多的人认为，吸引参观者走出家门（去电影院、商店、餐厅、动物园、乡下、运动场、参观豪华古宅还是逛博物馆），不仅仅用金钱衡量，同样也取决于牺牲的宝贵闲暇时间和回报以及获得的满意值。[2]

如果我不点名道姓集中讨论（伦敦的）国家艺术博物馆，不是因为我不认可英国其他地方主要艺术藏品的质量，如巴纳德城堡（Barnard Castle）、伯明翰（Birmingham）、加的夫（Cardiff）、爱丁堡（Edinburgh）、格拉斯哥（Glasgow）、利物浦（Liverpool）或诺威奇（Norwich），或者在大都市以外尝试过的创新工作，如在布拉德福德（Bradford）、曼

彻斯特（Manchester）、纽卡斯尔（Newcastle）或者南安普顿（Southamp-
ton）；而是因为这些国家艺术机构（尤其是国家美术馆、泰特美术馆、
维多利亚与阿尔伯特博物馆）为艺术策展行业树立了榜样，往往代表着
成功的博物馆事业的目标和顶峰。同时，也是因为董事会制度减弱了那
些贵为唐宁街 10 号座上宾的来自政府和私营部门的达官要员（谁自身不
是富有的收藏家或赞助人呢？）在公共和私人部门的优势和好处与资深职
业艺术家、著名艺术史学家和一两位艺术评论家的高度关联——我希望 121
是出于疏忽而不是刻意为之——并排除了任何可能会扰乱人们对艺术博
物馆应该扮演何种角色的共识的声音。

　　我并没有幻想过我写出来的东西特别新颖或者客观准确。在过去的
25 年里，已经进行了多种类型的精心设计的访客调查，博物馆内部和
外部机构也已写过各种针砭文章。[3] 更多的人关注的是非艺术作品，而
不是艺术博物馆。尽管如此，许多内部认识仍承认，几乎没有确凿的证
据能对后者有用，这可能有几个原因。从最明显的问题开始。就艺术而
言，研究对象越困难，研究时间就越长而且费用也越高，因为艺术研究
涉及的情感、印象和个人认知，远多于物质和客观事实。它的结论最终
可能仍然缺乏启发性。其次，那些经营博物馆的人似乎并不那么关注这
些证据，也不太感兴趣，因为他们既没有接受过评估艺术品价值的训
练，也没有承诺付诸行动，它并不代表专业上的"加分项"。再次，特别
是英格兰人（而非英国人），它几乎肯定会导致一些危险而敏感的活动，
如修改历史、探究建制价值观的本质，以及提出一些如今不再讨论的被
归入卢尼（Looney）左派的问题：阶级差别、获得财富的历史和方法、
秘而不宣却普遍存在的种族主义，以及在确定文化价值和优先次序方
面，在较小程度上，男性的价值观高于女性的优势。但在读者认为这是
另一部马克思主义作品之前，让我概述一下我认为目前的艺术博物馆提
供的东西，以及这些艺术展品背后的指导思想。

　　有几本已出版的历史书研究了博物馆类型及其组织方法的进展。[4]
但是为了理解为什么艺术博物馆会以这样的方式呈现，以及这种情况可

能会如何改变，有必要了解主要由谁在控制着，以及他们以什么样的意识形态来完成博物馆的管理任务。艺术博物馆策展人的"企业文化"将会在本文后面提到，但博物馆的停滞或变化是主管或者馆长（下文仅指馆长）和博物馆管理部门的共同责任和特权。这些管理部门中无薪成员的背景、教育和信仰塑造了我们的艺术博物馆的运作方式，很明显，他们要么与全职有薪官员合作，要么（通常是短暂的）与他们意见相左。如果我们想要重新审视为什么艺术博物馆用它们的方式展示它们所做的，必然会妨碍到艺术史学家、收藏家、艺术家和艺术评论家的共同表面利益（更不用说艺术品交易界的压力，这种压力不时也能辅助或开发这种共同利益）。[5] 这些干扰如果有的话，似乎发生在一些更具政治动机的地方政府资助的机构中，偶尔也发生在"独立"（即私营）博物馆，这两种机构都对自己想为之服务的公众有更深入的了解。

从根本上说，艺术博物馆仍然是艺术历史学家的工作工具，也是艺术收藏市场的基石。它们充当着一个资源库的角色：

- 定义个别艺术家的作品、"运动"和"（国家）学派"的风格分组，并在假定的风格发展序列中追踪主从关系的线索；
- 教授主题在内容和技巧上的品质层次；
- 在寻找建构艺术史的（视觉）真相的过程中，为一个必胜的、仍然是瓦萨里派的准则辩护；
- 掩盖或者粉饰作品的创作环境。

这些特权对贝伦森（Berenson）和杜维恩（Duveen）双方的伙伴关系都有好处。[6] 它在寻找或追逐"独一无二的杰作"中找到了自己独特的表达。策展人被允许在"画廊悬挂"中展示他的一点点成就和他的专业技能，通常很有品味，偶尔也有"挑战性"。[7] 有品味的，也就是针对那些知道如何调配有效布置的人；挑战，是指最新的艺术历史理论可以在偶然以外和非常规的组合中得到验证。因此，他们为来访的公众提供：

- 一个机会去看看那些所谓的"珍宝"或"杰作"（即博物馆藏品）；
- 以传统/当今视角理解艺术历史顺序（遵循贝伦森、鲍内斯或 T·

J·克拉克等知名学者的某一学派的研究；从画廊悬挂作品的特定视角，如纯粹主义派、白墙派、50 年代李维赛特派，或者古典的克里佛迪安八十年代派[8]），采用可有可无的艺术历史学家的术语（在这里的顺序安排没有给予任何说明），和/或者

- （很少被提及，甚至很少为人所知的）策展人对艺术史的个人看法，和/或者

- 单个或群体艺术家作品精选/编排的创作作品集（如特纳当代美术馆，诺维奇画家学院），和/或者

- 某一媒介/时期/风格/国家作品选集，按照某一特定主体编排（如，英国百年水彩画、波兰建构主义、美国私人收藏名作等）

这就是艺术史学家们所接受的训练。他们的企业文化要求他们通过构思（新的）艺术史来展示自己的技能，如果有机会，还可以在博物馆和美术馆试水。[9] 由于许多艺术史学家接受过"纯粹的"学术训练，他们往往不了解公共博物馆的发展历史，不了解它们最初与统治阶级或富裕阶层的奇思妙想和乐趣的联系，也不了解它们今天不同的方法和目的。正如肯尼斯·哈德森（Kenneth Hudson）所指出，在 17 和 18 世纪，参观被视为一种特权，而不是权利。因此，参观者需要心存感激和钦佩，而不是批评。这种态度在现代意义上的博物馆广泛建立后仍长期存在。[10] 有时，艺术历史学家们对那些没有记载但又真实存在的社会和经济变迁并不敏感，无论是过去还是现在，这些变迁仍然影响着画室里的艺术创作。他们对现代艺术家的精神分裂也没什么感觉，一面渴望得到批评家、艺术权威和博物馆策展人的公开肯定，从而其作品有可能入选公共收藏（一个艺术家一生最多有一部或者两部作品能够进入不同的机构），一面需要吸引足够多的富有私人收藏家购买他们的作品，从而得以谋生。通常情况下，在职的博物策展人很少花时间也鲜有机会去研究其他可能对工作有益的科目，如社会学、认知心理学、人力资源管理、二十世纪媒体或其他新兴学科。其结果是，许多其他学术的可能角度和与艺术博物馆相关的解读被忽视或置之不理。

　　皮特·波特博士（Pieter Pott）[11]（在 1962 年国际博物馆大会上）也曾提议，博物策展人必须具备"兴趣的多元性和想象力的灵活性"。最重要的是，他们必须知道媒体是怎么评价他们的主题的，因此不能显得对他们的参观者很随意，也不能表现出对博物馆参观者事先从非博物馆来源获得的其他观点和见解的渠道一无所知。在认识到以一种迎合现代人需求的方式经营博物馆的责任时，他建议博物馆策展人们必须解决当今教育过程的本质问题。因为这一过程并不局限于获取事实信息，而是需要培养一个完整的人的成长和发展。

　　对于一些企业策展文化的观察者来说，似乎许多博物策展人实际上是害怕或鄙视新技术、媒体的最新发展、以及历史重现和复兴的趋势和时尚。一成不变的展览通常似乎无视最近的作品在出版，无视"轰动性"的展览，无视大众出国旅行的机会，以及无视非权威性的电视节目（如肯尼斯·克拉克（Kennth Clark）的《文明》）以外的娱乐节目，更不用说约翰·伯格（John berger）在《观看方式》（*Ways of Seeing*）中的反讽、罗伯特·休斯（Robert Hughes）在《新事物的震撼》（*Shock of the New*）中的诙谐，或者桑迪·纳恩（Sandy Nairne）的小说《艺术的现状》（*The State of the Art*）中表现的电影指导、艺术家陈述和传统故事之间的三角博弈，更不用说国家美术馆精心准备《焦点画作》（*Painting in Focus*）系列展，以及近期电视同步上映的韦奇·伍德（Wedgwood）夫人同类作品。丹尼尔·赖斯（Danielle Rice）这样总结当今的正统观点：

　　　　两种艺术观点在博物馆文化中很常见。一种是把艺术品视为有价值的财产。另一种观点认为，看见就等同于理解，或者一个人仅仅为了欣赏艺术而观看……

　　　　博物馆批评界还存在这样的讽刺，那些毕生致力于艺术研究的人提出，一个人所要做的就是观看艺术从而达到理解……

　　　　在不知情的人看来，那些在最初的配置和仪式中缺失的其他时代和文化的碎片，只不过是无名之辈编造的一些不可信的奇闻，因为他们和我们如此不同。[12]

丹尼尔·赖斯的观察理论在艺术博物馆的许多永久展出的大师作品中得到了印证。例如，在这些艺术博物馆中，几乎没有任何关于一个地区、一个王国、一座法院或者所谓当时的"国家学校"的世界观（态度、概念、一定时期关于世界的认知）的讨论和/或者插图，或宗教和世俗价值之间的平衡的转变；或关于赞助人、艺术市场和艺术家的任务或自我之间的关系，或者社会、政治和发起者或赞助者的个人情况，或艺术作品的仪式和社会意义，或关于战争、和平环境或社会经济状况，或关于作品创作时的个人情况等。在后罗马时期的展览中，几乎很难看到西方社会工业化的影子，而且，对新世界、新科学发现的影响、欧洲以外的文物引进和"设计"对艺术家的重要性也难觅踪迹，没有这些，要理解许多现代艺术作品背后的动机和灵感，就难上加难了。

书中所展示的是一段风格史，由那些见多识广的人所撰写，按媒介（油画、水彩画、印刷等）、题材、流派和运动、国籍分类，偶尔也按艺术家或赞助人分类。据称，这最能"让作品为自己代言"，但对于那些忙碌于专业艺术史领域之外的人来说，必须不时地看起来故意隐瞒艺术作品的一些含义，几乎不给那些没机会或没特权事先研究过这些艺术作品、同时也从不（像历史学家一样）用心灵之眼看待艺术的人给予任何提示。值得怀疑的是，如果任何最博学的艺术博物馆参观者领悟了画廊"墙上挂出"的作品的思想、知识和数个潜在含义，而不是最表象的——如伦勃朗或是印象派画家的绘画集——似乎英国鲜有艺术博物馆试图去发现参观者是否愿意、或确实理解了作品的这些寓意。例如，今天的参观者会对《旧约》里的历史人物或故事那么熟悉吗？这些人物和故事经常成为早期绘画大师作品的主题。他们能理解二十世纪以前的油画技法的不同吗？他们对绘画作品的鉴定和质量评分的技巧表面上是当今艺术博物馆的主要目标吗，是否正有效地得到了增强？参观者们真的会在脑海里对比卢浮宫或普拉多美术馆的区别吗？甚至他们知道为什么他们看到的恰好是这一系列作品吗？他们是否意识到，他们通常仅仅是在西方世界"艺术"博物馆观看白人的后"学术"时期的西方艺术，而古代中国、伊斯兰和印度艺术一般都收藏在考古博物馆（连同已"逝去的"希腊、罗马和盎格鲁－撒克逊英格兰文化)，非洲、北美和南美洲的本土艺术——往往是二十世纪西方艺术家灵感的来源——通常归入了人类学博物馆，甚至自然历史博物馆？他们是否认为，或者他们是否受到帮助或被鼓励去思考这种分类所带来的文化分裂和种族主义影响？

用肯尼斯·哈德森的话来说，参观艺术博物馆的经历似乎仍然是"为一场看不见的考试做准备"。许多艺术博物馆的参观者承受的这份羞耻和惩罚似乎可以追溯到名作的贵族所有者或者收藏家给予穷人的恩惠，他们被允许进入他们的私人住宅或新设计的"公共"美术馆。但是，第二次世界大战以来，一批新的主要来自科尔陶德艺术研究中心的艺术历史学家在他们所在的五十年代，借用了参观者的借口，如肯尼斯·克拉克一样，自然从容地鉴定艺术品的质量，他们采用了利维斯派高度的严谨和勤勉以使艺术博物馆远离轶事，保持纯粹，即便轶事可能与许多

图 7-1   鲁本斯的《参孙和黛利拉》复制品在伦敦国家美术馆展出

新博物馆学

参观者的生活经历更密切相关。作品"必须要被允许为自己代言"，这样就能减少甚至避免艺术博物馆出现文本，或是不允许其他种类的图像（电影、视频或照片）和各种媒介的混合（如设计学、人类学、自然历史和工程学），即便它们中的大多数可能有助于理解。在利维斯派看来，关于艺术家的个性、动机、历史或处境的信息并不能带来启迪或享受。关于艺术家个人环境方面的参考资料必然不被允许展示，如艺术家的身体状况、财富、家人和朋友、收藏家和交易商、宗教和政治信仰、性取向或者度假、旅游或战争的经历。[13]

图 7-2 维多利亚早期的房间（剧院）在伦敦国家肖像美术馆展出

如果这还不足以误导参观者，那就想想公众对大多数艺术作品收藏品本身了解多少吧。艺术博物馆旨在展示一系列连续的历史图片，没有添加任何解释，没有指出任何漏洞，也没有给出任何道歉。因为这些作品属于公共收藏，许多参观者由于缺乏信息，往往认为看到的所有作品都是好的，都是值得关注的。但是，事实上由于各种不同的原因，艺术作品最终会被公众收藏，当然它们的质量也会有很大的差异。和偶然的捐赠一样，它们的收藏是为了完成一部"名义上的"的艺术史（"这些藏品

图 7-3 重新布置的拉斐尔故居房间(蒂莫西·克利福德设置),曼彻斯特市美术馆。

急需……")。

这些作品被收藏可能是出于国家或地方利益(某位艺术家在此地出生或生活和工作或去世),或者是因为财政状况("我们买不起某某的绘画作品,所以我们就得到了一份复制品。"或"某某人就给了我们一份……来代替(政府征收的)资本转移税。这是一个我们不能放过的机会。")。这些收藏可能有因为著名的名字而"出类拔萃"或平凡的案例,但有一些严重的遗漏,即在这些案例中没有把这些名人的同时代人形成一个更加平衡的展示。一件国际"大师"的作品可能没有得到很好的展示,而一些地方艺术家的作品却意外增多。这几乎从未被承认,甚至很少被完整地解释。于是到了后来,即使在我们的国家机构中,也从来没有人解释为什么"意大利艺术"似乎始于契马布埃(Cimabue),而"英国艺术"则始于三个世纪后的"乔蒙德利姐妹(The Cholmondeley

新博物馆学

Sisters)"。[14]

这些与参观者"交流"的标准所隐含的意义令人担忧。在私人(如商业性的)画廊中,任何艺术作品中看似随意组合的语言,即使带有最少信息的标签,也是有目的的。意在激发或"挑战"一两个不为人知的私人收藏者,他们可能会在白天路过,也可能会买一些东西(在不被允许与任何竞争对手比较展品质量的情况下)。它还有一个非常有用的作用,那就是让不受欢迎的非收藏者感到不安和羞耻(从而导致他们离开),因为他们可能会挡住潜在买家的视线。潜在买家一般喜欢独立不受干扰地观看和"理解"作品,(然后私下议价)。难以置信,这种直觉语言同样适合于公共艺术馆,但它似乎是艺术博物馆中最受欢迎的语言。它代表了一种势利感,让人联想起玛丽·安托瓦内特的"百姓没有面包吃,可以吃蛋糕啊"。这是一种糊弄不懂的人的一种手段,告诉他们,面前是"大师之作",至于为什么这些作品所表现的价值观值得敬畏、尊重和服从,似乎无须作出解释。如果困惑的参观者不知道自己在看些什么,也不知道是什么让这些杰作成为杰作,那么他们就只能自己去寻找答案了。这就意味着,除非他们已经提高到艺术历史学家或鉴赏家那样的知识水平,否则他们将无法像艺术历史学家和鉴赏家那样从艺术博物馆获得那么多的知识。

这当然不是一种旨在将使新手变成发烧友的方法,也不是一种接纳20世纪后期社会行为模式、学习方式和媒体实践的方法。但从利维斯的角度讲,也许艺术博物馆应该作为反对那些方法和实践的堡垒,如果不是承继传统、私人、富有的鉴赏观,那么就是在过去500年的西方艺术中成长起来的严谨的鉴赏观的储藏库。对于公共服务机构来说,这种方法是否明智、理智、公正,且最重要的是,这种方法民主吗?不幸的是,在盛行撒切尔夫人价值观(按使用付费)的时代,艺术博物馆可能会大不相同——追求无休止的轰动性的"经典名作"展会,或欢迎来自贝宁的青铜器或者来自希腊的大理石浮雕组成的大杂烩,被当作我们所谓的"国家遗产"——目的是为了获得或保持选区的支持——如果他们不认为职责是服务更多的观众，而不仅仅是服务那些懂行的人。

这些大的转变都是不必要的，因为在其他类型的博物馆和其他非正式的学习和娱乐活动中已经涌现了许多研究和新思想，这些可能使艺术博物馆在不远的将来为参观者提供更加丰富的体验。亨利预测中心主管鲍勃·泰利尔曾在1987年博物馆协会年会的主题演讲中问道，博物馆究竟是想吸引更多具有代表性的民众，还是满足于当前参观者的范畴？艺术博物馆对于参观者到底了解多少，他们的动机、愿望和期望是什么，这些要求在参观时在多大程度上得到了满足？

对于画廊悬挂和讲解，一些艺术博物馆策展人习惯性地认为，这些方面是他们的教育部门所"迎合"的。这不仅没有抓住任何问题的关键，而且我担心，这表明了对大多数参观者的生活或社会习惯的无知，或者可能是一种蔑视。而且，这还掩盖了一个重要的区别，即虽然博物馆是受薪官员工作和学习的地方，但它是大多数参观者的休闲活动场所。大多数参观者认为，教育就是在学校里对你做的事，它可能乏味，但至少对你有益。不过，如果这些信息以吸引人的低姿态提供给参观者，而且这些成年人感兴趣的话，许多成年人能够利用信息资源并且自学成才。但这些资源必须容易获取，有吸引力，并且更加简短集中，易于吸收。

在1987年博物馆协会年会上，泰利尔进一步解释了他的研究中心对社会行为趋势的分析。

> 随着社会越来越中产阶级化，人们不再满足于物质上的富有，他们要显得聪明，更少强调职业地位，希望在生活方式上得到"处世之道"。[15]

131   他描述了后来称之为"内行消费者"的行为，并且与准文盲的"低能享乐主义者"的稳定增长作对比。后者同样寻求快乐和满足，可能还共享吸收信息的能力，也会对广泛的电视—视觉图像感兴趣，但却不愿意在闲暇时光读书，甚或根本不读书。这些公众保留着二十世纪末的"疲愈的"休闲消费习惯，即把尽可能多的、最好是浓缩的与工作无关的体验塞进空闲时间内，现在这已成现实，而且不大可能改变。如果博物馆试图精确地确定这些公众应该以何种条件获得他们所信任的艺术作品的知识和享受，那将是家长式作风和自大的表现。

博物馆必须正视这样一个事实：电影、电视、视频和大众摄影已经不可挽回地改变了博物馆拥有和展示的图像等级，如果不是实际上削弱了这种等级的话。解开这些图像意义的可取性和方法同样也受到了不可逆转的影响。在具有深远影响的文章《复制年代的艺术作品》(*The work of art in the age of reproduction*)中，主要致力于研究电影成就和影响的瓦尔特·本雅明(Walter Benjamin)援引二十世纪早期法国作家乔治·杜哈梅(Georges Duhamel)的话："我再也不能自由地思考：电影已经主宰我的想法。"这是一种不同寻常的先见之明，它洞察了移动图像的力量，将所谓的"客观"的现实与另一种模式或事件序列叠加在一起，这种模式或事件序列似乎几乎可以替代或消除"客观"现实。现在这已经成为了一个陈词滥调，先是好莱坞，后来通常是电视，已经能够将事件影像的模式或顺序植入人们的思想，如果没有直接经验，他们就可能回忆起他们事先在移动影像中见到的事件以及事件引起的情感。的确，到了二十世纪后期，移动影像已经在西方社会内外传播了大量预先包装、编辑过的知识和经验。

不管是在欧洲还是美国，为数不多的观众调查都倾向于证实，艺术博物馆的大多数参观者仍然来自中产阶级，而且已经受过良好的教育。这些调查还表明，参观艺术博物馆所形成的有持续重大且具说服力的影响，并非像人们通常认为的那样，来自全日制中小学教育，而是更多地来自高等教育课程、与朋友的交往，或者仅仅来自共同的家庭以及(或者)班级习惯[16]。在最近的一个非同寻常的"参观者之间的社会关系如何增进博物馆环境探索"的研究中，美国人李·德雷伯(Lee Draper)也支持博物馆的兼职经理和顾问已经熟知的道理，参观是社会性的，实际上有时是一种无意识施行的自我探索活动：

132

75%～95%的参观者都有朋友的陪伴，最多只有5%～25%的人独自进入馆参观。参观博物馆基本上是一种社会体验……许多闲暇时间的追求已经变成了对个人身份和归属感的探索。即使参观者把审美体验放到首位，也排除不了社会层面……（的确）对于参观者来说，社会互动和学习之间的对立并不存在。他们已经在探索博物馆和与同伴分享之间建立了强烈的联系。[17]

除了博物馆的社交功能之外，参观者的学习欲望在简单容易的阶段表现出不同的技术优先级。一旦博物馆能够负担起更多的费用，而不仅仅是把藏品挂在墙上，它就可能会开始关注参观者的动机、参观动力以及从展品中学习的动力。它可能会尝试针对特定类型的观众，如游客中可能占最大比例的目标观众："自学"的成年人。为了帮助和激发这些观众，在假定策展人足够明白自己的展出意图（这将在下文展开讨论）的前提下，需要在展览开始时解决两个相互关联的事项，即参观者额外的信息需求，以及他们需要具备的思维水平，因为非正式的自我激励自我教育的参观不同于学校教学。正如朱迪思·哈金斯·巴尔夫（Judith Huggins Balfe）指出的那样：

成人（比儿童）脱离正规教育的时间更长，针对这类人的教育项目倾向于关注描述性问题，关注"事实"：它是什么，它是如何运作的？这个侧重点适合于年轻人，同时也是他们的父母和老师带他们到博物馆学习的内容。但这远不适合成年学习者，他们通常更感兴趣的是直接进行总体分析：它为什么有效，这对我的工作有什么意义？对于成年学习者来说，问题在于：为什么要学习这个知识？为学习而学习，为艺术而艺术，这可能是博物馆馆长或研究者的主流观念，但这样的观点不太可能吸引大多数忙碌的成年人去努力学习。可以假定，考虑到参观博物馆的成年人的不同背景，展品中跨学科和文本化的知识点呈现越多，他们的学习就越有可能实现。由此成年人可能会为了艺术、历史或科学本身而继续观赏。[18]

这些观察已试验性地就博物馆运作提出了不同观点，即满足作为博物馆优先使用者的访客的需要，而不是划分给博物馆管理人员一个展示最新艺术史概念的空间，而且还就博物馆背后的哲学依据以及博物馆自身设定的任务提出了严重质疑，因此对于美术馆的布局和展览的设计也有重要意义。

在过去10年左右的时间里，相当多的博物馆学家已经清楚地阐述了他们对参观者可能带给博物馆的各种期望的看法。[19] 这些观点已被总结和发表在主流专业期刊上，博物馆管理人员和相关管理机构可以参照。例如，当玛丽莲·胡德（Marilyn Hood）在俄亥俄州托莱多的美术馆工作时，从对公众的采访中总结出了影响人们闲暇时间利用的六个主要因素，应该在博物馆本身因素以外加以强调。这些因素包括渴望做一些有价值的事情，比如超越惯常经验的参与性活动和通过与人相处的非正式学习实践，包括相投合的心理需要而不是没有人情味的或者易引发焦虑的环境。[20] 这六个因素已经为设计和指导博物馆活动提供了一些明确的方向，以造福于参观者，而不是博学的学者。它们与李·德雷柏论述的博物馆参观的社会教育目的观点不谋而合。更具体地说，他提出：

> 参观博物馆不是自发的，而是有计划的事件。无论这个决定是多么"冲动"，甚至几个小时的时间都能让人有意识地计划这次参观。在开始这次旅行前，有意无意地，参观的每一个方面几乎都已经设计好了。
>
> 期望决定了：
>
> 1. 同伴的选择；
>
> 2. 地点的选择；
>
> 3. 参观时间和方式；

4. 参观期间会发生的一系列活动；

5. 体验的目标；

6. 评估"成功"参观的标准；

7. 将参观融合到个人生活中的方式。[21]

134 正如肯尼斯·哈德森对德尔沃博物馆、拉斯金博物馆和大卫·德·昂热(艺术)博物馆的访客心理学的评论中所述，访客一旦进入博物馆，博物馆就应解决三个假设：

  第一，来访者之所以来，是因为他想来，他是真的感兴趣；第二，他没有从问题和困难的角度去看博物馆；第三，当他到达一个对象面前时，他对这个主题一无所知，并期望参观能值回门票成本。他认为自己如其他人一样优秀，而且博物馆也没有阻止这种想法。[22]

  再者，博物馆除了必须参与为访客指定计划，确保他们感到物有所值、学习上的"付出"有"回报"，博物馆还需要引导访客，至少辅助他们四处参观，寻求优质服务，必要时给予报酬，真正让他们有机会自行决定怎么花钱，然后满意地离开。[23]

  当然，可悲的是，即使在今天的许多艺术博物馆中，这也引出了各种各样的问题。第一个包罗万象的问题就是，博物馆管理人员在评估博物馆访客们的体验时是否有真实的根据。如果他们进行调研得到结论，他们会如何回应调查结果？博物馆管理人员就其安排的展览是否有某些基本的传播目标？他们发现展出有效地实现这些目标了吗？他们是否以任何方式契合了访客的预期，或者实际上改变了访客的认知？从目前的证据来看，我担心很多博物馆管理人员并没有把与参观者交流和分享知识从而把力量和特权从专家传播到非专业人员看作是博物馆的首要目标。

最近《博物馆研究杂志》上刊登的一篇文章中，美国工业心理学家罗伯特·沃尔夫（Robert Wolf）提到了安东尼·罗宾（Anthony Robbins）的著作《无限的潜力》：

> 罗宾主张，在今天的信息社会中，知识是通向权力的核心力量。
>
> 博物馆无疑是分享知识和反思知识的绝佳之地……博物馆在向公众传播知识方面扮演着重要角色。然而，因为博物馆展出的材料并没有增加人们所寻求的那种有趣的知识，参观者们通常在寻求知识的过程中感到受阻。[24]

罗伊·哈特斯利（Roy Hattersley）的文章引言中提出了"自由的真正含义"的观点，似乎与沃尔夫的观点非常接近，甚至与丹尼尔·赖斯的观点更接近。她委婉提出，博物馆内部和外部的权力需要转移。在博物馆内部，管理人员需要学习如何与负责解释和教育的部门共同协作。从更广泛的角度来看，也就是说，公众是如何认知艺术博物馆的行为的，对于"大师作品的追逐"的痴迷（视艺术为所有财产）应让位于被更多忽略的大师们，以及相关的艺术作品传递给今天的受众的理念（这样访客们最终可以为自己做出明智的决定）：

> 在我看来，博物馆教育的目标就是通过启迪让人们获得快乐……艺术根本上是与理念有关，而博物馆作为致力于保存艺术品的机构却无意中模糊了艺术的这一重要观念，如果我们从这一前提出发，那么教育者的道德责任就具有了特殊的意义。因为教育者的任务是在制度的矛盾中提供引导，以弥合收藏和展览艺术的学者同前来博物馆观赏或了解艺术的个人游客的价值体系之间的差距……通过证明是人在组织和控制机构，而不是机构组织和控制人，也为了帮助人们分析评判美学和其他价值判断的决策，我们赋予人们更

强的意识去行动。[25]

　　如果大家一致认同，分享知识是博物馆的首要关注点——而且很少博物馆管理人员不会在口头上承认这一点——那么几个特别的设计和展出需求就会成为焦点。因为他们的目标不再仅仅是在由主管部门管制并经由博物馆管理人员同意的一种所谓的在历史和政治上中立的学术概念中展现他们手头的的所有物和并购战利品，而是一系列有主题和故事要讲的展览，以既吸引人又通俗易懂的方式传达给不同的受众。

　　在上面提到的文章中，沃尔夫还写到：

　　　　帮助访客获得他们所寻求的通过增长知识来获得"力量"的关键维度是引导他们更有效地体验……一种针对概念上和心理上的策略，不仅有助于应对因为在博物馆中迷失方向产生的困惑、焦虑和厌烦，而且实际上还能带来更愉快、更有效、更强化的学习机会。关键是让公众对他们所处的环境感到更舒适……

136
　　第一重要的是要认识到，大多数访客的参观时间有限——不像那些在博物馆收费处大声抗议的人，也不像那些经常地参观博物馆花半个小时欣赏自己最喜欢的画作的少数参观者——虽然大部分参观者可能并不是只来参观一次。[26] 假定访客们都很清楚明了自己想去什么地方或者知道自己想看什么的做法是十分不明智的。

　　因此，博物馆管理人员和管理机构可以首先就什么是组织制度内部最重要的哲学和博物馆学原则，以及该机构将为访客提供哪些最重要的体验和服务达成一致，然后将这些信息公诸于世。这听起来可能很简单，但是实践起来却并非如此，也不能经常照此实施。[27] 其宗旨和目标可在一个主要的、目的建构或重构和定向领域被合宜地、有效地谈论。

　　博物馆可以从介绍博物馆本身的一些事实开始：

- 该建筑物的起源、藏品，基金和捐赠：为特定目的的建造或改装/改建，以及建筑的适用性，或者基于此目的的建筑的相反方面；最初的购置是作为私人收藏和捐赠还是从一开始就作为公共收藏来收集、一个来源还是几个来源；捐赠人的职业和性格；
- 最初及现在收藏的优点和缺陷：起初饱享盛名的原因、随后的主要采购和捐赠；它是如何发展的，发展的原因，它可能还欠缺什么及缺失的原因；它目前独特的身份和创新的立场；
- 工作人员的个性和成就：他们的履历、学术成就和他们对自己作为公职人员职责的看法（因为他们大多肯定会有这种看法！）；
- 理事机构现任成员的身份和态度：他们被任命的原因、他们的专业和休闲方式、他们希望为机构作出的贡献。

这些事实有助于阐明历史和人性，以及时尚和品味的变化，这是博物馆作为一个机构的作用和核心。

然后，博物馆可以让参观者了解这些藏品在过去和现在是如何组织起来和展示出来的。同样，不应该假设每个参观者都可以自行推断出这些结论。虽然艺术收藏品通常是以一系列的"渐进"风格发展模式组织和展示的——如构成（西方）艺术史的"运动"——它们也可以是以"国家学派"的模式，或是学科、主题、类型，或者是"国际混合"的模式，在此种模式下，第二等级的本土/本地艺术被置于地下或阁楼中展出。往往参观者会从画廊的一种模式切换到另一种模式，没有一句提醒的话语。而艺术史学家训练有素，能够根据眼前的证据进行推论，并借助于他们所学过的风格解析框架对这些证据进行排序，但这种模式上的突然转换可能会让非艺术史学家相当迷惑。出于博物馆作品的陈列和展示原则考虑，建议可以留出些时间查看收藏品的某些专题或者集锦，以确保参观者离开时感觉有所收获，而不是听之任之。他们可能会提供一个具体的参观指南："如果这是你第一次来到博物馆……"，或者"如果你对以下主题特别感兴趣……"。这也可以解释是否以及为什么展览被分成美术媒介(绘画和/或雕塑,但不包括素描和印刷品),或者是否被归入某些媒介或类目,如手稿和书籍、装饰艺术、设计、古典或非欧洲的艺术;或者为什么移动或静止摄影也已被纳入展览,如果没有,那么为什么没有。

对非艺术史学家的参观者来说,这种分类越来越不明显,也越来越不合理,因为他们的一般文化和经验知识有所扩大。非美术介质的包容和交叉引用可用于促进对某个独立作品的背景和语境的理解,或是对某系列所有作品或活动的理解,恰恰正是为了加强作品本身的几种可能的意义,以及当时和现在它与个体(艺术家、赞助人或相关社会团体)及与社会的关系。通过可能必要的开放的、真实的,模糊不清的评论和讨论,这样的交叉引用可能有助于提高参观者对质量和相关事务等的标准。当然,所有这些都意味着博物馆的宗旨就是激发参观者的兴趣去观看和进一步思考,更深入地去探索藏品——以及其他博物馆的收藏——鼓励他们下次再来,并教会他们对所见、所学和所体验到的一切做出独立判断。

为了达成进一步的"公开性"和"真实性",博物馆需要持续不断地追踪参观者和他们对展览的反馈,以便了解博物馆自身是否能够成功地"传达"和共享知识。运用多种方法来监测"传达"的前提是对参观者心理的了解与对艺术史的了解成正比。这意味着需要颠覆管理者的传统观念,即使这种传统观念是不言而喻的,即如果参观者看上去不理解展览的意义,或者不理解风格演化的本质,他们就必须自行处理,直到他们改变自己的看法。这就要求博物馆改变其方式方法,以适应当今参观者学习的节奏和风格,因为时光不能倒流,我们无法回到19世纪早期博物馆参观者的精神和态度。

策展人组织展览的任务还应该考虑到影响参观者态度和行为的身体上以及心理上的压力的特点。"先行组织者"——一种让参观者思考他们将要看到什么样的陈列或设备——应该出现在展览最前面(尤其是在展出重大展品的临时展览的开头)。[28] 这是因为——正如无数的"跟踪"研究表明——大多数参观者都有一个疲劳定式，参观了前几个房间不久就开始显现，参观者会半醉半醒地走过最后的展览。这种疲劳感和随之而来的注意力的丧失，通常会因展览模式千篇一律，展品过度对称，以及标签需要费力阅读而加剧。管理层因为疏忽在意义上的高低差异加剧了这一点——据说是因为"不应该告诉游客应该如何思考"，但更可能是因为相信同龄群体应该容许让"挑战"更有风味，形成自己的意见，而且通过频频失败的展览来预测参观者会被迫聚集在什么地点。为了帮助来访者调整自己的步伐，展览通常扩展到一定长度的系列房间中，每一个房间具有等效的重要性和近乎对称的美观而并非是在第一个或第二个房间提供一个有用的"即将展示"的梗概。就好像策展人想象的那样，参观者会带着一双新鲜、充满活力的眼睛走进每一个房间，没有人会妨碍他们的参观。唯一享受这种完美条件的人就是策展人，他们得以在向公众开放之前或之后的时间观赏！

139

对未来展览的梗概介绍可能还能表明展厅和展品顺序的组织原则和这些原则背后的逻辑，以及如何标记这些房间。排列顺序可能被"重新定位"的房间或者休息室和讨论室而中断以便于改变参观速度并让参观者提问（他们自己或别人的问题），看他们是否明白了策展者的意图，如果他们还没有清楚，就马上补充相关知识，而不至于完全没弄懂。展览的关键点可以突出显示，甚至可以置于有分层座位的单独房间里，以便让参观者轻松观赏一个或多个作品，而不受干扰或阻碍。在承认博物馆普遍缺乏展示足够藏品的空间的同时，我们同样迫切需要承认参观者的认知以及应对他们的疲劳，并提供回味的空间。尤其是对于大型作品，可以将图片从与眼睛水平的高度提到高出头部的位置，这样更多的人可以同时不受阻挡地观赏到。

标签的问题也需要慎重考虑，不过已经有大量的研究解决了这个问题。多个非艺术博物馆已经成功尝试了多种可能性，包括尺寸大小和颜色类别、线条长度、信息本质，为了使简明的文本尽可能轻松地被吸收，而不改变文本作为刺激吸引（再次）观看的目的。那些寻找微小标签的过程令人精疲力竭，累得不想说话，令参观者不齿，而这些悬挂出来的标签只是提供了分类信息，只适合最独家的和昂贵的商业画廊（并且那些艺术家的工作室只允许对艺术笃定的人和那些推崇考陶尔德学院（Courtauld lnstitute）标准的策展人频繁光顾。

因为这些考虑只不过是平庸的展示技术，适应人类的弱点，所以它们常常被策展人忽略。但是，对内容的操纵——或者我应该说是对背景的抹杀——对参观者的体验同样有害。弗兰兹斯考滕（Franz Schouten）对没能给参观者的观点提供足够的桥接提出警告，因为忽视观众的"认知结构"（即他们吸收信息的方式和在他们头脑中整理信息的方式）可能会导致对所见视觉画面的失察或排斥。引用莱文（Levin）的话，他解释说，理想情况下，为了传递新信息，参观者的知识储备需要被首次激发的好奇心"解冻、移动、再冻"，然后以参观者能够接受的经过仔细衡量的方法传授新的信息，并通过将新信息置于更广泛的背景下得出结论。

或者，正如美国国家公园管理局蒂尔登所提议的，有 5 个简单的要点来指导任何博物馆解说员和游客的关系：

· 将解说与游客的体验联系起来；

· 揭示文物背后的生命；

· 富有想象的解说；

· 激发参观者的思考而不是简单的指导；

· 在你的解说中描绘更大的图景。[29]

策展者可能会反对说，这将需要比他们目前所具有的更多的技能，这不是没有道理的。然而，虽然可能真是这样，也不应该成为一个理由而不去学习更有效的方法来满足参观者的期望，去追求更广阔的语境。美国主要的物质文化博物馆之一，纽约罗彻斯特的斯特朗博物馆，一个新的扩展临时展览（计划展出一年多）——"美国餐厅"（19 世纪晚期）是由：

一名策展人，一名设计师，一名历史学家和一名教育家等组成的团队联合策划的。其目标以测量性术语写道：参观者们做什么，在什么情况下他们会这样做，又会有怎样的结果。我们想知道展览是否有效地传授了知识，它传授了什么，艺术品和解说材料是否以促进学习的方式呈现，以及参观者参与了哪些行为。

为了找出答案，参观者的游览模式被跟踪并记录在展览的平面图上，以确定主要文物的吸引力和持有力。通过问卷调查来测试参观者对主要概念的理解……这些艺术品和展示方式是否激发了参观者花费时间观看和阅读画廊里的标签的动力呢?[30]

认识到文物自身的优势，斯特朗博物馆采用了一条内部规则，标签不能长于 65 个词，但文字和物品的紧密排列是刻意的。博物馆的目的之一就是：

确保那些通常首先被文物吸引的参观者能够容易地理解这些材料所蕴含的文化意义……我们把物质文化看作是文化的智力或意识形态的某些片段的物理表现……这些嵌在物质现实中的想法不一定被制造者或使用者个人意识到，但它们仍然存在。[31]

斯特朗博物馆的做法并不新奇，事实上，一些读者可能会惊讶地回 141 想起，这种对参观者行为和"传播目标"的关注已经在非艺术博物馆内得到广泛应用，并已详细写入博物馆协会《管理手册》(*Manual of Curatorship*)。[32] 同时，艺术作品更广阔的发展历史比当今大多数的策展人的经历要长。从现代意义上说，它可以追溯到 1904 年柏林新成立的弗里德里希皇帝博物馆(Kaiser Friedrich Museum)的布置，当时由威廉·冯·伯德(Wilhelm Von Bode)管理(他本人当时也受到维多利亚与阿尔伯特博物馆 1909 年之前布展的启发)。这种更广泛的布置方式之后由伯德的助理 W. R. 瓦伦蒂诺(W. R. Valentiner)继续下去，他后来在 1921 年成为底特律艺术学院的院长，之后是谢尔曼·李(Sherman Lee)，他从底特律搬到克利夫兰艺术博物馆担任馆长，于 1984 年退休。借鉴呈现非欧洲——这里指的远东——传统艺术和在 1970 年至 1975 年重新排列的西方艺术画廊，李的目的是：

> 持续使用一个坩埚，熔合看似不同的物体，从而结合成一个有意义的组合，即历史，在时空上放置展品与同期物品。通过媒介将艺术作品——绘画、雕塑、装饰艺术品、版画、素描——人为分离，这种方法已经在大多数博物馆(包括我们自己的博物馆)中使用了很长时间。但一个简单的事实仍然存在，例如，一个欧洲文艺复兴时期的意大利画家受到雕塑、版画、金属制品和其他媒介的影响，事实上画家也可能是一个雕塑家、金属品设计师和建筑师。任何时期的艺术的共同因素都是艺术家所熟知的艺术形式，艺术家的动机，公认的视觉、想象和思想的基础。这些构成了他视为理所当然的东西，也促使他在艺术风格的不断蜕变中发生改变。因此，文艺复兴时期的青铜器必须反映在绘画、石雕、素描、纺织品、家具中，所有这些都是艺术家作品。[33]

有人可能会继续猜测，为了帮助非专业人士把握灵感来源和二十世纪的艺术历史，可以将作品和赋予其创作灵感的东西或当代生活环境放在一起或是旁边。因此，这些作品不仅可以与建筑师设计的家具结合，还可以与非洲的面具、日本的俳句、印度尼西亚的扎染布或电影、摄影、排版、精密工程等结合在一起。对于一些更有鉴赏力的参观者来说，失去神秘感可能会比那些知识不那么渊博的人从语境中获得更多的补偿。

142   此外，更不同寻常的是，为了促使人们理解艺术作品暗喻的多层次含义，人们可以想象在同一家博物馆同时举行一系列半永久性展览，陈列不同背景下同一艺术家、流派或统一风格的作品。[34] 这样的话，一家博物馆的主要展室原本是为了通过永久性藏品来展示艺术的历史，并且习惯按年代划分风格和流派，现在可能会缩小成核心展览。因此，那些需要以风格特色来明确辨识原创作者或贴上"主义"标签的人们可以简单地做到这一点。同时，大部分展出的永久性藏品可以不断重复（大约两三年一次）出现在不同的主题背景展览中，并且衍生出有合理定价的出版物产品。每个出版作品可以以新鲜的对比详细地阐释潜在的文化意义，而囿于艺术媒介。

毫无疑问，这样重新布置的目标就是几乎所有的策展人都传达给参观者并尽力与参观者分享一种意识：博物馆保管的藏品本身蕴含的意义、其可以丰富人生的品质以及与参观者自身生活的潜在关联。我认为，迄今为止并无太多的艺术博物馆开始借助他们传统的方法，比如私人画廊、私人藏品风格的陈列实现这一目标，即使是那些确实在室内展览大胆创新的人们也未做到，就这一点还没有驳斥的证据。此外，还有很大一部分英国公众从来没有进去参观过，正如艺术博物馆所谓高深莫测的程式化语言，"这里不适合我们这样的人"。

如果艺术博物馆打算开始有规律地并长期坚持调查其室内外展览，同时尝试电子展示以及不同的宣传方法并且开始分析和评价常客、新来者以及不甚感兴趣的访客的反应变化，那么只能多收集当前电子展示或者刻意创新方法效果的证据。事实是，大量潜在有用的研究似乎是在博物馆内部进行的——尽管在艺术博物馆的研究要少得多——但几乎没有进行后续研究，也没有显著改变策展行为或策展职业目标。例如，英国有多少艺术博物馆了解并尝试过完善其访客资料？有多少访客只来过一次，又有多少访客在某种意义上是反复参观呢？对于后者，他们返回博物馆的频率是多少（这一信息对于理解访客数据也有价值）？这些参观者打算在博物馆花多长时间，或者他们认为自己愿意花多长时间参观博物馆？他们觉得自己来会看到什么？他们找到自己想看的东西了吗？它符合他们的期望吗？超出了期望，还是辜负了他们的期望？（无论结果如何，博物馆方面将如何应对这些发现呢？）在 1987 年，盖尔·卡文纳（Gayle Kavanagh）还这样写：

事实上，我们对是什么吸引人们去博物馆以及他们能从中得到什么知之甚少。我们所能得到的研究似乎表明，参观者对博物馆的期望值相当低。正因如此，人们会来博物馆参观，并且对他们看到的东西采取完全不加批判的立场。

　　缺乏访客的批评和直接反馈导致了一连串的想当然。其一就是认为公众是一个统一的整体，他们和创建博物馆的人有着相同的想法。其二就是认为参观者来到这里就是为了接收博物馆提供的信息并吸纳博物馆提供的观点。其三就是认为公众对于展出的东西感到满意就够了，因此就不可能或者不会去应对更具挑战性的主题或思想（此处，本人并无贴长期标签的意思）。这三种想法从本质上说都是有缺陷的假设。[35]

　　这事关博物馆对自身的正确设问。在设问之前，博物馆相关机构必须明确需要应对哪些问题。然后，它应该检视这些问题的答案是否相关和有用，以及它们是否有助于解决已经发现的问题或不确定因素。例如，在评价"美国餐饮"主题展时有一个平淡无奇却又有效的发现，斯特朗博物馆发现：

　　　　然而，在接受采访的 14 名参观者中，有 12 人没有领悟到展览的抽象意义。例如，他们并不理解 19 世纪美国中产阶级为了获得社会流动性而需要掌握仪礼规则。事实上，大多数访客都不理解 etiquette（礼仪）一词的含义……

　　　　作为试点项目的结果，我们得出结论，考虑到工作时间、精力和资金，前端和形成性评估将更加有效。[36]

　　不过，可以理解，劳累过度且疲惫不堪的策展人可能会这样问，这一切到底是为了什么？既然艺术博物馆的访客们几乎从未对当前展出的东西提出质疑或反对，我们为什么非要冒着剥离高贵艺术的风险而试图消除博物馆和相关机构体系的神秘性呢？我希望我担忧的理由不仅基于政治智慧和社会公正，也基于学术标准。这不仅仅是因为 20 世纪 80 年代的英国经历了这样一个政府：它宣称赞赏有倾向性的、有选择性的"维多利亚时代价值观"的复兴，同时也对过去那些无可置疑的东西提出了值得称赞的质疑。在追求此类价值观的过程中（比如，游乐场的"玩什么买什么"的原则），目前的政府或其继任者之一可能有一天决定揭露利益集团间的密切合作，让艺术博物馆来决定哪些赞助者会从他们的服务项目中获益最多。博物馆自称是"（西方）世界最高的文化成就"，却忽略了为什么很大一大部分人却没有分享到这些成就。

而且，假如读者认为本文的撰写动机仅仅是为了关注（公共）艺术博物馆通过收费并提供娱乐体验来模仿"独立"博物馆部门和其他娱乐产业，在此请允许我重申本文更严肃的目的。对于艺术博物馆而言，收门票也好，提供娱乐也罢，都不应该成为禁忌。事实上，这样可能有助于成就博物馆更广泛的功用。但是，考虑到这一难以避免的时刻，即当前政府的价值观，其崩溃的物质主义以及对社会、文化和精神价值的忽略，将会被重新评估。对于艺术博物馆而言，明智的做法是更密切地关注那些可能从其藏品中获益最甚的有限群体。随着更财政更拮据但是更明智、更有远见的政府的出现，文化项目有可能会再次得到合理（即使不完全现实）的资金预算，考虑到博物馆以外的世界中潜在访客信息和知识的成倍增长，艺术博物馆不应该以"晚期维多利亚时代价值观"的姿态来假装艺术纯粹是一种审美体验以及本质上是自我参照的。否定艺术的创作和保存所处的多重社会和政治环境，不仅仅会将艺术作品孤立开来，而且从长远来看，作品会因被享有教育特权和独占文化资源的少数人占有而被边缘化。这样会让策展人的生活变得简单，但是却侮辱了艺术家们的事业，以及他们作为观察者、参与者和评论者对他们所居住的世界的无意识的"参与"，也削弱了他们的艺术作品对当代和后代可能具有的意义。

在之前引用的文章中，沃尔夫提到了美国心理学协会前任主席唐纳德·坎贝尔（Donald Campbell）的观点：

　　……一个改革的社会是一个不断地、创造性地自我实验，从错误中学习并利用其优势的社会。在博物馆领域内，新的评价策略的应用是实验途径之一。那些希望对其目标公众群不断变化的人口统计和心理特征（包括态度、价值观、偏好、兴趣和信仰）做出反应的机构应该定期进行评估。一些博物馆不进行评估。另一些则倾向于在项目结束时进行评估，通常用来衡量项目"成功"与否。

因此，一家明智的博物馆在其公众向自己提问之前就向自己提出问题，意识到在其他语境下改变访客的习惯，并寻求以自己的条件补足访客想不到的需要，而不是哀叹变化，或者假模假式地迎合平民主义，以匆忙拼凑的噱头作为哄骗访客喜欢那些在这些机构工作的人认为好的东西，也就是那些博物馆已经拥有并希望研究的东西。然而，博物馆在公众之前采取措施的做法可能受到结构性和官僚主义问题的阻碍。即使博物馆管理人员认识到因为访客接受过训练，他们的社会和阶层特征和预望已经发生了变化，信息传递的渠道和方法已经更加多样化，人们希望获得的知识的性质发生了改变，他或她应当怎么应对这些问题呢？

在肯尼斯·哈德森最近一本关于博物馆的著作中，他提出了他认为在接下来的 20 到 50 年内人类将会关注的 5 个全球性问题（最后两个是博物馆特别关注的问题）：

1. 环境的恶化；
2. 权力集中在美国和苏联政治军事机器上；
3. 去殖民化的失败；
4. 门外汉和专家之间的差距越来越大，前者被排除在外；
5. 有权力者的自我保护和泛化概念与敷衍的影响。[37]

在资金更为雄厚的艺术博物馆（比如英国的国立博物馆）中——或者那些可能联合起来共享信息的艺术博物馆中——有哪些博物馆在研究解说领域并且成功利用大量资源的呢？混合学科的国家博物馆，如维多利亚与阿尔伯特博物馆以及大英博物馆设有"公共服务"部，前者的策展人建设集团至少发行了《美术馆团队和部门指导方针》(*Guidelines for gallery teams and departments*)——作为发展公司战略发展的一部分——向设计师就美术馆未来的发展提供了简要介绍。在只有美术作品的国家性博物馆，解说的基本合作还没有找到着手点，那么对于那些员工少、工资低、预算少、藏品少的区域性或地方性博物馆又有什么希望呢？具有讽刺意味的是，正如一些观察人士所证实的那样，有时那些资金不太雄厚的博物馆往往是从侧面思考、实验、创新，并为其较富有的同行树立了榜样。[38]

在页边标注的 146

综上所述：为了改进艺术博物馆参观者的体验品质，有必要更加重视以下几方面：

- **一份检测展览效益的研究方案——必要时提出改进措施。** 事实上，已经有太多相关研究，更不用说像本文一样的建议性文章了，缺乏的是有能力实施这项研究的兴趣和决心。我们经常听到策展人嚷嚷"我们早就知道了"或"我们以前就听说过了"，这似乎是他们不去做很多新事物的借口。这究竟是因为这不是他们最初的想法，还是因为它会招致同行团体以及决定博物馆从业者的职业上升空间的支持者（收藏家—受托人、艺术家、艺术评论家、艺术品经销商）的谴责，我们不得而知。

- **改变博物馆的人员配备结构，以克服这种惰性和漠不关心。** 为了实现某些宣称的目标以支持博物馆的规划和活动的成功，这通常意味着对策展人和艺术史学家降级，使其与研究员/翻译专员、设计师/认知心理学家、教育家/通讯员和历史学家/人类学家处于相同地位。这还意味着对某些员工或管理机构的人员进行再培训或免职，因为更广泛地重新定义目标，博物馆被视为一个公共服务机构，则需要新的学术领域和新的技能。考虑到 20 世纪末的发展和变化速度，绝大多数决策者的世界观应该在大英帝国没落之前形成，这有多恰当？

147

· **非美术与美术学科混合，以跟上非艺术史学家对于历史和文化的看法。** 在 18 至 19 世纪为建设特别的博物馆或建立新的（自然为中心的、科学为中心的、人类学为中心的、艺术为中心的）历史序列，单一学科博物馆是可以理解的，在过去也是正确的，那些拥有或获得并因此控制着原始资源的集团、阶层或种族，可以选择他们打算投建的博物馆。时至今日，随着单一欧洲种族的概念赶上或超过了欧洲人的概念，这些非学科建设值得重新审视。谈到欧洲人对非欧洲文化的解读和阐释时，这同样适用于民族主义观念的"遗产"（也适用于英国特权下的历史和经济机遇，这使得它在充当吹哨人的时候就已经累积了大量的世界文化财产，并假装禁止进一步交换和掠夺）。为了参观者的利益，解释（和使用）20 世纪晚期技术（包括复制品），这个愿望将在一定程度上标志着博物馆圈的重点的转变。就如丹尼尔·赖斯所提出的那样，从"拥有"到"解释"。如社会历史学、经济学、欧洲社会人类学与艺术学的混合将有助于缩小几类人群之间的差距：有的人天然就懂得、或者已经开始了解艺术史的神秘和未言明的原因，有的人无法了解谁被封为"艺术史上的历程碑/大师"及其原因。

· **认识到阶层和教育的差异，将是释放更多、更多角度信息资源的关键。** 现在存在于博物馆中的假想——即每位参观者都有同样的动机、知识和能力去"直接欣赏艺术"——应该被抛弃。实际上这是一种傲慢、羞辱，而且是不准确的。为了在博物馆内鼓励访客获得知识和理解（特别是今天，有如此多种的其他景点竞争游客，努力评估和满足他们的需求），需要一些比传统策展"不干涉"的方法更多的东西。在最基础的层面上，方法的探究可从培养和满足人们的好奇心开始，策展人可向安保人员讨教(博物馆单一的、最有象征性的，浪费的资产)人们是如何在画廊中"逛"的，他们喜欢什么，不去看什么，他们最想深入了解什么，以及他们有什么迷惑不解的地方。由于访客在与艺术品接触时距离门卫人员甚至比问询处还近，因此，策展人可有效利用门卫从业经验，并对其察言观色和讲解能力进行专项训练，从而协助博物馆达到部分既定目标。

148

- 一幢重新布置或者设计的建筑，供非艺术历史学家参观者参观，它将不只是一个建筑师设计的仓库(只有很少座位或无座)或一个建筑展示品，尽管两者各有千秋。一旦"定位区域"开始运作，这样的重组将变得更清晰，因为对访客期望的自然环境和服务质量体验进行定位会让我们花更多精力研究他们的信息需求，以及他们不同层次的思维能力可能提出的合理需求。因此一旦"目标区"开始运作，重组需要将会变得愈发明朗。反过来，这也需要我们对参观模式、舒适度和缺点进行关注，并使展厅适应更具体的解说和交流目标，安排展厅顺序也是如此。对给访客造成误解、困惑或刺激的地点或顺序进行积极识别，这将是博物馆在这方面努力取得成功的第一步。

假设策展人拥有等量的理性诚实和公共服务的奉献精神，那么只要他们更多关注访客服务存在的短板——而不是迫切关注自己在收藏上的专业性需求——改善艺术博物馆访客体验就走出了第一步。

第八章

作为一种文化现象的博物馆参观

尼克·梅里曼

（Nick Merriman）

149   最近关于博物馆和"文物辩论"的文献显示，大多数分析都采取了对当代博物馆展示中固有信息进行批判性评论的形式，而很少关注那些实际去参观博物馆的人的体验。因此，我们不知道人们是如何使用博物馆的，也不知道他们是否有意或无意地吸收了博物馆所传递的信息，因此博物馆和展览的规划很少能清楚地理解其客户的构成和期望。最近，爱琳·胡柏-格林希尔（Eilean Hopper-Greenhill）[1]注意到了这一点，他指出，在英国，关于博物馆参观的研究相对简单，特别是缺乏对公众及其博物馆用途的大规模调查。

　　1985年，我试图通过在英国实施一项关于对待文物的态度和使用方式的全国性调查来弥补信息的缺乏。[2]这次调查的目的是为了发展一个理论框架来理解参观博物馆的文化意义，因为人们认为，由于缺乏这样一个框架，大多数早期的博物馆调查都停留在描述性的层面上。调查结果的临时摘要和调查设计的说明已经在别的地方发表了。[3]现在关于这项调查的所有结果都已经详细记录在案，[4]是时候重返这项工作的核心部分，即参观博物馆的文化背景，并对其进行更详细的研究。为此，我在这里拓展了一些我的早期文章中所出现的论点，并根据最新发展对其中一些进行了修改。例如，现在很清楚的是，在我们的社会中，任何对参观博物馆行为的了解，不仅要解释为什么一些群体总是远离博物馆，考虑到博物馆文物展品的丰富，[5] 还要解释为什么博物馆比以往任何时候都更受广泛人群的欢迎。

参观博物馆行为的发生率

调查发现，在英国，每年到博物馆参观这一行为发生的比例在40％至58％之间，47％可能是实际数字。[6] 然而，有人指出，仅以 12 个月的参观时间为标准来定义博物馆的访客量可能会产生误导，因此有必要确定"非访客"是否从不参观博物馆，或者他们是否只是每年参观一次。因此，当受访者被问及上一次参观博物馆的时间，共有 82％的人声称，他们一生中曾经在某个时刻参观过博物馆。（见表 8-1）。

表 8-1　"你最近一次参观博物馆是什么时候？"

频率	（单位：%）
过去四年内	68
5—10 年前	5
11—20 年前	5
21 年以上之前	4
从未	18
	100%　样本量＝956

根据去年博物馆访客量的统计，有些访客确实在上一年已经到过这个地方参观了，但今年却没有继续来参观，因此实际上大多数的人可能已被划分为非访客。从加拿大的学者们所进行的调查可以得出，[7] 参观博物馆确实是一项群体性的活动。然而，不太确定的是，有多少比例的人仍然是博物馆的活跃访客。我们无法确定那些多年来没有到过博物馆的人是否会在某个时候再来参观，或者上次参观体验让他们变得不再想去博物馆了。如果我们认为过去 5 年以上曾经参观过博物馆的人不太可

能再次走进博物馆，并把他们定义为非活跃访客，那这一比例将达到32％。如果我们严格限定一次都没去过博物馆的人为非活跃访客，那这一比例将为18％。然而，有重要意义的是，三分之一到五分之一的人可以被认定为真正的非访客，因为他们要么从没去过博物馆，要么永远都不会再去了。

当以更长的时间跨度去对博物馆的参观率进行考察时，很明显，使用年度参观发生率作为区分访客和非访客的标准是不充分的。这也许可以解释为什么玛里琳·胡德在她的博物馆参观调查中发现，偶尔参观者的特征和态度更接近于非访客，而不是常访客。[8] 他们实际上可能就是同一类人，只不过他们以一个年度为单位被武断地分成两个组别罢了。与其把博物馆的参观人员分为 3 个组，不如把他们分成 5 个组更加精确：即经常性访客(一年里访问量大于或等于 3 次的)占到样本的 17％，常访客(一年访问 1 次或 2 次的)占 14％，偶尔访客(上次访问是 1—4 年前)也占 14％，非访客(从未参观博物馆)占整个样本的 18％。

然而，值得注意的是，国家博物馆参观人数的确切数字是难以确定的，此前进行的总人数调查(包括本调查)没有涵盖学校群体、18 岁以下人群和海外访客，因为没有一个类似选民登记册之类的全面的框架。他们在参观博物馆的公众中占了相当大的比例。例如，博物馆数据库调查发现，在参观地方政府和独立博物馆的访客中，儿童占了三分之一，在参观国家博物馆的访客中，儿童占了四分之一，[9] 在加拿大，学校团体组织参观的人数占了各大博物馆参观总人数的 10％到 40％之间。[10] 除此之外，一项关于英国旅游景点的调查发现，参观博物馆和美术馆的访客有 22％来自海外。[11] 因此，大概有一半参观博物馆的公众的特点和态度是未知的。

因为博物馆参观人数的数字难以获得，因此这项调查的主要目的是建立一个具有代表性的数据库，以便系统性地比较不同成年参与者群体的属性和态度。

博物馆参观者的主要特点

表 8-2 展示了五类博物馆参观者的人口学特征。性别在区分不同类型人群的统计上并不是主要的，而且也不会在这里进行划分。这些为全国范围内的与博物馆参观有关的小型调查提供了佐证。博物馆的常访客往往属于社会地位较高的人，他们都接受过大学教育，有的仍在读书，有的已经工作了，而那些很少或从没有参观过博物馆的人，往往是一些老人，其中还包括那些社会地位较低下的、早年离开校园的人以及那些要照顾家庭或退休在家的人。偶尔的访客（上一次参观博物馆是在四年前的人）是最单一的群体，而定期参观的访客（一年参观一到两次）则更具有常访客的特征。年龄似乎是影响博物馆参观的最大因素，因为那些社会地位较低的老年人更是最不可能参观博物馆的群体。偶尔访客的特征看起来与那些从未参观过博物馆的人非常相似，但把他们分成不同的群体是有用的，这样可以比较从未参观过博物馆的人和经常参观博物馆的人的态度。

表 8-2　博物馆参观者，按照年龄、身份、教育和社会地位分类（单位：%）

	博物馆参观者						
年龄	经常	定期	偶尔	极少	从不	%	人数
<35	20	39	16	14	11	100	300
35—59	20	42	12	9	16	100	374
>60	10	25	15	21	29	100	271
地位							
高	25	41	14	10	9	100	150
中等	17	40	13	13	17	100	605
低<60	12	25	22	16	25	100	85
低>60	8	19	13	23	38	100	92

博物馆参观者							
年龄	经常	定期	偶尔	极少	从不	％	N
教育							
中等	13	35	15	16	21	100	651
在校生	22	40	14	11	13	100	150
高等教育	32	41	10	11	6	100	123
社会角色							
全职	20	42	13	11	14	100	435
兼职	18	35	4	3	3	100	88
居家	11	39	11	18	21	100	117
学生	56	19	13	6	—	100	16
无业	16	35	20	13	14	100	69
退休	12	25	15	19	28	100	221
总计	17	37	14	14	18	100	949

153 去博物馆进行参观的原因

被调查对象上一次参观博物馆的自发性原因可划分为 11 个基本类别(见表 8-3)。虽然它们并不是全部都相互排斥的,但数据确实显示,最大的博物馆访客群体是那些对博物馆或里面的展览主题特别感兴趣的人,或者是因为普遍的兴趣所在,例如,对博物馆、历史或艺术等方面感兴趣。参观这一举动也有着其重要的社会方面的因素,其中 12％的人是把参观博物馆列为观光旅程的一部分,而 12％的人是带别人去的。参观博物馆的偶然原因(为了避雨或借用厕所等)只占到访客动机的一小部分。

对于不同类型的访客,参观博物馆的原因也各不相同。那些热衷且经常光顾博物馆的人更有可能是由于某种特殊兴趣才去的,而那些一年只参观 1 次或 2 次的人更有可能是作为度假观光的一部分去的。那些在

1 到 4 年前曾参观过博物馆的人更有可能是出于一些非特定的原因，比如"大众兴趣"或者因为就住在附近。最后，那些 5 年甚至更久之前参观过博物馆的访客很可能是出于偶然原因（消磨时间、避雨），或者是工作或学习的一部分。参观的次数越多，参观的原因就越具体，而参观的次数越少，就越有可能是出于与博物馆目的无关的偶然原因，或者参观者跟着学校组团而来，别无选择。

表 8-3　上一次参观博物馆的原因，按照博物馆参观者类型分类
"你为什么要去那个地方？"（单位：%）

参观原因	参观者类型				
	经常	定期	偶尔	极少	皆有
总体兴趣	13	20	23	14	18
专门兴趣	35	22	18	18	23
观光	8	16	10	7	12
近便	10	11	15	9	11
自学	2	1	1	3	1
工作充电	6	3	8	22	8
陪同	11	13	13	13	12
回访	5	6	—	—	4
使用设施	—	—	2	—	1
偶然因素	6	5	7	10	7
有人推荐	4	3	2	3	3
	100%	100%	100%	100%	100%
样品量	(156)	(341)	(132)	(122)	(762)

对博物馆的态度

154

只有当我们抛开所有关于访客特征的统计数据所得出的结果，并实实在在地问及关于他们对博物馆的感觉和参观体验时，我们才可以真正开始理解参观博物馆这一更为宽泛的英国文化背景下的活动的意义。因此，调查中的一个大的方向就是要研究这一问题。提问会分成两个大

类：包括那些对博物馆里展品及其他设施的态度和意见，以及关于人们对博物馆作为一个机构的更广泛的印象。

不同类型的参观者对博物馆展品所持的态度存在显著差异。例如，总体看来，21％的人认为博物馆里有太多文字解说需要阅读，而只有8％的常客也这样认为，这一结果是相对于27％的稀客及40％的从未参观过博物馆的人而言的（见表8-4）。后面那一组的态度更是有趣，因为它必须依据来自家人、同伴以及媒体所宣传的形象，而不是根据个人的经验得出的，结果显示，广为扩散的负面形象真的会影响博物馆的参观人数（也可在表8-5中看到）。

人们对博物馆工作人员的态度也有类似的影响。稀客（占46％）和非访客（占52％）明显比其他群组更倾向于认为博物馆工作人员的职能就像是馆内的保安。

表8-4 对博物馆内的文字说明的态度，按照参观者类型分类（％）"文字过多"

参观者类型	非常赞同	赞同	两者都不	不赞同	非常不赞同	％
常访客	1	7	13	53	26	100
定期访客	1	16	12	58	12	100
偶尔访客	3	11	19	60	6	100
稀客	7	23	16	53	7	100
非访客	6	34	23	33	5	100
总计	3	18	16	53	12	100

博物馆内部展示的某些方面导致了普遍的共识。例如，总共有58％的调查对象认为，博物馆的现场介绍可能很枯燥，而只有34％的人不同意这种观点。在不同的访客类型之间没有显著的差异：持有相同观点的常客比例与非访客比例差不多。这的确表明，尽管博物馆的参观者是笃定要去博物馆参观的，他们仍然对自己的体验持批判态度。本篇论文后面会论述，有一种观点是说，对于某些社会群体来说，参观博物馆只是他们的社交休闲活动之一：他们之所以去博物馆可能是因为"这

155

是他们的份内事"，尽管有时会发现这种体验不令人满意。

作为一个机构的博物馆形象

在这项调查主要成果的小结中显示，在对"博物馆"这个词汇的联想和对博物馆的氛围和相关性的态度上，访客和非访客有非常明显的区别。[12] 在这里，可以更详细地论述这个问题，并将访客的态度与扩展的类型交叉制成表格。

为了确定人们会把博物馆描述成一个什么样的机构形象，我们会向调查对象发出指令，让他们从之前非正式采访中所建立起来的列表清单以及以前读过的调查表中，勾选他们认为最能描述博物馆机构性质的一项。受访者的回答分为三类，有的把博物馆看作是图书馆，有的把博物馆看作是亡物的纪念碑，还有的是其他选项（见表 8-5）。受访者越是经常参观博物馆，就越可能把它联想成为一个图书馆；而那些不经常参观的，会更倾向于把博物馆联想成是对亡物的纪念。

后者的形象明确展示出他们对待博物馆的消极态度，他们普遍并坚持认为博物馆的形象就是一个"死物"，接下来，我们将会对这一调查结果进一步进行论述。由于这一形象是如此强烈地植根于那些从未参观过博物馆的人的脑海里，我们可以做出假设，在传递对博物馆态度方面的信息时，持这种观点的人会再次强烈地影响他们的同伴、家人，当然，媒体宣传的形象也是如此。

图书馆的形象可以是正面的，也可以是负面的。它确实可能是一个安静学习和思考的地方，而不是一个享受和娱乐的地方。在活跃访客以及稀客或非游客这两组人当中，对于第一组的人来说，博物馆的总体形象仍主要是是安静的、适合学习的，而对于第二组的人来说则是死气沉沉的。

表 8-5　博物馆形象，按照参观者类型分类（%）

"博物馆最能令你联想到什么？"

	参观者类型					
机构类型	常客	定期参观者	偶尔参观者	极少参观者	从不参观者	总计
亡物纪念碑	17	28	43	48	47	34
社区中心	6	3	1	2	2	3
教堂或寺庙	10	8	8	13	14	10
学校	12	12	10	6	12	11
图书馆	44	40	32	23	24	35
商场	4	—	—	1		1
其他	9	9	6	6	2	7
	100%	100%	100%	100%	100%	100%
样本量	(158)	(340)	(130)	(127)	(157)	(913)

　　关于对博物馆氛围这个问题的反馈，与他们对博物馆的积极和消极形象的分布是一致的。常客中的大部分（78%）认为博物馆气氛令人愉快，只有 7% 的人不认同，相比之下，稀客中的 58% 表示同意而 22% 表示反对。非访问者更不可能同意（占 39%），20% 的人不同意，最大的一组（占 41%）没有表态。[13]

　　在调查中征求的所有对博物馆的态度中，在回答中产生最显著差异的是博物馆与我们日常生活的相关性。总的来说，只有 25% 的受访者认为博物馆与我们的日常生活没有关联，55% 的非访客以及 38% 的稀客是同意有关联的，与 11% 的常客以及 13% 的固定访客形成鲜明对比（见表 8-6）。这一结果有力地表明，影响人们是否去博物馆的一个更重要的因素是能否让人们感觉到博物馆与自身的相关性。

参观博物馆的决定因素

　　在展示了不同类型的访客（和非访客）对待博物馆的不同态度之后，

能够评估哪些东西最能吸引人们去博物馆，以及是什么东西让一些人对博物馆望而却步，这是至关重要的。在我早期的文章中曾提到，根据大卫·普林斯（David Prince）[14] 的观点，应该区分结构上和文化上的阻隔。结构性因素主要考量受访者的年龄、博物馆的位置和交通状况，而文化性因素的研究则着重发掘他们对历史的兴趣是什么以及对博物馆形象的认知。文章指出，总体而言，文化的阻隔要比结构的阻隔重要。[15] 有了更全面的分析，就有可能通过加入额外的结构和文化因素，如经济能力和对过去和现在的态度，来增加这一论点的统计分量。回归分析表明，结构因素，如交通的便利性和支付入场费的压力并不是决定参观博物馆的主要因素，这或许是因为，如果他们愿意前往的话，当地有足够多的免费博物馆供大多数人参观。这个分析中不可能包括博物馆的可用性，但另一项独立调查显示，影响并不一致，并且这不是一个关键的因素。[16] 性别也不算是什么重大影响因素，这已经在前文的交叉纵横表中呈现了。

表 8-6　对博物馆的相关性的看法，按照参观者类型分类（%）
"博物馆和我们的日常生活无关"

参观者类型	非常赞同	赞同	两者都不	不赞同	非常不赞同	%	样本量
常客	1	10	7	61	23	100	160
定期访客	2	11	10	67	11	100	344
偶尔访客	2	27	15	47	6	100	132
稀客	6	32	9	50	3	100	126
非访客	14	41	12	27	6	100	155
总计	4	21	11	54	11	100	917

　　分析显示，在那些确实对参观有显著影响的变量中，参观博物馆最重要的因素是，个人是否觉得历史是值得去了解的。这个简明的表单中显示，91%的受访者觉得肯定或可能值得了解历史，[17] 但当在这个表里添加上多个类型的访客时，可以很清楚地看到，超过四分之一的非访客

对历史并不感兴趣（见表 8-7），这也许能解释他们不去博物馆的原因。然而，大约四分之三的非访客以及 83％的稀客仍声称他们对历史感兴

趣，所以他们不去博物馆的原因并不能简单地解释为缺乏兴趣。相反，对历史的兴趣是参观博物馆的首要条件，那些对历史不感兴趣的人往往不会去参观博物馆，但一些对历史感兴趣的人前往博物馆参观仍会遇到阻扰因素。

表 8-7　对过去的兴趣，按照博物馆参观者类型分类
"了解过去有意义吗？"

参观者类型（%）	是的	可能有	可能没有	没有	%	N
常客	93	6	1	—	100	158
定期访客	88	10	2	1	100	348
偶尔访客	84	10	4	2	100	133
稀客	68	15	10	8	100	128
非访客	49	29	16	11	100	160

　　决定参观博物馆的第二个最重要的因素是个人对博物馆所提供的体验的态度，其次是博物馆的形象和个人的年龄，这两者具有大致相同的独立影响。正如我们所预料的那样，一个人对博物馆的态度和印象越积极，他参观的频率就越高。年龄有负面影响；换句话说，年纪越大，就越少到博物馆去。然而，表 8-2 显示，这种影响主要是针对那些超过 60 岁的人而言。

　　继年龄之后，人口统计变量里最重要的独立影响因素当属教育。早期调查显示，接受正规教育的年限越长，博物馆访问率就越高。另一个影响博物馆参观的重要因素是个人对当下的态度，这要比对历史的态度更重要。相反的是，有些人可能会把参观博物馆和文物看成是那些对当今社会持不满看法且怀旧的人的避难所。[18]调查显示，一个人对当今社会的看法越积极（即觉得是令人满意的），他就越有可能去参观博物馆。这对解读以下人们参观博物馆的原因来说，具有很大的提示作用，虽然有人辩解说，参观博物馆在很大程度上是要展示文化对现在的依附，但

这并不能阻止人们真正地对历史以及博物馆里的展品感兴趣。最后是房屋使用权因素，房主比租客更有可能会去参观博物馆。尽管这可以被解读成一个结构因素，并为那些租房子住但又相对穷困的人提供了一个相当的、不加修饰的借口，但事实上是，调查对象关于需要付钱进博物馆的感觉并不是一个有意义的争论点。租房子住的人更像是在表现自己对生活方式的追求，他们所拥有的那种文化渴望有可能使博物馆参观成为可能。

博物馆参观的解释途径

现在必须设法准确解释为什么在影响参观博物馆的行为决策时，文化因素比结构因素占主导地位。例如，对那些从不打算到博物馆参观的人，其心中的不利形象的产生来源，必须要有一个充分的解释。文献中有两种得到普遍认可的解释。其中一种是聚焦个人背景和环境下对所有人开放的休闲文化做出的选择，这是从认知心理学的视角得出的结论。而另一种则专注于更大规模的社交总体方面，从文化社会学中衍生出来。

美国的玛里琳·胡德在著作中例证了博物馆参观的认知心理学方法[19]，而且最近胡珀·格林希尔[20]以及英国的大卫·普林斯[21]对此进行评论。从这个角度来看，博物馆参观（或不参观）最受到个人对博物馆的态度的影响。这些态度来源于个人感知的休闲需求，而休闲需求又源于过去的经验和一般的生活需求。[22]

胡德把这些个人的价值观、态度和认知称为"心理变量"，并认为它们在解释参观博物馆的原因时比人口统计学变量重要得多。她找出了成年人在休闲活动选择中潜在的六大因素（如与人交往，获取新的体验和积极参与），并通过对俄亥俄州托莱多市的 502 名居民的电话调查，探讨了他们与参观博物馆的关系。她的结论是，人们决定是否要去博物馆是基于他们对这些属性的评价，以及他们在特定类型的活动中是如何社会化的。

胡德的著作是一项有用的贡献，但她的调查存在缺馅，她没有认真解释她所分离的模式实际上是存在的。她认为，人们在如何利用闲暇方面做出了积极的选择，但她并不承认任何社会对休闲选择的约束，而认为这些活动很显然是相当自由的。

和胡德一样，普林斯认为休闲活动是用来满足某些社会心理的需要的，[23] 但是他正准备更加强调这些需求的社会和环境因素。文化、亚文化、家庭及同伴群体的影响在形成休闲需求以及决定个体对不同休闲活动的态度方面都发挥着重要作用。因此，在理解参观和不参观博物馆的问题时，个人对该机构的印象是决定是否参观的重要因素。[24]

在一项关于郊野解说设施使用情况的研究中，普林斯指出，个人会在他们将要参与到的休闲活动种类里保持着行为的一致性：那些使用郊野山径的人也会有可能参观博物馆、自然保护区和手工艺文化馆。这种一致性"植根于休闲需求，并通过社会化和自我维护来培养文化取向和子群体忠诚度"。[25]

普林斯对博物馆参观模式研究的贡献在几个方面都很重要。他的方法首先是解释性的，因此他坚持明确的解释性理论的基本需要，该理论将参观博物馆置于社会背景中。他指出，在全面解释参观模式时，必须考虑到结构因素，但他也指出，博物馆的公共形象才是最重要的解释因素。乍一看，这里的调查似乎证明了这种方法是正确的，因为态度的影响力最大，其次是年龄，最后才轮到"身份地位"（教育和房屋所有权方面的）的因素被考虑在内。然而，在检验这个调查结果的过程中，我们必须要问，对博物馆的态度和印象以及博物馆的过去源于何处，为什么它们看起来一致地与某种社会群体联系在一起，而且看起来它们确定了过去的印象、博物馆参观和对现在的看法这三者关系的确切性质。这些问题并没有在认知心理学的进路中得到完全的回答。有时候，当普林斯把年龄和社会地位联系起来，他会试图解释人们对博物馆所持的不同态度和印象的来源，但这些显然还需要进一步阐明；在这些想象和态度产生的背后，没有对构成英国社会年龄和阶层的深层社会过程进行分析。

这个问题的产生是因为普林斯的分析集中在个体层面。这一方法在面对社会这个整体时会造成困难，因为关于博物馆参观的政治和意识形态方面的东西将会被忽略。这种心理学的方法是与政治无关的，它把休闲"需求"简单地视为是不同的，而不是等级制度下的文化产物。它表明了解释博物馆参观应朝哪个方向进行研究，但为了更全面地研究这一问题，有必要采取更广泛的方法来对待社会这个整体，而且至关重要的是，把博物馆的历史及其现今文化背景纳入考虑的行列。皮埃尔·布尔迪厄的研究为这一解释提供了一个有用的起点，因为它试图以其更为广泛的社会政治角色去解读博物馆参观，而与此同时更为强调个人社会化的重要性——主要是通过家庭和学校——作为解释因素。

161

布尔迪厄在过去 20 年来的研究主要关注于理解这种基于阶层的权利进行特权复制的机制。研究过程中，他对学生、学术等级、学校教育、品味和举止以及博物馆和美术馆进行了分析。在每一个研究中，他都提出了一系列的关键术语，当你要对他的有关博物馆的社会角色进行分析阅读时，你必须理解这些术语。他的研究的基石是，他认为社会生活可以依据两种能相互转化的力量形式来进行分析，即象征权力和经济权力。经济权力只能通过象征权力来调度使用，其本身是源自于对"文化资本"的拥有和积累。第一种文化资本以长期接触高级文化或资产阶级文化而产生的品味、举止和风格为形式。[26] 这其中的一些方面，如鉴赏力和审美气质，只有通过父母和老师的长期投资才能实现。第二种文化资本是这些培养的"性情"的物质表现，如中学和大学证书。这些可以作为文化和经济资本之间交换的重要媒介，因为在文化资本积累中投入的时间和资源在教育资格方面有初始回报，并且通过这些努力，最终在就业市场上获得经济回报。[27] 通过考察教育系统在等级社会再生产合法化方面的作用，这种特别有效的方法得到了最好的展现，布尔迪厄认为，正是教育这个因素在更强烈地影响博物馆参观。

布尔迪厄认为，学校教育的一个影响是产生一种共识文化，通过这种文化，等级社会关系的维持就被（误）认为是自然和合法的。他指出，学校教育强加一套统治阶级赞赏的放任自由的价值观（武断的意义是说它们在本性上的不确定和驻留性）。因为学校让人拥有一种处于中立的错觉，而这一套放任自由的价值观会被误认为是合法和天然的。因此学校教育所灌输的正是对主流文化合法正当性的认识，以及对非主流文化的非法性的认识，还错误地认为主流文化是一种放任自由的建构。[28]

与此同时，学校教育产生了一种区别的文化，在这种区别的运作中，其他文化活动的社会角色，如博物馆参观，拥有最接近的平衡角色。一种初期的"习性"是孩提时期家庭和与家庭相关的社会环境所造成。家庭习惯是至关重要的，因为正是家庭习惯形成了孩子的语言结构，成为孩子进入学校的"语言资本"。[29] 在一个以某种方式与之交谈的家庭中长大的孩子，在一个高度重视书本和学习的环境中长大的孩子，比那些基本习惯不受此影响的孩子更容易在学校取得更大的成就。这是因为前者的孩子在学校的文化中会感觉更自在，更熟悉学校的文化，也更能说出体现教育经验的语言。换句话说，这些孩子更有可能与那些制订教学大纲和组织教堂材料的人有相同的习惯。

布尔迪厄关于博物馆和美术馆的研究也反映了很多这类观点。20世纪60年代中期，他和多名同事在一个内容广泛的项目中做了一项调查，这项调查首先是在法国21所艺术博物馆里进行，随后又在欧洲其他博物馆中进行，[30] 调查的目的是为了详细了解博物馆参观的主要特点及其实践的社会条件。与其他调查一样，他们发现，到博物馆去参观的人通常局限于受教育程度较高的人，而在一般人数中占多数的普通群体在博物馆公众中所占的比例却最低。[31] 布尔迪厄通过研究在一个更广泛的社会中习惯被学习过程改变、以及文化能力差异被放大后的操作解释了这一现象。

艺术博物馆展出的艺术作品被认为是在传递专业的信息，而这些信息的解码是在学校里学会的，而不是用自己本身的天真无邪的眼睛去进行赏识，因此，布尔迪厄认为审美鉴赏的能力是由社会性决定的，而不是由没有受过教育的人来欣赏：

> 这种（对艺术品的）"接受"度……最重要的是取决于"接收者"的
> 能力，也就是说，取决于他掌握"信息"密码的能力。[33]

因此，就像学校一样，博物馆和它的艺术作品最能被那些已经习惯习得文化能力的人所理解。那些有能力理解艺术并对美术馆体验感到有意义的人，在博物馆里感到宾至如归，并且懂得如何在那里进行欣赏。而对于那些知识准备不够充分的人来说，误解和困惑是不可避免的。他们会经历一种"被挫败"的感觉，然后以他们那种"功能性的"习惯去分析艺术作品的材料质量，如大小、颜色或主题。[34]

那么，布尔迪厄认为，博物馆和美术馆就是成功的例子，当主流文化产生时，其一致性的认同会使那些想参与进来的人中的大多数被排除出去：博物馆就像大众的艺术和文化实践一样，被当作是难以避免的"区别"：

> 在形态和组织结构上最细微的细节中，博物馆背离了它们真正的功能，那就是增加一些人的归属感，而另一些人则被排斥在外。[35]

然而，正如心理学的研究方法因未能将休闲与更广泛的社会过程联系起来而受到批评一样，布尔迪厄的研究也因在另一个方向上走得太远而受到批评，即强调阶层差别而不考虑其他解释因素。部分原因在于他的关注点在美术馆，也就是说，在极端的博物馆里，相比起在其他博物馆[36]参观者更急剧分化，在那里，更容易引起有关阶级划分的争论，当把其他博物馆的参观模式和这里报告的调查结果结合起来看时，很明显，阶级原因并不能解释一般博物馆的参观情况，这些博物馆的参与远比布尔迪厄对艺术博物馆的研究所揭示的要广泛得多，参观这些博物馆更强烈地受到结构因素、生活方式的定位以及个人历史和心理的偶然因素所影响。此外，布尔迪厄的观点针对的是 20 世纪 60 年代中期法国存在的情况，这些论点可能不适用于"遗产繁荣"后的 25 年后的英国。他的分析纯粹是关于博物馆的压迫方面及其在社会再生产中的角色作用，还无法解释当今博物馆受到大众欢迎的原因。最后，他的研究也是存在缺陷的，他的关注点只集中在访客身上，结果缺乏有关阻挠非访客进入博物馆这方面的一手信息。

综合分析："休闲机会"

164   考虑到对上述两种方法提出的批评意见，现在可以尝试从这两种方法中找到最有用的元素来建立一个理论框架。正如布尔迪厄所做的，研究关于休闲的更为宽泛的社会—政治学，这确实可以帮助拓展心理学上所提供的分析。相反地，后者更严格地考虑到态度和人口统计变量等多种因素的影响，而不仅仅是将文化差异归因于阶级。

凯利使用的"休闲机会"这个概念可能在这两种方法之间架起了桥梁，[37] 他的观点与那些先进的心理学方法非常相似，但他的理论中，个体被坚定地认为是更广泛社会中的一部分。

在休闲理论领域的一篇评论中，凯利认为社会因素并不是一个直接决定因素，而是通过它们所提供的"机会"来影响休闲。在调查中所使用的那些名义上独立的变量，如收入、职业、教育程度、年龄、性别和种族，以及他提出的社会地位的指数，会被最好地理解为"社会化可能性的指标"。例如，地位不是休闲的直接决定因素，而是一种兴趣和机会的象征，可能成为个人经历的一部分。[38]

休闲社会化的两个主要组成部分是家庭（和其他童年时期的影响）和随后的"人生职业模式"，[39] 主要包括学校教育和同龄人的影响。与布尔迪厄理论的基本相似之处在这里变得显而易见。正如在家庭中形成的早期习惯将会构建起对学校经历的接受度，最初的家庭社会化也将为随后的休闲机会的感知设置场景。个人融入某些社交活动后，会形成一种将文化（和物质）约束内化为实际选择的倾向。[40] 因此，我们可以看到，休闲的运作方式与布尔迪厄所指出的教育的运作方式是一样的：帮助那些最不具备参与休闲能力的人进行自我排斥，他们被误解为没有参与的选择权。这种选择是由于博物馆的消极形象在家庭和同龄群体中代代相传，也是他们不参与的理由。对某些群体来说，博物馆"不适合我们"。

博物馆的分歧

根据调查，在过去感兴趣的前提下，影响博物馆参观最重要的因素是人们对博物馆提供的体验的态度，其次是博物馆的总体形象和个人的年龄。例如，更详细的交叉表格显示，参观的人越少，他们就越有可能认为博物馆里的文字太多，以及博物馆的工作人员令人生畏。他们也更有可能认为博物馆与他们的日常生活无关，而且会把它们看作是对逝者的一种纪念。

回顾一下博物馆的历史发展，就能清楚地说明为什么许多人觉得博物馆令人生畏。从一开始，它们就倾向于与大贵族家庭联系起来，这些收藏是主人权力的象征，或者与早期博学家联系起来，这些博学家的包罗万象，几乎没有有力的解释。对于那些对这两种环境都不熟悉的人来说，参观这样的藏品会让他们感到困惑甚至害怕。当更多的专用博物馆在维多利亚时期建造起来时，那种贵族内涵就被保留下来了：布局简单，导致展品发霉，并被维多利亚时期的漫画家刻画成了无生气的形象并广为流传，收藏品通常是普通民众不熟悉的物品，建筑物往往是大型的"文化寺庙"设计，既让人敬畏，又让人受启发。[41] 的确，在这个时期，有可能发现建立博物馆是出于明确的社会原因，例如，为了培养对万能之神的崇敬，[42] 或者"去使人们注意他们是如何倾听浮躁的革命者的演讲的"。[43] 因此，维多利亚时代的慈善事业是一把双刃剑，在这种情况下，真正的改进计划可用以为占主导地位的社会群体的利益灌输价值观。

那么，从它最早的发展开始，博物馆就是高端文化的一部分，在建筑风格、展示内容和方法上都遵循贵族的模式。他们很少或根本没有对其他来访者做出任何让步，而且无论他们在哪里，通常都是为了意识形态的灌输。博物馆令人生畏或毫不相干的形象至少可以追溯到上个世纪。上述理论可以帮助解释这些图像是如何传输的，并在如此长的时间内保持还保存其意义的过程。

因此，从历史上看，博物馆有意或无意地将主导价值观灌输给人们，或者承认主流文化在大众中的合法性。对于那些没有受到博物馆模式熏陶的人来说，博物馆就是一个陌生而令人生畏的地方，而对于受过教育的人来说，它可能是和平与学问的避难所。前者倾向于将自己排除在参与之外，认为这是一个深思熟虑的选择（"选择必要的"），因此不认为博物馆参观是一项可行的或有价值的活动。这一"选择"的理由得到证明后，最常见的方法会出现在非访客眼中的博物馆的消极形象上。一旦这种思想体系植入到行动当中，它就会变得自我满足，很难摆脱。然而，这不仅仅是一种对过时形象的反常存在的问题：这些历史上衍生的图像依然存在，这表明他们表达了今天人们对博物馆的感觉。这其中的大部分必须通过他们与高端文化持续的联系进行解释。由哈利预测中心（Henley Centre for Forecasting）组织的常规调查，以及这项调查与其他调查共同清楚地表明，参观博物馆仍然是一套高端文化休闲活动，这与到剧院看戏和到音乐厅听古典音乐是一样的，它们都是受到良好教育的、相对富裕的年轻到中年群体的文化爱好者所喜好的东西，他们已经被社会化，并认为这些活动是合理的、值得花费时间去做的事。参观博物馆和历史建筑仍然与文化同化有关，从古至今彰显着贵族内涵，被一些人欣赏和模仿，但又会被其他人所摒弃。后者往往是地位较低的人，他们养成了一些惯性，他们早期（主要是家庭）受到的影响是如此的强大，以至于学校教育难以改变，因此，他们在最早期就抵制学校和博物馆，并不大看好它们，认为它们没有任何价值。

到目前为止，争论主要从阶级基础上考察了博物馆的负面态度和形象的来源和运作。然而，在回归分析中，另一个最重要的独立因素是年龄，在这里，更广泛的心理学方法有助于提供一个更完整的解释。简而言之，个人的年龄，不管他们的社会地位如何，都具有鼓励或组织参观博物馆的"双重效应"，既证明了完全基于阶级的解释的狭隘性，又为解释引入了动态的元素。

正如表 8-2 所示，年龄对参观博物馆的主要影响体现在 60 岁以上的群体中，其中，50％的人要么从来没有去过博物馆，要么上一次参观的时间在 5 年前或更早的。机会的最初减少是一种"时期效应"，也就是说，现在 60 多岁的人受到当年成长环境的影响。调查时超过 60 岁的人是在 1925 年前出生的，他们当年的博物馆中只有三分之一迄今还保存着，[44] 在当时，人们不仅有可能要在年纪轻轻的时候离开学校，而且还有可能在学校里只接受了短期的教育。因此，很多因素决定了他们在早年较少接触到博物馆参观，也较少在学校接受到博物馆社会化的教育。对于那些来自工人阶层背景的人来说，这种机会一直难以得到，他们惯性地认为他们不会马上就能从博物馆里获得最大的好处，因此，很多人可能在童年时从未去过博物馆，现在也不可能去参观，因为他们从小就学会了因为缺乏阅读博物馆代码的"能力"而排斥自己。

除了"时期效应"导致 60 岁以上的人参观博物馆的几率较低之外，还有一个与年龄有关的"生物年龄"的影响因素，这一点在普林斯关于参观博物馆的研究中已经提到。[45] 当考虑到老年人参观博物馆的相对不足时，有必要看看老年的社会建构，以及它的生物学效应。例如，虽然很多老年人会因为健康的原因而休闲生活受限，而且缺乏收入和交通工具（后两个方面实际上是一种社会因素，是由于老人在我们社会中的边缘性角色所决定的），不少资料显示，实际上老年人对户外休闲活动的兴趣减弱了。

这在"脱离"的概念中得到了最简明的表述，即在老年时，一个人可能会退出或"脱离"社会中与他人的交往，并被他人视为脱离交往。[46] 随后的研究既证实了这一理论，也否定了这一理论，但普遍的共识似乎是，这一理论比再参与的逆向理论更准确地解释了老年人的休闲模式。[47]

因此，现在到了退休年龄的人，特别是地位低下的人，更不鼓励他们去博物馆参观。首先，很多人不会被社会化而认为参观博物馆是值得的，而且可能会因为早年疏远当地博物馆的经历而对博物馆产生负面印象。这些印象都是相互自我强化的，既受媒体的影响，也由于他们后来无法解读博物馆。其次，即使是那些曾经参观过博物馆的人，现在也不大可能去了，因为老年特别是退休后的身心原因，他们会更倾向于隐退。

以上论证表明，从根本上说，博物馆在当代文化中的作用是将社会分成两类，一类是有"能力"将参观博物馆视为有价值的休闲机会的人，另一类是没有这种能力的人。那些没有去的人通过调查中看到的各种负面图片来证明自己被排除在外的合理性。这似乎是布尔迪厄提出的基本论点，他声称参观博物馆这样的活动造成了社会阶层中的"区别"：

> 艺术和文化消费是超前的、有意无意地倾向于履行使社会差异合法化的社会功能。[48]

然而，尽管社会地位或阶层在解释这个观点中是起到重要作用的，但它并不能决定人们对博物馆的反应。其他因素例如年龄和教育程度也扮演一个建构性的角色，而且个人的态度和形象无疑是由一个过于复杂的过程形成的，复杂到以致于如此大规模的调查都显得相对草率。

博物馆的普及程度

尽管有人认为参观博物馆的基本作用是将一个"有文化"的群体从其他群体中区分出来，但这种模式缺乏活力，无法考虑到自布尔迪厄的分析实施以来出现的遗产繁荣。目前博物馆的受欢迎程度及遗迹的吸引力可以用众多历史因素的具体结合来解释。首先，长期的研究已经注意到人们拥有的闲暇时间在稳定增加，可支配收入也普遍在稳步增长。[49]伴随而来的是各种休闲场所的普遍增加，从餐厅到假期，遗产市场的扩张一定程度上要归因于可用的休闲时间和金钱的增加所带来的旅游业的繁荣。然而，为什么逝去的历史和遗迹会如此受欢迎，似乎确实有特殊的原因。有人指出，当代社会中以历史为导向，这归因于工业化和战后社会和经济变化带来的变化，以及伴随着英国作为一个世界强国的衰落和核武器的出现而产生的不确定性。[50]"重温过去"似乎是一种本质的现象，人们了解实际历史的兴趣不应该被低估，博物馆和历史建筑之所以特别受欢迎，很大程度上是因为人们真诚地希望与过去妥协。事实上，调查展示绝大多数人对过去历史感兴趣，而大多数参观者总体上对他们所参观的博物馆的主题或历史表现出特别的兴趣（见表 8-3）。

中等教育的扩大、博物馆数量的增多和博物馆展览水平的提高，都伴随着上述闲暇时间和可支配收入的增加，因此比以往任何时候都有更多的人在知识结构上和智力上有机会从历史文物展中受益。[51]罗伯特·休伊森（Robert Hewison）[52]认为，文物展的增多是反映英国衰落的一个指数，从上面概述的意义上说，对历史的追忆似乎就是这样。不过，参观这些展览反过来可以被视为富裕程度的一个指数。这是因为参观博物馆和遗产展览的往往不是那些经历了经济衰退的人（例如失业者），而是那些相对富裕的人。随着所有社会经济群体的教育水平和可支配收入的增加，传统的工人阶级精神已经被更多的中产阶级价值观逐渐侵蚀，这是有争议的。可能越来越多的人把参观博物馆作为生活方式的一种，以适应他们改变了的地位。

这就是所谓的"资产阶级化理论"，并在 20 世纪六七十年代受到了广泛关注。[53]最初的论点，即体力劳动者的高工资和生活水平会导致他们被中产阶级同化，被证明过于简单：在过去，中产阶级在政治和工业进步方面的独特态度和行为模式在富裕的工人中并没有明显的表现。然而，人们发现一种日益以个人主义和家庭为重点的社会观点——集体行动是实现这些目标的最佳手段。

针对"资产阶级化"的最大规模的调查发现，体力劳动者生活中主要动机是对提高他们生活水平的关注。[54]物质进步可能确实被这些团体认为是通过集体行动来实现的最好方式。然而，没有人去研究他们的闲暇时间；其实他们的闲暇时间可以被一些群体利用起来促进个人的社会进步。在以上关于文化和经济资本的讨论中，有人建议，富裕需要通过假定一种适当的生活方式来合法化和实施。可以想见，在他们的闲暇时间里，相对富裕的群体会使用类似博物馆参观这种与高端文化相关的方式来获得一定量的文化资本，或者这么说，对那些劳动过程中得不到提高的人来说，这实际上可能是自我提升的主要手段。这可能很好地解释了为什么活跃的博物馆参观者比那些不喜欢参观博物馆的人更有可能对现在持积极的态度，以及为什么对现在的态度比对过去的态度更能预示参观的结果：毫不奇怪，现在生活较好的人对它持积极态度，他们参观博物馆是因为它们的文化内涵，一种通过适当的休闲活动来合法化他们较高的社会地位的方式。他们也倾向于对于过去有相当负面的看法，把它看作是我们进步的历程，合法化他们现在地位的方式。

参观博物馆是一个很好的选择，因为随着离校年龄的增大和博物馆数量的增加，现在参观的"机会"相对较高。此外，博物馆是相对"开放"的机构，大多数都是免费（或低价）入场的，人们可以自由进出。因此，博物馆的开放性不仅会造成群体划分，还可以成为那些认识到参观"机会"的人提升社会地位的一种手段。博物馆与"文化"联系在一起，由于各种原因（教育的普及，财富的增长，个人及孩子们提升的愿望），越来越多的人希望参与到这样一种有文化的生活方式中来，以获得或展示提高自己社会地位的机会。

结论

总之，参观博物馆可以被视为是一个双重过程：首先有参观博物馆的"机会"，然后，如果可以，这个机会必须能够真正实现。对于大多数非活跃博物馆访客来说，由于时代、年龄和地位的影响，参观博物馆并不是容易实现的休闲方式。他们的行为，尤其是 60 岁以上的人，不太可能改变。此外，仍有相当一部分人（估计在三分之一到五分之一之间）认为博物馆对他们来说并不是一个被认可的休闲活动，因为博物馆的形象以及它所代表的高端文化。因此博物馆的第一个功能是群体划分；也就是说，人们被划分为拥有或希望获得看懂展览的能力的人，以及那些没有这种诉求的人。然而，博物馆的第二个功能是综合的。这是因为更多的学校组织参观，博物馆展览水平也随着提高，教育普及强化，使得更多的人有能力去"阅读"博物馆。此外，更高的生活水平也带来了他们想要效仿特权阶层的生活方式的愿望。因此，可能有机会参观博物馆的人比以往任何时候都多，但并不是所有人都能通过参观实际受益。这一层次的参与程度确定无疑与本调查范围之外的因素有关，如个人品位和兴趣、其他活动的竞争性吸引力，以及结构性因素，如健康、流动性、时间和其他安排。要使博物馆参观率得到极大地提高，其最大的阻碍是最初的"机会"。

171

一旦 60 岁以上人群的"时期"效应被移除，扩大博物馆观众类型的前景十分乐观。目前博物馆对公众的扩展是普及教育和博物馆设计和实践改进提高的结果，在一定程度上让更多的人去熟悉博物馆的守则，减少畏惧感。然而，老龄化的疏离效应将始终存在，还有相当大比例的人群被社会因素限制了参与博物馆的机会。这些只能通过更广泛的社会变革来消除。如果做不到这一点，无疑，总会有一大群人永远不去参观博物馆。如果目前教育经费的削减继续下去，这个群体的人数可能会再次增加。

第九章

博物馆与文化财产

诺尔曼·帕尔默

（Norman Palmer）

　　在我们的历史上，保护文化遗产的兴趣从未如此高涨。在英格兰，每 2 周就会出现 1 家博物馆；[1] 从公众对国家药物博物馆、国家体育博物馆这类资深机构的需求表明，这种趋势不会衰减。公众对国宝历史细节的兴趣反映在大量有关来历可疑名画和海陆考古学成就的新闻报道上。然而，近期关于国家博物馆和美术馆对文物处理的争论异常激烈。

　　文物处理不可避免地要通过法律途径解决，具体表现在文物市场日益复杂的管控上，或表现在某领域法律制度改革的需求上。法律上的争议已然在国内媒体上占据了重要比例。当今，博物馆职业要求注重多种学科并行发展以适应潮流和更好地为公众服务，法律意识的熟稔尤为重要，甚至不低于当今现代博物馆所注重的经济意识、资源管理和商业运作方面的技能。在当今这种情况下，除非对法律环境有所了解，否则没有一个策展人或行政人员能够自信地履行其职责，本篇短文的目的就在于针对这一形势指出方向。

　　文化生活不能在法律真空的地方存活。无论是约定俗成还是条文规定，人们的一举一动都要遵循法律。接下来，我会举例说明一些影响美术馆和博物馆管理的主要法律原则。我将特别考虑适用于取得、保管和

处置文化文物的法律制约条款。从中可以看到英国法律的某些领域与国
际公法和私法、国内法和国际法、以及民法和刑法之间有着鲜明生动的
融合，没有什么比这种融合更有趣的了。

应该提出几个初步的观点。首先，并不是每个原则都具有严格的法
律性质：存在着一系列自愿准则，依靠双方协议而非法律约束。比如
说，博物馆协会就颁布了《博物馆行为守则（1977）》和《博物馆策展人行
为守则（1983）》。尽管许多机构可以遵守这些准则，但人们很难想象它
们会在法律上得到执行。最有可能的执行手段可能是协会成员之间的一
种不稳定的隐含默契机制，而这种可能性看起来既遥远又渺茫。1986
年在布宜诺斯艾利斯举行的国际博物馆理事会第十五届大会通过的职业
道德守则也弥漫着类似的自愿气氛。

法律外影响的另外一个例子是文化产业领域的主要国际公约，1970
年《联合国教科文组织公约》。该《公约》涉及文化财产的非法进出口和转
让问题，没有得到英国的加入，所以也不具有正式的法律效力。但是英
国的博物馆已经表现出了遵守《公约》精神的强烈意愿。国际博物馆协会
的条文第 4.4 条规定，如果原属国要求返还文物，并且有理由证明该物
件属于其文化遗产，并且如果机构本身具有这一"合法自由"，那么，成
员机构须采取合理方式将违反公约交易的物件返还至原属国。这项规定
不大可能对英国的国家博物馆和美术馆产生多大影响，因为这些国家博
物馆和美术馆目前的处置权力已经受到严格限制，当然也不包括对最初
的非法文物出口的限制。但是第 4.4 条很可能在私人博物馆案例中变得
非常有说服力，因为有关私人博物馆的管理文书并没有明令禁止该条所
设想的那种自愿归还事宜。在其他地方，第 4.4 条责成博物馆遵守《关
于在发生武装冲突时保护文化财产的海牙公约》（1954），特别是"……
不购买或以其他方式挪用或获得任何被占领国家的文物，因为这些文物
在大多数情况下已被非法出口或者不正当转移。"

因此，出现了一些非强制性的戒律，并在博物馆管理者中发挥了重
要的道德力量。当然这些职业守则是否合乎他们的工作，还有待商榷；

最近有关非法收购文物的新闻报道在这一点上令人沮丧。[2] 但是，这些守则对职业标准的影响显然不能完全忽略不计。

即使在正规法律的范畴内，英国法律对文物的规定也少之又少。与其他许多国家不同，我们没有明确规定国家宝藏的所有权、保存权和转让权。[3] 诚然，有几项现代法律条文直接涉及处理我们文化遗产的具体方面：例如，1979 年的《古代古迹和考古区法》、1973 年的《沉船保护法》和 1983 年的《国家遗产法》。也有一些独立的法规管理我们的国家博物馆和美术馆（例如，1963 年《大英博物馆法案》），以及一些宽泛法律意义范畴内的有关文化财产的具体规定（例如，1939 年《出口和海关权力(防卫)法》和经修正的 1978 年《货物出口(管制)令》中对艺术作品出口的管制）。除了这些法规，现代英国法律还必须集合那些完全不单独提及文化财产的一般法律。

其中一个例子就是普通法中对于无主财物的规定。这条法律认为考古发现应为国家强制所有。当然，它并不是作为保护文物的方式，而是作为皇室特权的一个方面，旨在为那些原所有者已经消失的财产提供一个所有者。即使在今天，这一原则似乎也适用于没有古文物价值的物品。

类似的观察结果也适用于已发现的考古物品，这些物品不属于宝藏（因此，也不属于王室的特权）。这些物品的所有权由发现人所在国的民法决定：一个复杂的法律主体，同样适用于在希思罗机场贵宾室的地上发现镀金手镯这样的现代物品，[4] 或在连接高速公路的土地上发现了一个泵。[5] 顺便提一下，1971 年法律改革委员会称，发现者民法需要改革。[6]

同样的共性也影响到我们在国外收购文物所有权的法律规定。法律原则规定(例如)从英国私人收藏家里偷来并卖到意大利收藏家的文物[7] 的最终所有权的处理方式等同于从俄罗斯购入的木材货物所有权，如果船在挪威海岸沉没，未经原始买家同意当场卖掉。[8] 同样地，我们认定一个外国主权国家强制征用私人拥有的艺术珍品的合法性的原则[9] 与我们承认外国对船舶、股份或石油的国有化的原则，在本质上是相同的。

在私人当事人之间的争论中，这种普遍原理是可以接受的。当提出国家所有权的问题时，我国一般法律作为文化保护工具的不足之处就显露出来了。与许多大陆英联邦国家相比，英国的法律显得非常随意和零散。现代法规扩大和修正了当前我们对文化遗产的保护，并将其整合在一个单一的体系中，关于这种做法很值得探讨。

第三点是，在对遗产问题的法律回应进行任何讨论时，人们必须保持一种观点。人们很容易夸大法律在这一领域的作用：认为每一个问题都是因为法律的缺陷，或者可以通过法律手段加以解决。在许多方面，除了狭义的司法方面的考虑，特别是政治、外交和经济事件对我们的文化遗产状况的影响更大。毫无疑问，在某些情况下，这些相互竞争的考虑仍将十分重要。例如，没有人会认真地主张，关于埃尔金大理石雕的争议可以通过诉讼、按照原有的旨在移除它们的契约或者合法性的法案得到立法解决。如果要找到一个解决方法，那也是通过外交途径，而不是法律途径。

国家博物馆和美术馆总署也必须从这个更广泛的角度来看待，正如公共机构生活的其他领域一样，这个领域正在发生重要的变化，就像在其他公共领域会发生变化一样。从博物馆和美术馆收藏的咨询文献中，艺术和图书办公室处置权档案记载了一些事情的进展：[10] 其中包括将维护和控制建筑物的责任从物业服务机构交给受托人，以及从直接投票资助转变为三年资助。其他一些更狭隘的信号更令人立即不安。例如，国家审计署最近表示了对在国家博物馆和美术馆[11]不健全保存条件下的文物数量的担忧，然而，国家博物馆和美术馆委员会（在它1929年以来的首次国家藏品综合报告中）已经找到了国家机构面临的其他严重问题。[12] 例如，事实上，国家美术馆目前拨款的购买力略高于十年前相应拨款的一半；董事和策展人越来越专注于管理和商业智能（不利于学术），以及运行成本资助和公务员薪酬奖励的差距日益扩大。也许最重要的是，政府最近开始审查在何种情况下国家管理总局可以接受被给予更广泛的权

176

力来处理其收藏的物品。[13]

这些发展不仅仅是出于经济考虑。一些人受到了严肃的政治信念的鼓舞，即公共机构应最大限度地从私人资金中获得支持，并应独立负责自己的财务管理。[14]艺术和图书办公室的咨询文件对有关国家博物馆和美术馆的工作任务作出了以下定义，或许有些意义：

> ……在提供政治概念和框架的同时，国家博物馆和美术馆能够繁荣发展，确保公共资金适当有效使用；并确保受托人和董事会被赋予适当的法定权利，以有效地履行其职责。[15]

本文件在任何时候都没有试图让政府履行提供充足的公共资金的职责而让国家博物馆和美术馆免除职能。另一方面，政府的政策是赋予这些机构一个"更大的责任去实施他们的行动和让更多资源为其所用"。[16]回顾这一领域的最近立法，博物馆和美术馆委员会（MGC）已经得出了明确的结论，"政府现在可以声称对国家博物馆的批准指出有决定权"。这与十年前的情况形成了鲜明对比，当时的情况是"没有人怀疑政府接受了国家博物馆的全部财务责任，无论它们是由教育部还是受托人管理"。[17]

177　　在这种情况下，仅从正式法律中得出的图景是不完美的。法律强加给公共机构的所有义务，最终都取决于这些机构履行这些义务的经济能力。就像1983年的《国家遗产法》第s. 2(1)b条规定了维多利亚与阿尔伯特博物馆的责任（即，保证向公众展出的展品合理可行），由于缺乏资料编目或者建造新建筑的资源，必须将物品长期储存在地下室的板条箱中，这种规定会失去大部分原有意义。简而言之，现代博物馆管理不能脱离其政治经济环境，它的基本法规从属于政策和预算。

收购

当博物馆为展出或研究获得一件物品时，它自然会关心这一获得是否在其预算和宪法权力范围内。然而，它主要关心的可能是，根据法律，它获得标的的交易是否能够转移合法有效的所有权。与此相关的问题可能是该物品是否在某些外国司法管辖区非法获得或非法出口。这样的历史不仅可能给卖主或捐赠者的所有权造成负面影响，而且可能使收藏品不符合博物馆协会或国际博物馆理事会的准则。

英国法律的一项基本原则是，谁也不能转赠一个他自己根本不拥有的所有权（*nomo dat quod non habet*[18]）。无论通过何种合法载体，该原则都适用。一般来说，任何通过赠与、遗赠、出售或者交换方式取得动产的机构，都不能取得该动产中的财产，除非从该动产中取得该动产的人本身就是该动产的所有人。取得机构是否知道供方的所有权缺失，完全信任地取得物品并相信他就是所有者，这一点是不重要的。

这条原则对于英国法律保护所有权至关重要。但对于一个无辜的购买者来说，后果可能会很严重。例如，假设一个博物馆声称通过购买或交换获得了一件实际上不属于出售人的物品：他可能是从另一家博物馆里偷来的，或者可能是诚实地从一个自己没有所有权的人手里买来的。博物馆在取得该物品时，无论其行为多么无辜，都构成了对实物所有人的侵权。因此，实物所有人可以起诉博物馆，要求归还该物品，或索赔按照价值计算的损失，以及由此造成的其他损失。[19] 在这类诉讼中，博物馆负有严格的责任：它不仅不能以自己的清白作为辩护，[20] 也不能推卸责任，辩称在某种程度上它是在不知道该物件真正所有者的情况下被诱导的。[21] 此外，它对这一物品的使用权不安全，任何试图将其处置给另一个机构的做法都是危险的。如果物品的出售或者交换不能给买受人带来有效所有权，出手的博物馆将构成违约行为，该交易可能被撤销，或者因为损失被起诉。[22]

就算出售对象的卖方确实拥有其中的财产，出售也可能因为其他原因而无法而不能向购买者提供有效所有权。例如，教会看守人出售教会财产时，没有事先得到教员的授权，这将阻止购买者获得财产。在最近的"圣母玛利亚的巴顿事件"（1987）[Re St Mary's Barton-on-Humber

178

(1987)2 A11 ER 861]案例中，法官对古董商发出严厉警告，不检查是否具备充分资历的情况下购买教堂艺术品是存在风险的。博物馆和其他文化机构也应注意类似的警告，否则，该财产有可能被教会收回，导致收购者赔本。[23]

交换，购买等表现形式的交易主要遵从《货物买卖法》的第 s.12 和《货物服务供应法》第 s.2 条，这两个法案都暗示着供应者有权提供物品。这意味着，如果卖方或者交换方不是真正的物品所有者，而只是声称供应，如果交易没有产生实际的所有权，收购者可以不顾合约，收回他的价格或者交易的物品。在商业销售中，这种"撤消权利"的主要优势就是买家可以避免承担物品的折旧费用，他有权索要他的原始出价，无论自购买以来商品价值跌落多少，无论使用价值在购买日期和解除日期之间已经改变了多少。[24] 这至少给买方提供了一些安慰，因为他们买了不是卖方要出售的物品。然而，对于这些通常随时间升值的文物，如果卖方履行了义务，并且现在必须尝试替换，那么根据动产的预期价值提出损害赔偿的诉讼，卖方索回原价的权力似乎就没有那么有吸引力了。当然，买方完全有权选择根据 SGA 第 s.12 条，或者第 s.2 条提出索赔（尽管不确定他是否一定能收回货物预期升值的全部价值）。要求损害赔偿的诉讼也可以根据本条款所涵盖的两项保证提起。事实上，担保与条件不同，它只能产生金钱补偿的权利，而不能产生撤销的权利。[25]

也许 s.12 和 s.2 条款的主要缺陷是，在其违约行为被发现之前，违反了所有权义务的供应商很可能已经消失（或者已经资不抵债）。在这种情况下，收购方的补救措施是毫无价值的。显然，博物馆收购方最好首先确保其供应商的所有权的有效性，而不是指望在证明其所有权缺陷时挽回损失。因此必须仔细审查该物品的来源，并应咨询有关当前非法文化财产流动的所有现有资料来源。

不幸的是，所有关于这类物品的历史来源通常都是模糊或不明确的。这些问题在进口物品方面尤为严重，这些所有权可能取决于无从获悉或者英国无法照搬适用的外国法律。但即使是从未离开过这个国家的物品也会产生复杂的专利难题。在某种程度上，这可能是由于一些早期交易完全不正式或法律上模棱两可：一个熟悉的例子是，一幅画作是由原告的祖先直接捐赠给教堂的，还是仅仅是借给他人的。在其他情况下，纯粹是由于应用英国法律的困难（特别是回答它所提出的几乎不可能的事实问题），而这也构成了不确定性的来源。我将简略地探讨这两个领域，这两个领域都与发现的文物的所有权有关。

文物发现的所有权

这里的问题看似简单：在英国土地上发现的考古文物应该归谁所有？我建议先不谈海洋考古学，只考虑陆地上的发现。

当然，如果可以追溯原物主或其继承人，财产将归属于他们。确实，有时物主可能会在事后对财产做出有利于另一方的处置的情况也确实发生（见图 9-1）。最近卢西塔尼亚号［1986］zWRL 501 的例子就能论证这种情况。法官西恩认为，随着沉船沉入大海的乘客的财产，会被保险公司理赔，进而这些财产被让渡给了他们的承保人（承保人又被视为放弃了所有权）。然而，一般来讲，最初的所有者或者他们的后代持续持有财产，不管财产从丢失到现在已经过去了多长时间。

至少理论上是这样的。实际上，原始所有权的问题几乎总是无关紧要的。就大多数考古发现而言，要确定原主已经够困难的了，更不用说他现在的法定继承人了。法律面临着所有权真空的问题，必须找人来修补它。

第一个问题是，物品是否能达到文物标准。如果不是，其所有权的分配通常按照民法的规定进行。作为文化保护的媒介，这两种法律体系都存在缺陷，既不透明，又缺乏效率。

(i)无主文物[26]

无主文物的所有权应归王权所有：王权有权拥有，并且在理论上可

图 9-1 "伟大的战争"：德国明信片，描绘了 1915 年"卢西塔尼亚号"的沉没，藏于英国广播公司赫尔顿图片图书馆

以随意处理这样的财产。这种权利是皇室特权的一个方面，其收益是王室的传统收入之一。王权的所有权占据着绝对优势，倒不是因为这件物品从源头上就属于王权财产，而是因为这件物品原始的主人再也无法找到。王权的所有权高于发现者，也高于物品发掘地的土地所有人。

如今，皇室权利是通过大英博物馆来行使的。大多数被宣布为无主的文物都由博物馆保管。博物馆建议无主文物评审委员根据发现的价值给予奖励。在特殊情况下，如果博物馆觉得文物意义不大，可以把文物归还给发现者，或保留文物，但不给奖励（或减少奖励数额）。后一种方法一般只适用于发现者不诚实地想要私藏文物的情况。[27]

什么时候才是无主财物呢？

无主文物的界定由立法和司法部门决定，有 3 个主要的标准。有关这些标准的最权威的陈述在基蒂（Chitty）的《王室特权法条约》（*Prerogatives of the Crown*，1802）中：

无主财物，是指任何在房子或土地里或其他私人地方发现的以硬币或金属器物或金银形式存在的金银，所有人是未知的，在这种情况下，该物品属于国王所有或被国王授予的人，即对此无主财物拥有所有权。

首先，物品的材质必须是金或银，其他的金属不能构成无主文物，不归王权所有。这条规定不恰当，因为很多由像青铜这样的贱金属制成的文物具有同样历史价值。但是，最近上诉法院的一项裁决证实了对金银物品的限制。在兰开斯特公爵领地国王私人律师顾问与 G E 奥弗屯（农场）有限公司 1982 年编号为 1A11ER524 的案子中，一名寻宝者携带金属探测器在被告公司拥有和占有的土地里发现了 7811 枚公元 3 世纪的罗马硬币。土地位于兰开斯特公爵领地。这些硬币是在货币大幅贬值的一段时期内发行的，材质是银和贱金属合金。银的含量很低，根据样品测试，从小于 1％到最高 20％不等。兰开斯特市公爵领地的国王私人法律顾问代表皇室提起诉讼，检验员也认定这些硬币属于无主财富。在庭审前（和随后的上诉法庭中）国王私人法律顾问将其归类为无主财富基于两个可选的分类方法：即无主财富不局限于黄金和白银，也适用于其他金属制成的硬币；或，如果无主财富局限于金银，那么这些硬币也是银币。在阐述第一个论点时，他依赖某些教科书的作者。其中一位是布莱克斯通（Black Stone），他将无主财富定义为"任何钱或硬币"。然而，法官狄龙和上诉法院在这两点上都驳回了国王私人律师顾问的这两个观点。爵爷们认为任何不是真金白银的物品（硬币或其他）都不能成为无主财物，并且这些硬币（如"安东尼尼安努斯"－罗马帝国期间使用的硬币，译者注）在任何显示分析中都不可能被描述为银制品。皇室因此败诉，这些硬币归属拥有这片土地的公司所有。

其次，物品一定被藏在了某个私人的地方。无主财富是指那些被掩埋或隐藏起来的财产，这些财产的主人打算以后再来取回。仅仅是丢失了的东西也不能成为无主财富，刻意隐藏但又故意遗弃的东西也不能作为无主财富。当然，在过了几百年之后，人们不可能确定这些物品是被丢失了、遗弃了，还是暂时被藏了起来。为了协助裁决，法律可能会推测，除非举出反证，那些被藏在人们无法轻易找到的地方的物品是物主想要取回的：国王私人法律顾问驳大英博物馆［1903］2 Ch 598。这一退订显然有助于国王断言这些物品是无主财富。

图 9-2　米德尔赫姆挂件

在这类案件中引用的证据通常是不严密的。例如，在奥弗屯案中，狄龙法官注意到，如果他在金银财宝的金属成分问题上犯了错误，他就会认为这些硬币（以及装着它们的陶罐）是被藏起来了，而不是丢失的。实际上支持这一观点的唯一证据是土罐的存在，和它们当时所处的偏远的地理位置——"很难想象，如果哪个人不是想要把它们藏起来，竟会把这么大数量的硬币装在土罐里埋在这个偏远的地方，而不是埋在城里。"另外它们被埋在土地的浅层，普通的犁具就能刨出来。法官狄龙承认，"和以往的案子一样"，证据较弱，没有说服力。这样的结论很难符合相关的法律原则。

第三，正如我们所看到的，物品的所有权必须是未知的。如果原物主的继承人还能找到，根据我国的遗嘱或无遗嘱死亡法，财产会正常地移交给原拥有人，则王室得不到财产，而继承人有权享有财产。

　　　　　　　　　　　　　　　　　新博物馆学

无主财物的法律条文不仅适用于硬币或者货币，也同样适用于其他艺术品。例如，基蒂指的是"硬币、碟子或金条"；[28] 布莱克斯通[29] 和科克[30] 也是指的这个。这个观点看起来是正确的，认为该条文适用于所有指定的金属制品，不局限于硬币、碟子或者金条。这一观点似乎在最近的调查中得到了默许，（例如）金扣和银胸针被认定为无主财物。

无主财物法的漏洞[31]

这些都是实质性的。金银法律条文排除了王室获得的大量文物：铜铸币、青铜武器、石器和陶器工艺品、陶器、文献，玻璃器皿和人类遗迹，不一而足。非被遗弃物品的条文移除了无主的丧葬祭品（如萨顿胡宝藏）和仅仅是丢失而不是为了以后取回而存放的物品。后者的一个例子是米德尔汉姆吊坠，这是1986年在林肯郡米德尔汉姆发现的一件精致珠宝，后来以超过200万英镑的价格售出（见图9-2）。根据数百年前去世的原物主的假定意图进行物品所有权的分配，这是一条了不起的法律条文。

奖励机制也招致了诟病。文物审查委员会的做法是建议只奖励发现者（或他的地产）。这对土地所有者可能不公平，因为发现者在发现时可能已经入侵了土地所有者的土地。在这种情况下发现的非文物就属于土地所有者而非发现者：为什么当这些物品被认定是文物的时候，这笔财富所有权就转移了呢？

人们把无主财物作为文化遗产来保护，存在很多不足之处。这项条文并不是为了这个目的而设计的，而且已经变得越来越不能适应现代业余考古学家和商业考古学家的需要。令人欣慰的是，法律委员会最近的一份文件建议对文物保护这一一般性问题进行彻底的调查，[32] 但这些法律改革的落实，恐怕我们要等到本世纪末才能真正看到。

（ii）民法中关于发现人的定义

如果一件被发现的文物不符合无主财物的条件，它的所有权通常取决于一般法中定义的发现人。在实际情况中，违规移走该物品有时会招致刑事处罚，这种情况可能会触犯刑法：如参见，1973 年《沉船保护法》(the Protection of Wrecks Act)的 s.1(3)条款(该条款规定，干涉位于国务大臣划定的范围内的海洋沉船属违法行为)，以及 1979 年《古迹和考古区域法》(the Ancient Monuments and Archaeological Areas Act)的 s.42 条款(该条款对在指定受保护区域使用金属探测器做出限制，并规定未经授权从该地点移走具考古或历史价值的物品属违法行为)。但是，这些立法对所有权的实际归属问题没有立竿见影的影响，为此，我们必须再次求助于普通法。

物品的主人如果丢失了该物品，他们仍然是该物品的主人，如果该物品是在占有人的土地上发现的，他们总是可以(按照限制法案)从发现人或占有人手里找回该物品：如莫法特对决卡赞那个案子(编号：[1969]₂ WLR ₇₁)。然而，在真正的所有人没有出面索要其财产的情况下，通常的原则是，将该物品归为自己所有的发现人有权对除实物所有人以外的全世界的物品拥有所有权。因此，在阿莫瑞对决德拉米日耳(编号：[1721]₁ Stra ₅₀₅)一案中，一个扫烟囱的工人的男孩发现了一件首饰，该工人将该首饰送往珠宝商处估价，但该珠宝商却拒绝返还该物品。最后判定该男孩有权向该珠宝商索要该首饰(若有损坏可根据其价值向其索赔)。

然而，这一原则是基于这样一种假设，即发现人是第一个将该物品归为己有的人。如果是这样的话，在《温克菲尔德(*Winkfield* ，1902)》第 42 页中所阐述的旧原则：对占有的物品拥有所有权，他具有处置权，允许他在任何第三方闯入者面前捍卫自己的占有权。然而，在某些情况下，当发现人获得对该物品的控制权时，除发现人之外的其他人将已经获得该物品的更早或"间接"占有。在这种情况下，是另一方，而不是发现人，有权保留该物品，但原物主的所有权仍然存在。

关于授权本身

对于作为收购方的博物馆来说，这些原则的重要性怎么强调都不为过。除非博物馆确信提供文物的一方拥有有效的所有权(或代表真实的所有人行使权力），否则博物馆将被剥夺该财产或赔偿因将其转移产生的损失。因此，更令人遗憾的是，对已发现的文物的所有权的认定竟依赖于一套如此陈旧和矛盾的原则。让一家收购机构去执行这些关于文物和财产授权条文（这些条文已经纠结了法官好几个世纪）所要求的法律和事实调查是荒谬的。没有什么能比臭名昭著的德瑞那弗兰（Derrynaflan）[33]案件更能生动阐释这些复杂而又难以琢磨的原则了。在这起案例中，需要向爱尔兰上诉法庭提起诉讼，以澄清国家所有权对两个发现者所有权的有效性。

德瑞那弗兰案

这个案子比较复杂，在这里只能给出简单的分析。1980 年 2 月，韦伯父子在蒂珀雷里郡德瑞那弗兰教堂附近的土地上发现了一套精美的教会珍宝。当时，韦伯父子一直在用金属探测器，很明显，他们是在挖掘宝藏（这与他们来到这片土地的起因不同），违反了土地所有者的任何隐含许可。土地所有者是叫做奥利里和奥布莱恩的两位农民，不用说，他们根本没察觉到这些宝藏的存在。

这些文物包括一个银杯、银盘、铜盘架和一个有装饰的青铜滤勺（见图9-3）。它们的年代可以追溯到公元 9 世纪，韦伯父子将这批文物送到爱尔兰国家博物馆，双方协议，在确定其真正所有权之前，博物馆拥有它们的所有权。

虽然博物馆拥有这些物品，但博物馆还是与土地所有者取得了联系，同意以每件 2.5 万英镑的价格买下他们对这批藏品的全部权利。但是因为博物馆办事拖拉，韦伯父子不再想等下去了，他们最终起诉要求归还文物，于是，国内举行了第二轮争论。作为对这一要求的回应，国家首先主张，由于这些物品属于无主财物，它们的所有权属于国家，就像独立之前应该属于王权所有一样；其次，土地所有者的权利高于发现者，并随后让渡给了国家，因此，现在国家的利益是至高无上的，与宝藏作为无主财物的属性无关。

两种观点都被布雷尼法官在初审时驳回了。他认为，尽管无主财物条款是王室特权的一个方面，而王权并没有专门被写入新宪法，所以无主财物条款在爱尔兰没有任何意义，不能被用作国家收购的工具。此外，布雷尼法官认为，在韦伯父子将宝藏交给博物馆后不久，博物馆就给他们写了一封信，其中的条款相当于承认了博物馆将作为韦伯父子的受托人来保管宝藏。按照普通法，受托人不得否认其委托人的权利；换句话说，他不能以财产在他人手中而不是委托人手中而拒绝委托人要回物品的要求。[34] 所以，判决书中，博物馆理应将韦伯父子看做真正的所有者，不管宝藏是在哪里发现的，而且博物馆不能在事后以己方为立场声称拥有物品所有权。

国家成功地向法院上诉。首席大法官根据法院的大多数意见做出了判决。他认同，在向爱尔兰自由州过渡期间，宝藏的真实特权已不复存在。但是，由于爱尔兰是一个独立的主权国家，与无主财物同等的权利仍然存在。根据第 10 条，首席大法官认为，像德瑞南弗兰窖藏这样巨大的国有资产的所有权代表了一种出于公共利益而从宪法中衍生出来的必要含义：国家主权的内在属性。此外，这种固有权利的一个事件是，国家有能力奖励发现者的善行。在这里，韦伯父子是诚实地把文物带到博物馆的。他们的交易基于一个"潜在的假定"，即他们会得到"体面的对待"。在这种情况下，有理由奖励他们一共 5 万英镑，由他们平分。

图 9-3　德瑞那弗兰圣杯，都柏林爱尔兰国家博物馆

首席大法官还认为，博物馆接受宝藏交付依据的条款在法律上并不排除其以后由于奥利里和奥布莱恩的转让而主张其自身的优先权。从他的判决中可以得出三条推论。首先，韦伯交付保管权所依据的字面术语——"待确定的合法所有权"，并不等同于博物馆在韦伯一案中唯一承认所有权的承诺；相反，所有权的问题没有得到解决，结果，关于委托人排他性和不容置疑的所有权的通常隐含条款因特殊情况而被取代。其次，当受托人所有权在受托人自己手里（与所有权在第三方手里不同），受托人维护委托人的情况下，案子中受托人的传统禁止在任何情况下都不适用：当受托人获得了自己的所有权，委托也就结束，禁止反悔也随之终止。第三，土地所有人的所有权确实优于这里的发现者，因此，转让给博物馆后博物馆也得到了同样的优先权。宝藏埋在土地里这一事实赋予了土地所有人优先权，当韦伯父子拿走时，这一权利遭到了侵犯；韦伯父子是非法入侵者这一事实意味着，他们无权获得任何高于他们作为非法入侵者的权利，这与先前所有权无关。

沃尔什法官和麦卡锡法官对这其中一些问题表示了不同的见解，但是，在这次事件中，法庭一致同意将这批宝藏归国家所有。

然而，一致同意是一回事，法律上的明确性则完全是另一回事。一个国家对其文化遗产的权利竟然依赖于本案中所考察的那些深奥而复杂的问题，这似乎很不寻常。首席大法官的判决最后提出了一个重要的建议，即在不久的将来，应该通过立法来明确关于无主文物条文的爱尔兰版本。

发生在国外的交易

到目前为止，我们是假定每一件文物的所有权事件都发生在英国，因此该文物的所有权问题完全由英国法律管辖。但是，经常涉及外国法律的问题。例如，一幅画可能从英国的一家画廊里被盗并运往意大利，意大利法律有关被盗物品的所有权会比英国法律更偏袒无辜的购买人。这幅画可能是由一位善意的购买人在意大利购买的，在这种情况下，根据意大利法律，他可以拥有完全的所有权，但根据英国法律，这不会取

190

代原所有人的所有权。之后，该购买人可能会将这幅画带到英国，而原主在得知这幅画在其管辖范围内存在后，可以向法院起诉要求索回。这幅画的所有权该偏向谁？英国法院应该沿用哪一方的法律，英国的还是意大利的？

关于这些问题的立场是直截了当的。动产处置权的效力受处置权发生时该动产所在国度的法律管辖。所以，在这个例子中，如果该购买人根据意大利法律（交易发生时该幅画所处国的法律）被认为获得了画作的有效所有权，那么，英国法院也将承认并执行该所有权。这就是所谓的所在地法。

这一规则在斯莱德法官在对温克沃斯诉克利斯蒂·曼森和伍德兹有限公司（1980）一案做出的判决书中得以充分显现。当时，威廉·威伯福斯·温克沃斯拥有大量日本艺术品，收藏在其牛津郡的家中。这些艺术品被盗并转售到国外。其中一些艺术品在意大利被侯爵保罗·达·波佐买下，之后又转送至克利斯蒂艺术馆销售。温克沃斯起诉了克利斯蒂艺术馆和侯爵，要求归还艺术品，但却遭到辩护。根据意大利法律，侯爵作为一个善意买家，获得了高于原始所有人的有效所有权。斯莱德法官同意采用意大利法律，驳回了温克沃斯的起诉。无论温克沃斯拥有多么合法的原始所有权，如果物品当时所在国的法律允许将该物品的所有权转让给买方，那么物品原始所有权在后来的处置中就无法继续存在：

> 动产的特定转让的所有权效力完全由转让时该动产所在国家的法律管辖。如果动产被带到国外，并在当地法律充分规定的情况下转让给受让人，原始主人将被剥夺对其动产的所有权。外国所在地法承认的所有权可以推翻以前的和前后矛盾的所有权，无论它们是由什么法律确立的。[35]

191 　　法官斯莱德也认可该原则下 5 个例外情况的发生：动产取得人属于非善意行为的，不适用动产所在地法；或者外国法存在异议，其执行内容与英国公共政策相违背；或者在争议处理阶段，货物已在运输途中（或其所在地为临时性地点或未知）；或者一些域外法规要求在任何情况下依照英国法律执行；或案件涉及某些普通动产转让（如无遗嘱死亡或破产时发生的转让），而不是特定动产转让（如买卖）。

尽管存在这些例外情况，但显然，所在地法对所有文化财产所有人都有重大风险。他们的所有权可能会因为物品从他们的居住国被盗、随后被转卖给不知情的海外买主而丧失。近年来，博物馆、教堂和私人住宅的偷盗事件有所增加。在一些海外司法管辖区，曾多次出现原所有人因国外管辖权判定的交易而被剥夺所有权的情况，他们的法律对真正的购买者比我们的更仁慈。也许这些事件中最令人沮丧的一桩案件是一批木雕被盗，这些木雕的历史大约有 1500 年，来自萨福克郡斯托朗托夫特教区教堂。[36] 雕板描绘了耶稣受难记和地狱的苦难，在佛兰德斯雕成；它们是 19 世纪由一个当地家庭送给了教堂的。后来雕板被窃贼带到荷兰，最终卖给了荷兰的一位电视制片人。随后，斯托朗托夫特教区牧师向荷兰法院提起诉讼，但以败诉告终。荷兰买家显然是出于善意，在获得所有权方面满足荷兰法律的要求。而且由于荷兰为当时交易发生的雕板所在地，显然适用荷兰法律。因此，即使雕板在适当的时候被运回英国，英国的法院也无法判决其归还教堂。它们重返萨福克郡唯一的希望似乎是与现所有人协商回购，并承担由此产生的所有费用。

诸如此类的案件并不是英国文化财产所有人所特有的；当这些财产在外国非法出口时，所有权的丧失同样会发生。如果一尊雕塑在以色列的博物馆被盗，然后卖给了英国一个善意取得的买家，在这种情况下，根据英国法律，而不是以色列法律，会给买家一个新的有效所有权，英国法院将承认所有权的变更。

外国的国有所有权引发了一些不同的问题。如果一个外国主权国家立法所有领地内的考古发现国有化（例如），英国法院有可能执行法令，并判定剥夺前所有人的所有权：参见佩莉·奥尔加公主诉薇兹一案（编号：[1929]1 KB 718）。当立法力图影响外国管辖范围以外的财产时，就会出现问题；在这里，收购很可能失效，因为它构成了域外立法的无效尝试：参见意大利国王诉柯西玛·托尔纳昆西侯爵案，（编号：[1918] 34 TLR 623）。在最近涉及非法出口毛利人雕刻品的案件中，这种差别很明显。在新西兰司法部长诉奥尔蒂斯（编号：[1984] AC 41）一案中，诉讼纠纷物品是一扇罗汉松木制成的雕花门。这扇门原来是一位毛利族酋长的宝库入口的木门。木门 4 英尺宽 5 英尺高，由 5 块精雕细刻的嵌板组成。很久前在北岛的怀塔拉的沼泽中遗失，1972 年被重新发现。雕花门在新西兰非法出口，最终被送到伦敦卖给索斯比拍卖行。新西兰政府根据 1962 年《历史文物法》提起诉讼要求复效。通俗地说，这个新西兰法令声明在没有适当授权情况下从新西兰出口的历史文物将会被没收归皇室所有。然而，英国上议院坚持相关立法，不主张将此类文物所有权自动归属新西兰政府，而只是在这些物品非法出口后被扣押时，将其归为皇室财产。在没收这些物品之前，不存在立法中所使用的没收一词的意义；由于没有发生没收，皇室没有足够的财产或占有权来维持其要求。在任何情况下，英国法院都不会承认或强制执行争议时期的来自外国的对不在其领地的物品的财产所有权的诉求。

当然，其结果是新西兰没能重新获得它的大部分遗产。宣判结果发人深省，因为新西兰的法规与我们自己关于出口艺术品及同类物品的法律表述类似。看来，无论这项立法在其他方面如何有效，都不能援引它作为一旦发生非法出口后立即主张国家所有权的手段。

193　　然而，最近的一项裁决展示了一副稍显乐观的图景。在西班牙王国诉克利斯蒂·曼森及伍兹有限公司（编号：[1986]，3 A11 ER 28）一案中，戈雅的画作《圣克鲁兹的马克萨》(*La Marquesa de Santa Cruz*) 通过伪造出口文件被运出西班牙。西班牙王国要求英国大法官法院裁决这项出口属于非法行为，并公开表示，提出请愿的目的并不是要主张这幅画的任何独立所有权，而是要避免继续使用伪造的文件。法院认为，王国十分关注出口流程，这就能证明判决所寻求的补救方法是合理的。当然，由此产生的判决几乎肯定会压低这幅画的价格，从而有助于西班牙王国参与竞购(虽然法官谨慎地指出，他不认为这一结果是诉讼的主要目的)。与新西兰政府在奥尔蒂斯采取的策略相比，西班牙王国在非法出口问题上采取的策略显然更有可能导致争议物品最终归还给其母国。

保管、保存与展出

针对博物馆管辖范围内的文物，博物馆有义务安全保管，可以采用两大主要形式之一。首先，所有的博物馆都有责任保管借来展览或用于其他学术目的的物品。其次，国家博物馆或美术馆有责任保护和展出其自有的物品。

首要的职责是最重要的；它适用于范围更广的机构，也更容易执行。然而，即使在这种情况下，标准民事法律中，相比其他类型的借用人，博物馆借款的责任并不重大。原因可以在政府赔偿计划中找到。[37] 这项计划的目的是在文物损坏、毁坏或丢失的情况下，通过向文物的所有人或文物出借人提供公共资金赔偿，以促进博物馆和美术馆的借出。在适当的情况下，该类赔偿在适当的情况下，缓解了借用人兑付商业保险的需求，需要指出的是，如果借用人偏离了所有人在发放贷款时所施加的任何特定条件，则赔偿条款不影响所有人向借用人索赔的权利。此外，对于估值不超过 4000 英镑的物品，借用人需负责 100 英镑，对于价值超过 4000 英镑的物品，借用人需对前 100 英镑加上总价值的 1% 负责。赔偿生效的附加条款包括借用人接受艺术部部长根据国家安全顾问的建议规定的特殊保安措施，以及只在经过安全许可的地方展出有关物品。不在赔偿计划承担范围的风险包括：借用期内，借用人场地实际条件或自然条件不良；或所有人、出借方或其雇员蓄意损坏相关物品。在这种情况下，借用人违反任何保存或运输规定，部长有权依法追究或以所有人的名义与借用人庭外和解，借用人必须按照部长要求提供所有信息和协助。与此一致的是，部长明确保留向未遵守规定的担保条件的借用人追偿已支付的任何赔偿额的权利。

接下来会有不适用于赔偿计划的许多情形，或者是借用机构对借来的文物发生的损失有待根据交易条款和基本普通法来确定的情形。

194

借用人即受托人[38]

在纯粹的法律术语中，动产的借用人被描述为受托人：也就是说，当所有权仍在其他人（委托人）手中时，该物品的所有权已在一段有限的时间或目的内交付。在出借人不能从交付中获得任何利益的情况下，委托交易被称为一种通过交换基准的无偿交易。然而，如果出借人获得了某种互惠互利，无论这种互惠多么微小，这种保释就被描述为一种报酬保释，可能通过物品租赁的形式。

原则上，保释的确切特征不太可能影响借用人对该条款的义务。大多数现代政府都同意，要求所有的受托人——不管是无偿的还是有偿的——照顾好委托人的财产，就像处于他们这个位置的理性人在任何情况下都会做的那样。法官有时会以一个理性的人对自己的货物所采取的谨慎和技巧来表示这种义务；但显然，标准是由正常、谨慎的博物馆管理人员在与特定受托人相同的专业环境下的活动来设定的，而不是根据私人管家的标准。这一照管义务的执行伴随着一种不寻常的举证责任。一旦证明该物品在借用方占有期间已丢失、损坏或销毁，出借方无需提供进一步证据，以使其主张成功。基于此类事实证据，责任将转移至借用人方，再证明两种情况之一：要么其对争议物品确实做出适度的妥善保管，要么在其行使保管义务期间出现的任何失误并未导致实际已发生的丢失或损伤情况。若借用人无法用两种事实之一说服法院肯定其说法，借用人应对出借人损失负有责任。出借人需要提供借用人疏于保管的确实证据。

在这两个方面，受托人是负有法律责任的。妥善保管义务需其考虑相关物品的价值、易损性和可处置性，物品存放或展出地点附近的特殊问题，以及专门对付此类物品的专业窃贼的特殊手法。借用人必须采取合理的预防措施，为预防火灾、洪水、气候变化以及破坏财产及偷盗行为等情况提供前提保障，且必须在员工任职和管理上培养其照管意识。借用人必须确保其员工保持警惕，以防范不良事件发生；为了在事件发生后能尽可能快地发现事故，必须确认具备适当的检测系统。借用人的职责还包括采取合理措施解决非借用人方过错引起的不良事件：例如偷盗事件发生后通知警方或出借人，亦或是发生火灾或爆炸后启动保护措施等。在第三方提出对动产索赔时借用人还必须立即通知所有权人。

法院对受托人责任举证的第二个方面采取了同样严厉的态度。在"无因性"辩护的情况下，借用人仅举证导致事故发生的不利情况是不够的。借用人必须以任何方式展示确凿证据证明是意外事故，不是因其疏忽而加重后果。因此，若由于借用人未能启动夜间安保程序，导致租借画作被盗，不能单凭举证盗窃人熟练的盗窃手段、铤而走险闯进建筑物行窃的行为，来钻法规空子而洗脱责任。

借用人义务另外有两个方面值得特别注意，因两者均提议在特别情 196况下应执行比一般过失更为严格的法律责任。第一个问题可能是"入室"盗窃。任何情况下被委托的物品在某地被盗，受托人必须证明其个人已采取合理的预防措施，且证明并非因偷盗事件导致物品不见，或证明其任一委托保管义务的员工未与盗窃犯串通作案。[39] 法律责任存在于任一独立的责任个体，博物馆经营者可能不会疏忽员工的职业操守。因此若画作被盗，借用机构不能证明盗窃非保安人员或相关部门的管理者所为（即负责保管该特定物品的员工），借用人必须承担损失。

其次，受托人必须严格遵守出借人针对物品施加的所有明文限制。若违反对其合法拥有的任何基本限制，无论是否是因个人疏忽造成不良结果，作为承保人的借用人对任何随之而来的操作、丢失负有严格责任。[40] 若"背离"租借规定，借用人丧失其受托人身份，从而丧失了在得到合理关注后被免除责任的权利。

"背离"的常见形式包括未经授权的情况下将物品转借给另一个机构，或于未经同意的地点展出或存放物品。另一种"背离"形式是租借时限逾期后，借用人在未经授权的情况下扣留物品。

尽管现代权威并非该问题的决定性因素，但借用人常规保管职责并未扩展至要求其确保防止因受个人失职导致被委托物品出现意外的情况。[41] 担保义务似乎仅通过借用人的明示承诺而产生，而不是作为委托关系的默示条件。但是，要求担保的条款在出借的情况下很常见，但却不包括在政府赔偿计划之内，且其合同执行力通常似乎没什么难度。因对物品的占有权，借用人享有必要的可保权益。

考虑到博物馆和美术馆报告的偷盗案居多，令人惊讶的是，仅少数明确相关权限，指明借用机构保管职责的实质含义。作者仅跟踪了一起近期联邦机构案件，该案涉及美术馆对借用展览品的义务，因该美术馆为私人住宅的一部分，所以与典型案例有少许差别。

在贝尔诉泰恩茅斯[编号：〔1987〕39 DLR（4th）595]的案件中，不列颠哥伦比亚最高法院的帕里斯法官认为，美术馆业主对出借人的艺术品在一个周末从美术馆被盗负有责任。在此期间，美术馆所有权人玩忽职守，擅自离开美术馆，且窗户紧固零件无保障。法官对该人玩忽职守的说辞得到应证：管理人员向潜在客户发出过百封邀请函的行为属实，这些邀请函宣传了这些艺术品在美术馆内的存在。裁决或许与英国上诉法院在斯普利格斯诉索斯比·帕克·波纳（编号：[1986]278 EG 969)案的审理结果形成对比。后者案情涉及在索斯比观赏宝石时对某出席人放松了片刻警惕（导致原告钻石被盗）。该案被认定为被告作为受托人违反保管职责，但被告利用合同中的免责条款洗脱法律责任。

根据近期意外事件对文物造成的影响，此类原则就显得极其重要了。以下三个案例分别牵涉单纯损失、偷盗和故意损害。1987年10月，《星期日泰晤士报》报道英国博物馆和美术馆委员会发生威廉·沃尔顿爵士作品之伯沙撒王的盛宴乐谱遭受损失一事；理论上占有人应对该次损失负有责任，除非他们能援引时效期或能证明损失与他们的过失无关。1988年6月，期刊《私家侦探》报道的弗朗西斯·培根画作在西柏林由英国博物馆和美术馆委员会组织的展览会上被盗。画作价值75,000英镑，由政府赔偿计划赔偿。但据报道，财政部考虑向柏林国家美术馆索赔。博物馆和美术馆委员会报道称，1977年7月在国家美术馆对列奥纳多卡通的枪击事件引起了媒体对于国家博物馆和美术馆安全协议效力产生疑问；如果故意损坏的租借物品牵涉借贷，该问题可能变得更加棘手。由此而论，值得引起对国家博物馆安全顾问职能的关注。该职位自 1981 年设置以来一直存在，英国博物馆和美术馆委员会方面回应属实。"…出于对博物馆重大价值与重要性的考虑"，英国博物馆和美术馆委员会 1988 年报告中对安全顾问职责描述如下：

> 安全顾问对安保提供全方位的建议：他受邀参与新建筑、翻新建筑以及现存建筑的安保系统讨论；参加安保工作人员编制及部署检查工作，跟踪盗窃事件；监督安保工作人员参加培训课程、授课，每季度与安全官员会面；从国家收藏品借出物品，或物品被接收代替税收时，需视察博物馆接收场所；在物品借给境外机构时继续记录安全措施，视察巡回展览的主要地点。他还需要针对非国家博物馆的安保问题提供特别建议，与国内外警方保持联系。[43]

明确保存义务

借用人相关保管职责明确约束其在不良环境条件下主动曝光物品。可从老案件麦通诉科克（编号：[1739]2 Stra 1099）一案中找到明确的例证。该案例中画作的私人受托人将画作保存于潮湿的地下室造成画作损坏脱皮，该受托人应负有法律责任。当物品损伤继续恶化，需要借用人采取积极快速的保存措施，那么将有更多复杂的问题应运而生。比如：木乃伊可能会突然出现腐烂迹象，或手稿可能开始褪色等。在此类情况下，对借用人来说更重要的问题可能是其对相关物品行使（或使用）的紧急修复措施是否有权报销。

这个问题的法律解决办法是一个难题。至少在这种情形下，无法预先联系到出借人，借用人保护物品不受环境危害的行为明显有权获得相应赔偿，条件是保护行为是必要的，属于借用人日常保管职责内容：参考文森（编号：[1982] AC 939）案件。难点在于实际上不存在任何权力来规定受托人什么时候以保管职责来尽义务执行修复工作，另一方面，必要的修复行为超出了该义务的要求。此外，无论这种行为是多么无私，许多文化财产的贷方强烈反对借方机构未经授权的修复行为。当借用人得知出借人禁止其修复工作时，借用人显然会失去赔偿权；[44] 但在什么情况下才可以推断出这种禁令呢？

起点或许是确立原则，普通受托人对被委托物品因原有磨损和撕破的恶化不负有责任。应用这条原则，某文物借用人或能根据物品物理损伤随时间推移再无损坏为理由反驳，拒绝承担责任。但是，若损坏形式是借用人在认可物品的情况下暗中保护造成，或出借方在整个所有权期间（通过适当的管理技术）成功避免的，那么，这种论点就没有意义。换言之，只有磨损不是由于借用人未能谨慎地将财产保存在适当的自然环境条件下而发生的，才适用"磨损"抗辩。

可以肯定的是，当借用人采取行动保护物品不受环境危害过程中反而增加危险性，借用人应负有法律；借用人或许还会因应对突发性环境风险保护措施出错，该问题归于借用人单方面责任，或在保养工作属合理可行内容时，保持温度或湿度出现疏漏而承担责任。但突发性恶化，文物客体本身条件发生变化的定位就不太确定了。这里，相关标准可能是：（1）出借人合理理解借用人在接受交付时做出了什么承诺？（2）在同等情况下，胜任和妥善保管物品如何合理定义？

借用人处于两难的境地，其可能会决定更为谨慎行事，以完全避免补救工作。如果在保管期间从事了义务没有要求的工作，那么借用人将因此丧失赔偿权利，自己会为错误介入物品补救工作承担责任。此外，借用人将对物品保管期间任何人玩忽职守之行为承担责任，还可能为受托的独立合同人承担责任。另一方面，如果借用人在保管期间需执行补救工作时，又未执行相关工作的话，他将对结果恶化承担责任。借用人的处境有些尴尬，也反映出法律条文完善空间很大。只有两件事可以比较有把握地说出来：一是如果完全行得通，借用人在开始实施任何补救措施前必须获得出借人的授权，二是该类事件应通过签订出借条款，在物品交付之前更好地解决。

国家博物馆和美术馆

迄今为止，我们主要考虑的是具有法人资格的私人机构的职责。但对英国国家博物馆和美术馆也有不同的考虑。其中几个相关机构对展览其文物负有特定法律义务。[45] 在其他情况下，博物馆和美术馆委员会认为这属于隐含责任；事实上，委员会认为它应该体现出每间博物馆和美术馆的区别性特征之一，博物馆和美术馆应"展出其收藏以提供最广泛的公共利益"。[46]

这种义务在两个方面不同于私人博物馆或者美术馆的展品的地位。当然，第一点是按惯例，一家私人机构对属于它的文化财产不负有任何义务。如果这种机构不愿意展示文物，就不能强迫它展出，也不能对无意损坏文物的各种行为负责，则不能硬行展出文物（事实上作为普通法律的一个问题，似乎并不存在对故意损坏的约束力）。的确，一件物品偶尔可能会被留于值得信任的私人机构，或根据规定其展出或保存条文而被捐赠出去。然而，一般而言，保管和展出其所有文物是国家博物馆和美术馆特有的职责。

第二点是关于义务的执行。国家博物馆和美术馆的收藏品所有权属于每间机构的受托人。因此，受托人方有义务保管和维护收藏品，并允许公众访问，这一职能得到强化。尽管从理念上讲这种追索权是允许的，但针对受托人严重疏忽照管收藏品而引来偷盗或腐烂（例如）的损坏行为而提出赔偿的诉讼，可能是不现实的。还应牢记的是，这些法定义务的分量部分地取决于受托人为履行这些义务而获得的经济资源。然而，英国博物馆和美术馆委员会近期强调受托人最终是对法院负责，其1988年的报告中举了一个例子，1987年首席检察官向高级法院成功申请撤换亨利·瑞特林格遗赠的受托人（该人在梅登黑德拥有一家私人博物馆）。[47] 慈善事务署的行动代表了极端情况下的另一种可能。

没有任何纯粹的法律补救手段，对违约的受托人的最终官方制裁可能是扣缴该机构的机构补贴金。然而，正如英国博物馆和美术馆委员会报告观察得出，这样的反应将在很大程度上弄巧成拙。[48] 最近对私募基

201

金的倾向也可能会最终削弱这种处罚的效力。

然而，值得注意的是，国家博物馆或美术馆展出未能令公众满意的话，也会受到制裁。1988 年 5 月《泰晤士报》报道称，弗兰克·布朗温爵士（Sir Frank Brangwyn）的侄孙罗德尼·布朗温（Rodney Brangwyn）先生由于博物馆未能展出他叔叔捐赠的画作而改变了他之前捐赠更多画作的决定。布朗温先生指出，弗兰克爵士在过去 20 年内送出的画作中只有 10％ 最后展出，并且一副题为《鸟市》（*The Poulterer's Shop*）的画作由泰特美术馆于 1916 年获得，自 1939 年以来就没有展出过。布朗温先生的处境可以与丹尼斯·马洪爵士（Sir Denis Mahon）相提并论，《泰晤士报》在另一次报道中称，[49] 丹尼斯·马洪爵士因可能获得新的处置权而考虑撤销一项拟议中的遗产；布朗温先生似乎认为，出售捐赠的财产比无限期封存在库房中更可取。

处置权

幸运的是，文物处置权的的法律问题比收购相关问题要少。就私有财产法而言，试图处置一件文物的博物馆之处境明显与收购文物时的处境大体相反。博物馆必须谨慎地让渡它所拥有的或其他授权让渡的财产。例如，出售属于出借人的物品，博物馆对两方都有责任：对出借人而言，属于侵权转让他人财产；对购买人而言，违反了 1979 年颁布的《货物买卖法》第 s.12 条的规定，即卖方有权出售物品。仅在极少数情况下，博物馆才有权声称，它有能力授予购买方一个良好的所有权，即使它自身不拥有这样的所有权，这是"不能给付不属于自己的东西"的规则（拉丁原文：Nemo dat quod non habet，译者注）规定的法定例外。即使在这种情况下，博物馆也只（最多）能受保护免受买方诉讼；它仍然对被其转换财产的原出借人负责。

即使当博物馆对转让的动产享有充分所有权，但如果处置行为超出其管理文书或章程赋予博物馆的权力，它仍然违反了它对购买人的义务。因交易超出博物馆权限而导致购买人未能获得财产时，购买人有权根据《货物买卖法》第 s.12 条撤销交易，正如从一开始就不拥有财产的

202

博物馆购买方一样。因此处理机构必须仔细审查其处置权及动产所有权来源。

我将只在国家博物馆和美术馆的范围内考察处置权的问题。有两方面原因：至少在某些国家博物馆和美术馆方面，人们发现了对博物馆处置权最明确的法律定义；这个话题引起了一场激烈的公众辩论。

根据 1983 年的《国家遗产法》，[50] 如果四条标准满足其一，三大国家博物馆和美术馆的托管委员会有权处置其藏品中的任何物品。正在讨论中的新博物馆包括维多利亚博物馆、科学博物馆和皇家军械博物馆。处置该等物品所募得的款项只可用于购买其他相关收藏品；不能用于支付建筑费用或一般经营之用。在得到授权的情况下，可以通过出售、交换或赠与方式处置。四项标准如下：

（a）涉及物品是复制品。

（b）根据托管委员会的意见，该项目"不适合收藏，并可在不损害学生或其他公众人士利益的情况下进行处置"。

（c）物品将被移交给博物馆和美术馆，相关展馆时常被列入1954 年《国家美术馆和泰特美术馆法案》的一览表 I。

（d）托管委员会认为该物品已"因损坏、物理变质或破坏性生物体侵蚀，已无收藏性"。

依据 1963 年《大英博物馆法案》第 5(1) 和 (2) 节，大英博物馆享有类似（但不相同）的处置权。

艺术和图书馆办公室在其 1988 年 8 月发布的《咨询文件》[51] 中提请注意此类处置权的某些特征：他们是自由裁量而不是强制性的；处置权定义狭隘，主要（若有的话）目的不是为了筹集资金。处置有可能涉及资源问题。例如：释放存储空间或减少其他保管费用，但显然，基本判断是为了审美或学术，而不是为了管理或商业，如标准 (b)。

其他国家博物馆和美术馆享有的转让权似乎没有那么广泛。无论是华莱士收藏馆还是国家肖像美术馆的收藏，都不能随意转让。而国家美术馆和泰特美术馆也仅有相互转让其收藏品，或者转让给其他国家博物馆和美术馆的权力。

1987 年底，艺术部长宣布打算提出一项《博物馆和美术馆综合法案》，该法案将赋予国家美术馆、国家肖像美术馆和泰特美术馆处置不需要的物品的权力。这一公告引起了强烈的反应。国家美术馆的受托人主席给《泰晤士报》郑重撰文，[52] 宣称目前的受托人无意援引倡议的权力，也无意出售任何收藏的画作。据报道，丹尼斯·马洪爵士曾暗示，如果该法案生效，他将取消将 15 件作品赠送给国家美术馆的提议。[53]

艾利森·贝克特（Alison Beckett）和约翰·戴维森（John Davison）[54]在《泰晤士报》上发表文章指出，1954 年（当时美术馆的前身法令颁布），在经历了长达 18 个月的争议之后，给予国家美术馆类似权力的尝试被撤销了；他们的观点是，专家们继续认为这项建议是对未来遗产的一种威胁，也是一种使今后的行政当局能够顾及可出售物品而减少采购补贴的手段。最后，布瑞恩·休厄尔（Brian Sewell）在《泰晤士报》上发表了一篇名为《艺术负于贪婪》（*Art Outbid by Avarice*）的文章，[55] 他认为该法案是一枚"等待不太谨慎的受托人激活的定时炸弹"。他提出的意见是，

> 受托人……往往没有学术成就，也没有管理博物馆的经验。倘若他们把自己看成稳定现状的浮锚的话，那他们的无知可能并不重要。但如果相反，他们把自己看成是实施任何政府政策的企业管理者，他们可能会无视美学和智力上的考量，对国家遗产造成无法弥补的损失。

艺术和图书馆办公室已于 1988 年 8 月发布有关辩论的咨询文件。[56]文件提请考虑影响国家博物馆和美术馆的现有法规可能产生的一系列变化：比如，"复制品"一词用到维多利亚与阿尔伯特博物馆权限的标准

（a）中时，将"相似"或"等价"物品作为适当处置对象；或维多利亚与阿尔伯特博物馆权限的标准（b）中"不适合在收藏品中保留"一词延伸到包括仅仅是"对收藏品来说不是基本的"或"不是必需的"的物品。文件中提议各机构也许可以有权力处置小项目以"更新换代"更重要的物品，并且可能被授权将处置所得用于严格意义上的收购以外的目的：例如，为编目或保护，或为某些部长同意的更广泛的目标。还有一项建议是，现代美术馆或当代美术馆可能享有在规定时间后处置艺术品的权利，以保持其收藏的"移交"。

这份咨询文件的条款不明确、不公开。该委员会强调，以信托方式或有条件的方式捐赠的款项将继续保持完整性，并指出政府对任何个案处置水平的满意度不持有特别看法。此外，对于国家博物馆和美术馆应尽可能积极地继续提供贷款的原则，以及一系列关于如何缩小而不是扩大目前的维多利亚与阿尔伯特博物馆处置模式的建议：例如，为了允许公众做出陈述，要求事先通知其意图，或将处置限制在那些得到董事会和董事一致或绝大多数支持的情况下；或者强制处置机构先将物品提供给另一家国家博物馆和美术馆（或至少是其他博物馆和美术馆）。然而，对一些人来说，在一篇论文中，刻意避免宣布任何政府承诺为国家博物馆和美术馆提供足够公共资金，并讨论到上述提及三家美术馆的新企业地位，这些论点的出现可能并不太令人放心。

注 释

导言

1. 参见 Edward P. Alexander，*Museums in Motion*（Nashville，Tenn：American Association for State and Local History，1979），pp. 6－7.

2. 自 1929 年首次对英国各国家博物馆进行审查后，博物馆和美术馆委员会的一份新近特别报告使我们最重要的国家机关所面临的危机更加突出，且特别提出了更多知性探索（如学术和研究）的方法，进而使大众认为曾作为博物馆策展人重要工作的一部分日渐受到威胁。参见 *The National Museums and Galleries of the United Kingdom*（London：HMSO，1988），特别是第 5－6 页。其他诸多报告中，包括雷纳报告（Rayner Report）中，已经指明我们的国家博物馆中普遍出现缺乏明确政策和一致目标与理念的现象；就此而言，Rayner 对维多利亚与阿尔伯特博物馆以及伦敦科学博物馆提出了专门的批评。关于该报告所引发的讨论，参见 Gordon Burrett，*After Rayner*，in Neil Cossons，ed.，*The management of Change in Museums*（London：National Maritime Museum，1985），pp. 5－8。

3. 有关现代腔棘鱼的发现，参见 J. L. B. Smith，*Old Four-legs. The Story of the Coelacanth*（London：Longmans，Green，1956）；相关解剖，参见 Quentin Bone，Norman B. Marshall，*The Biology of*

Fishes（Glasgow：Blackie，1982），特别是第 218 页和图 10.7。

4. Robert Lumley，*The Museum Time Machine：Putting Cultures on Display*（London：Routledge/Comedia，1988）。

5. Brian Durrans，*Making Exhibitions of Ourselves*（London：Scolar Press，forthcoming）。

第一章　博物馆、艺术品及其意义

经两篇研究论文点化，促成本文成章。第一篇在由 David Lowenthal 教授和 Peter Burke 主持并在伦敦联合大学地质部组织的历史的作用研讨会上发表，题目为《*The Object as Evidence in Historical Reconstruction*》。第二篇首先面向埃塞克斯大学艺术史与艺术理论系美术馆的研究生发表，随后发表于维多利亚与阿尔伯特博物馆的博物馆培训计划。在当代语境下，笔者对于文物本质与意义的看法主要得益于：George Kubler，*The Shape of Time：Remarks on the History of Things*（New Haven，Conn.：Yale Univ. Press，1962）；I. Kopytoff，*The cultural biography of things：commoditization as process* in Arjun Appadurai，eds *The Social Life of Things：Commodities in Cultural Perspective*）（Cambridge Univ. Press，1986），pp. 64—90；Daniel Miller，Material Culture and Mass Consumption（Oxford：Blackwell，1987）.

1. 特雷德斯坎特（Tradescant）的收藏，参见 Arthur MacGregor，*Tradescant's Rarities：Essays on the Foundation of the Ashmolean Museum 1683 with a Catalogue of the Surviving Early Collections*（Oxford：Univ. Press，1983）以及 *The Cabinet of Curiosities in Seventeenth-Century Britain*' in Oliver Impey and Arthur MacGregor，eds.，*The Origins of Museums：The Cabinet of Curiosities in Sixteenth and Seventeenth Century Europe*（Oxford Univ. Press，1985），pp. 147—158.

注　释

2. Rawl. D. ，第 864 页，收藏于牛津博德利图书馆（Bodleian Library），引自 C. H. Josten，*Elias Ashmole*，1617－1692，4（Oxford Univ. Press，1967），pp. 1821－1822.

3. 关于近期一份单词的词源研究，参见 Michael Hunter，*A Note on Early English Usage of the Word "Museum*，in Impey and MacGregor，eds. ，*The Origins of Museums*)pp. 168.

4. W. S. Lewis，Warren Hunting Smith，and George L. Lam，eds. ，*Horace Walpole's Correspondence with Sir Horace Mann*，vol. XX (New Haven，Conn. ；Yale Univ. Press，1960），pp. 358－359. 大英博物馆的创建历史已在多篇记述中有所描述。参见 E. St. John Brooks，Sir Hans Sloane：*The Great Collector and His Circle*（London：Batchworth Press，1954）；J. Mordaunt Crook，*The British Museum*（London：Allen Lane，1972）；Edward Miller，*That Noble Cabinet*（London：Andre Deutsch，1973）；以及 Richard D. Altick，*The Shows of London*（Cambridge，Mass. ，and London：Harvard Univ. Press，1978），pp. 15－17，25－26.

5. 南肯辛顿博物馆的早期历史，参见 Trenchard Cox，'History of the Victoria and Albert Museum and the Development of its Collections'，*Proceedings of the Royal Institution*，37：167（London，1959），pp. 276－304；John Physick，*The Victoria and Albert Museum*：*The History of its Building*（London：Phaidon Christie's，1982）；and Charles Saumarez Smith，'The Philosophy of Museum Display-The Continuing Debate'，*The V & A Album*，5（London，1986），pp. 30－38. 通过与 Anthony Burton 的讨论，笔者对南肯辛顿博物馆早期历史的理解收获颇丰。

6. 参见 Henry Cole and Lyon Playfair，*First Report of the Department of Science and Art*，*January I*，1854 in *Cole Miscellanies*，9，National Art Library，Victoria and Albert Museum，pp. 187－188，

cit. Edward P. Alexander, *Museum Masters: Their Museums and Their Influence* (Nashville, Tenn.: American Association for State and Local History, 1983), pp. 159.

7. 参见 Moncure Conway, *Travels in South Kensington with notes on decorative art and architecture in England* (New York: Trübner & Co, 1882), pp. 56. 在印第安纳大学 Henry Glassie 教授的建议下，笔者研究了 Conway 的理念并受益匪浅。

8. 出处同上，第 33 页。

9.《维多利亚与阿尔伯特博物馆专辑》(V & A A. 10—1985)。雕像信息收录于 George Clarke, 'Grecian Taste and Gothic Virtue: Lord Cobham's gardening programme and its iconography', *Apollo*, XCVII (June 1973), pp. 566 — 571; S. Moore, 'Hail! Gods of our Forefathers', *Country Life*, 31 January 1985, pp. 250—251; John Kenworthy-Browne, 'Rysbrack's Saxon Deities', *Apollo*, CXXII (Sept. 1985), pp. 220—227.

10. 参见 Michael Thompson, *Rubbish Theory: The Creation and Destruction of Value* (Oxford Univ. Press, 1979); Kopytoff, *The Social Life of Things*, pp. 64—90.

11. 非常感谢 Kate Woodhead, *An archway from 33, Mark Lane*, V & A/RCA MA, 1987, unpublished, 以及就此与她进行的多次讨论。

12. Pollen 生平，参见 A. Pollen, *John Hungerford Pollen* 1820—1902 (London: John Murray, 1912).

13. Michael Darby 友善地将其初始状态告知笔者。

14. *The Panelled Rooms II. The Clifford's Inn Room*, Victoria and Albert Museum, Department of Woodwork (London, 1914), pp. 13—14.

15. 纽伦堡德国博物馆(the Germanisches Museum at Nuremberg)

显然是时尚的发源地。参见 Edward P. Alexander,'Artistic and His-
torical Period Rooms', *Curator*, VII: 4 \ 1964), pp. 263－281; E
. McClung Fleming,'The Period Room as a Curatorial Publication',
*AJUSCUI*11 *Neics*, June 1972, pp. 39－43; Dianne H. Pilgrim,"In-
herited from the Past: The American Period Room', *American Art
Journal*, 10: 3 (May 1978), pp. 4－23; Edward P. Alexander, *Muse-
ums in Motion: An Introduction to the History and Functions of Muse-
ums*(Nashville, Tenn.: American Association for State and Local His-
tory, 1979), p. 86; W. Seale, *Recreating the Historic House Interior*
(Nashville, Tenn.: American Association for State and Local History,
1979); M. L. Dakin,'Throwing out the period room', *History News*,
42: 5 (Sept. /Oct. 1987), pp. 13－17.

16. 该等争论经口头声明及基于众多委员会就该主题而开会研究的
经验重建。笔者特别感谢 Clive Wainwright 博士在解读制度背景方面提
供的帮助。

17. 对于展览方法的当前理念,特别是历史博物馆,参见
W. Leon,'A Broader Vision: exhibits that change the way visitors look
at the past' in J. Blatti, ed. , *Past Meets Present: Essays about Histor-
ical Interpretation and Public Audiences* (Washington, DC: Smithso-
nian, 1987), pp. 133－152.

18. 在 Thomas J. Schlereth 的学术研究中,对这种倾向有简洁的总
结和指导,参见 *Material Culture Studies in America* (Nashville,
Tenn.: American Association for State and Local History, 1982); Dan-
iel Miller, ed. ,'Things ain't what they used to be', RAIN (Royal An-
thropological Institute News), 59 (December 1983); G. W. Stocking,
ed. , *Objects and Others: Essays on Museums and Material Culture*
(Madison, Wis. : Univ. Wisconsin Press, 1985); Thomas J. Schlereth,
ed. , *Material Culture: A Research Guide* (Univ. Press Kansas, 1985);

and Robert Blair St George, *Material Life in America* 1600 — 1860 (Boston: Northeastern Univ. Press, 1988).

19. 参见 Claude Lévi-Strauss, 'The Place of Anthropology in the Social Sciences and the Problems Raised in Teaching It', in *Structural Anthropology*, trans. Claire Jacobson and Brooke Grundfest Schoepf (New York: Basic Books, 1963), p. 375.

第二章 知识的对象：博物馆的历史回顾

1. 参见 Robert Louis Stevenson, 'Happy Thought', *A Child's Garden of Verses* (Harmondsworth: Penguin, 1952), p. 42.

2. 参见 Sheila Alcock, ed. , *Museums and Galleries in Great Britain and Ireland* (East Grinstead: British Leisure Publications, 1988).

3. 除了文章后半部分引用的著作外，笔者也找到了如下有助于思考博物馆的内容：Philip Fisher, "The Future's Past', *New' Literary History*, 6 (1975), pp. 587—606; Susan Stewart, *On Longing: Narratives of the Miniature, the Gigantic, the Souvenir, the Collection* (Baltimore: Johns Hopkins Univ, Press, 1984); George W. Stocking, ed. , *Objects and Others: Essays on Museums and Material Culture* (Madison, Wis. : Univ. Wisconsin Press, 1985); Robert Harbison, *Eccentric Spaces* (London: André Deutsch, 1977), ch. 8.

4. 这种与口述历史的类比冲击了该联系。历史学家无法在表面上采取被告知的行动，因为记忆从来都不可调和。无关真实或虚假，即便无法严格地精确显示已被记住的事物，他们具有自己的价值，并能引发深刻见解。标准口述历史著作如：Paul Thompson, *The Voice of the Past. Oral History* (Oxford Univ. Press, 1978); for a recent exploration of the psychological complexity of these issues, see Karl Figlio, 'Oral History and the Unconscious', *History Workshop Journal*, 26 (1988), pp. 120—132.

5. 参见 Shelly Errington, 'Artefacts into Art' in Michael Lacey and Sally Kohlstedt, eds., *Collections and Culture: Museums and the Development of American Life and Thought* (forthcoming).

6. 博物馆意识形态职能作为"留给那些使用或穿透其社会最受崇拜的信仰与价值印记的方式",参见 Carol Duncan 和 Alan Wallach, 'The Universal Survey Museum', *Art History*, 3 (1980), pp. 448—469. 然而,他们只处理与国家有紧密联系的美术馆。有关科学和医学博物馆的文献出乎意料地少;相关篇目包括:Silvio Bedini, 'The Evolution of Science Museums', *Technology and Culture*, 6 (1965), pp. 1—29, 以及 Susan Sheets—Pyenson, 'Cathedrals of Science: The Development of Colonial Natural History Museums during the Late Nineteenth Century', *History of Science*, 25 (1987), pp. 279—300.

7. Alcock, ed., *Museums and Galleries*, p. 113.

8. Anthony Burton, *Bethnal Green Museum of Childhood* (London: 1986), pp. 5, 36.

9. 同上,第 9 页。

10. 同上,第 7 页。

11. 有关童年历史,参见 L. Pollock, *Forgotten Children: Parent Child Relations from* 1500 — 1900 (Cambridge Univ. Press, 1983); P. Ariès, *Centuries of Childhood* (Harmondsworth: Penguin, 1973) 以及 L. de Mause, ed., *The History of Childhood* (London: Souvenir Press, 1976). 应当指出的是,这些著作均引发了相当激烈的争议,且在童年历史这一问题上没有达成一致的观念。

12. 参见 Leonore Davidoff, Catherine Hall, *Family Fortunes. Men and Women of the English Middle Class*, 1780—1850 (London: Hutchinson, 1987)。这本书分析了历史背景,而且笔者相信该种博弈应置于该等历史背景下。

13. Marina Warner, *Monuments and Maidens. The Allegory of the*

Female Form (London: Weidenfeld & Nicolson, 1985).

14. 童工是一个艰难的话题，其能引发巨大的情绪化反应；尖锐的对立观点参见 R. M. Hartwell, 'Children as Slaves', *The Industrial Revolution and Economic Growth* (London: Methuen & Co, 1971), pp. 390 – 408, 以及 E. P. Thompson, *The Making of the English Working Class* (Harmondsworth: Penguin, 1968), ch. 10, pt. 4. 贝斯纳尔绿地(Bethnal Green)孩子们的着装，是对课堂沉默的最好表述。衣着上表现出的社会和价格差距并未提及。事实上，许多案例中明确包含了昂贵的、手工的或量身裁定的衣服。为否认社会以阶级划分现实，在给定的时间内(案例按期安排)暗示全部的孩子穿戴相同的衣服，且将积极乐观的态度培养为童年天真快乐的普遍心态。

15. 女性主义学者尤其关注科学，并将其作为征服自然的工具，参见 C. Merchant, *The Death of Nature. Wonlen, Ecology and the Scientific Revolution* (London: Wildwood House, 1982); Evelyn Fox Keller, *Reflections on Gender and Science* (New Haven, Conn.: Yale Univ. Press, 1985).

16. 笔者正在思考巴黎人类博物馆(Musée de l'Homme)中的"霍屯都的维纳斯"(Hottentot Venus)。

17. Duncan、Wallach, 'The Universal Survey Museum' and Donna Haraway, 'Teddy Bear Patriarchy: Taxidermy in the Garden of Eden, New York City, 1908 – 1936', *Social Text*, 11 (1984—1985), pp. 19–64.

18. 例如，在 Alcock 主编的 *Museums and Galleries* 中(第 3 – 4 页)刊登的布里斯托尔(Bristol)探索实践科学中心(The Exploratory Hands—on Science Centre)广告。

19. Althea, *Visiting a Museum* (Cambridge: Dinosaur, n. d.), p. 24.

20. 参见 Haraway, *Teddy Bear Patriarchy*; the phrase 'technol-

ogies of enforced meaning'is used on p. 30；在第 34、37、42 页均有对"现实主义"(realism)进行的讨论。

21. Dorinda Outram，*Georges Cuvier. Vocation*，*Science and Authority in Post Revolutionary France* (Manchester Univ. Press，1984)，pp. 176－177；Richard D. Altick，*The Shows of London* (Cambridge，Mass，and London：Harvard Univ. Press，1978).

22. 用蜡建模的历史尚未发现总体概念，但 E. J. Pyke，*A Biographical Dictionary of Wax Modellers* (Oxford：Oxford Univ. Press，1973)及其增订版(1981)则是非常有用的起点。

23. Cole 强调了酒精成本在解剖学博物馆的历史中所起的重要作用，许多博物馆不仅鼓励人们寻找"干燥"的替代品，而且以不同形式将蜡应用于实践，参见 F. J. Cole，*A History of Comparative Anatomy* (London：Macmillan & Co，1949)，ch. 8 and *ibid*，'History of Anatomical Museums' in *A Miscellany Presented to* J. M. *Mackay* (Liverpool：Constable & Co，and London Univ. Press，1914)，pp. 302－317.

24. B. Lanza *et al.*，*Le Cere Anatomiche della Specola* (Florence：Arnaud，1979).

25. Lawrence Stone，*The Family*，*Sex and Marriage in England*，1500－1800 (London，1977)，pl. 36.

26. A. Leslie and P. Chapman，*Madame Tussaud. Waxworker Extraordinary* (London：Hutchinson，1978). 颅相学家制作的活人面模和死亡面具也传达了积极和消极的道德教训，并体现了对严谨性的迫切要求；参见爱丁堡大学解剖学系收藏的展览目录 *Death Masks and Life Masks of the Famous and Infamous* (Edinburgh：Scotland's Cultural Heritage，Univ. Edinburgh Press，1988).

27. *Oxford Illustrated Dictionary* (Oxford Univ. Press，1975)，p. 306. 附加释义参见 Andre Lalande，*Vocabulaire Technique et Critique de la Philosophie*，I (Paris：Felix Alcan，1928)，p. 250，and E-

mile Litrre, *Dictionnaire de la Langue Francaise*, II (Paris: Hachette, 1878), p. 1653.

28. James Clifford, 'On Ethnographic Surrealism', *Comparative Studies in Society and History*, 23 (1981), pp. 539—564, quotation from p. 555; 参见 Errington, 'Artefacts into Art'.

29. Clifford, 'On Ethnographic Surrealism', Yve—Alain Bois, 'Kahnweiler's Lesson', *Representations*, 18 (1987), pp. 33—68.

30. Karl Marx, *Capital. A Critical Analysis of Capitalist Production*, vol. I (London: Lawrence & Wishart, 1974), p. 77.

31. Charles Rycroft, *A Critical Dictionary of Psychoanalysis* (Harmondsworth: Penguin, 1972), p. 51; Sigmund Freud, 'Fetishism' in *On Sexuality*, first published 1927 (Harmondsworth: Penguin, 1977), pp. 351—357.

32. Haraway, 'Teddy Bear Patriarchy', and Clifford, 'On Ethnographic Surrealism'

33. 该核心认识论颇为哗众取宠，其使感觉能力在学习和探索的阶段中史无前例地备受重视。感觉论者哲学和自然知识之间的联系众所周知，且在洛克和牛顿间的联系中有所体现。而在这一问题上非比寻常的倾斜，使其在视觉艺术中的重要性脱颖而出，参见 Michael Baxandall, *Patterns of Intention. On the Historical Explanation of Pictures* (New Haven, Conn. , and London: Yale Univ. Press, 1985), ch. 3.

34. V. Ebin and D. A. Swallow, '*The Proper Study of Mankind* …'—*Great Anthropological Collections in Cambridge* (Cambridge University Museum of Archaeology and Anthropology, 1984), p. 2.

第三章　沉默的对象

1. 本文部分是一篇会议论文的修订和新增版，这篇论文在一个主题为"为什么布展?"(Why Exhibitions?)的一日论坛上宣读过，论坛于1987年11月21日在伦敦维多利亚与阿尔伯特博物馆举行，获得艺术史协会博物馆和画廊小组委员会资助。笔者在此向 Philip Wright 致以真挚的谢意；他不但与笔者一同讨论了初稿内容，并十分热心地阅读并批注了本文。

2. "仍有过多展览(still too many exhibitions)"，参见 *Burlington Magazine*，cxxx：1018 (January 19 88)，p. 3.

3. Kenneth Hudson, *A Social History of Museums*(London：Macmillan，1975)，pp. 8－9.

4. G. Brown Goode, 'The Museums of the Future', *Annual Report to the Board of Regents of the Smithsonian Institution ...* (1891)；随后引用 R. S. Miles *et. al*，*The Design of Educational Exhibits*，2nd ed. (London：Unwin Hyman，1988)，p. 3. Colin Sorensen 对此处描述的对立观点也做了令人钦佩的精细区分，《主题公园和时光机》(*Theme Parks and Time Machines*)中，他指"有形词和辅助词，或者说，主要词和说明性事物"。

5. Eric Newton, *The Meaning of Beauty* (Harmondsworth：Penguin，1962)，p. 64.

6. 参见 *Going to Exhibitions*，2nd ed. (Stockholm：Riksutställningar，1980).

7. 现藏于维也纳奥地利科隆应用艺术博物馆图书馆(the Library of the Oesterreichisches Museum Für Angewandte Kunst)。

8. *Das Zeitalter Kaiser Franz Josephs*，1. Teil：*Von der Revolution zur Gründerzeit*，Bd. 2 (Karalog des Niederoesterreichischen Landesmuseums，Neue Folge Nr. 147，Vienna，1984)，p. 331 (cat. no. 17. 1).

9. 在准备举办于伦敦南岸中心的"维也纳十字路口"(Crossroads Vienna)的展览(展览时间：1988年11月至12月)时，笔者与FSCD的

Barry Mazur 进行了多次讨论，且在对展览设计师的作用进行自身思考时受益良多。他负责展示设计，并陪伴我前往维也纳检查展览所用材料，其观察力和建议不仅对展览本身，也对本文起到了不可估量的作用。

10. 为举办"堕落艺术"(Degenerate Art)展，笔者参阅了 Ian Dunlop 所著 *The Shock of the New'：Seven Historic Exhibitions of Modern Art* (London：Weidenfeld & Nicolson，1972)中大量相关章节。

11. 由 Hermann 张贴这幅海报，是为了该展览汉堡站的展出；参见 Frieder Mellinghof, *Kunst－Ereignisse. Plakate zu Kunst－Ausstellungen* (Dortmund，1978)，Abb. 59.

12. Dunlop 见前引文，第 252 页。

13. Cyril Connolly, 'Shivering the Timbers', *Sunday Times*，4 April 1971；Dunlop, *The Shock of the New'*, p. 255.

14. 引自 Paul Greenhalgh, *Ephemeral Vistas. The Expositions Universelles, Great Exhibitions and World's Fairs*，1851 － 1939 (Manchester Univ. Press，1988)，p. 19.

15. 同上，特别是第一章，第 3—26 页。

第四章　主题公园与时光机

1. Richard D. Altick, *The Shows of London* (Cambridge, Mass, and London：Harvard Univ. Press，1978).

2. Colin Amery and Dan Cruikshank, *The Rape of Britain* (London：Paul Elek，1975).

第五章　教育、娱乐与政治：国际大展的教训

1. Henry Mayhew, 'The Shilling People', quoted from Humphrey Jennings, ed. , 'Pandemonium' (London：André Deutsch，1985).

2. 同上。

3. Anon., 'The International Exhibition of 1861' (London: Journal for the Encouragement of Arts, Manufactures and Commerce, 1861). 该宣传小册未能刊登正确的展览日期。

4. Anon., 'Educational Advantages of the International Exhibition' (London: Sixpenny Magazine, 1862).

5. 1914 年前，定义或指南的标准（如国际展览构成有哪些）空缺。直到 1928 年《巴黎公约》(Paris Convention of 1928) 之后才制订。本文根据规模、国际合作及其设施方面的临时性选择活动。

6. J. Kinchin and P. Kinchin, 'Glasgow's Great Exhibitions' (Oxford: White Cockade Press, 1988).

7. 世界博览会委员会拥有大片土地，其上建有维多利亚与阿尔伯特博物馆、科学博物馆、国家历史博物馆和伦敦大学的邻接部分，延至阿尔伯特纪念碑。

8. Charles Lowe, 'Four National Exhibitions in London' (London, 1892). 。

9. 国际博览会官方指南 (Offical Guide, International Exhition)，南肯辛顿，1874。

10.《每日邮报》(Daily Mail)，1909 年 5 月 15 日。

11.《泰晤士报》(The Times)，1909 年 5 月 21 日。

12. 参见 'Utilitarianism' (London, 1861; reprint Open University Press, 1979).

13. Official Illustrated Catalogue of the Industrial Department, International Exhibition, 2 vols (London, 1862).

14. 引自 Richard Mandel, 'Paris 1900: The Great World's Fair' (Univ. Toronto Press, 1967).

15. Anon., 'Paris and its Exhibition', Pall Mall Gazette Extra, 26 July 1889.

16. G. A. Sala, 'Notes and Sketches on the Paris Exhibition' (Lon-

don，1868）.

17. Alex Thompson，from 'Dangle's Guide to Paris and its Exhibition'（London，1900）.

18. 参见 Patricia Mainardi，'Post-modern History at the Musée Gare d'Orsay'，*October* 41，Summer 1987.

19. 'Salvador Dali Retrospective'，Centre Georges Pompidou，Paris，1979.

第六章　论在新的国度生活

谨以此文向 Bill Allen 和 Patrick Wright 致敬，他们都从不同方面帮助修订了此文。

1. 参见 Stephen Bann，*The Clothing of Clio：A Study of the Representation of History in Nineteenth-Century Britain and France*（Cambridge Univ. Press，1984），pp. 77—92.

2. 参见 Kenneth Hudson，*Museums of Influence*（Cambridge Univ. Press，1987），pp. 21—22. 巴尔格雷夫的珍玩柜或博物馆的目录发表于 John Bargrave，*Pope Alexander the Seventh*（London：Camden Society，1867），pp. 114—140.

3. 参见 Stephen Bann，'Victor Hugo's Inkblots：Indeterminacy and Identification in the Representation of the Past'，*Stanford French Review*，13：1

4. 参见 Patrick Wright，*On Living in an Old Country：The National Past in Contemporary Britain*（London：Verso，1985）：an honorary adjunct to these essays is 'Rodinsky's Place'，*London Review of Books*，9：19，pp. 3—5.

5. Donald Horne，*The Lucky Country：Australia in the Sixties*（Harmondsworth：Penguin，1964），p. 217.

6. Donald Horne，*The Great Museum：The Re-presentation of*

注　释

211

History（London：Pluto Press，1984），p. 1.

7. David Lowenthal, review of Wright, *On Living in an Old Country*, *Journal of Historical Geography*，13：4，p. 440. Lowenthal 已就其对历史的态度撰写了一部极具吸引力的特辑 *The Past is a Foreign Country*（Cambridge Univ. Press，1985）. Riegl 的"年龄值"（age-value）概念，参见 Alois Riegl, 'The Modern Cult of Monuments：Its Character and Origin'，trans. K. W. Forster and D. Ghirardo，in *Oppositions*，25（New York：Rizzoli）.

8. 引自 Wright，*On Living in an Old Country*，p. 251.

9. 这些街道相互竞争以获得澳大利亚最具历史意义的街区荣誉，尤其是麦格理街（Macquarie Street），其已着手修缮早期殖民主义时期的建筑。当然，这些工作均与新南威尔士相关，因为新南威尔士的罪犯拓居地与这些早期建筑不可分割，而阿德莱德则由移民于稍晚时期建立。

10. 对于南澳大利亚大学来讲，这里是适于开设英国研究中心的地点。笔者应在此记录下该中心主任 Robert Dare 博士施于的恩惠。值本文主题之机会，Robert Dare 博士邀请笔者进行讲演。

11. 参见 Roland Barthes, 'Rhétorique de l'Image', *L 'Obvie et l'Obtus*（Paris：le Seuil，1982），trans. Stephen Heath，in *image-Music-Text*，new ed.（London：Fontana，1987）. 将标本展览考虑为照相写实主义（photographic realism）的前兆形式，参见 Bann，*The Clothing of Clio*，第 26 页及以下各行。值得注意的是，某些澳大利亚博物馆中的标本保存质量很高。然而在位于堪培拉的澳大利亚战争纪念馆中，摄影板却笨拙地点缀在制作精良的标本周围，这似乎暗示着标本所留下的尴尬印象通常是视觉效果。

12. 除了上述巴特文章外，也应当考虑将 *Dirty Gondola：The image of Italy in American advertisements*，*Word & Image*，1：4，第 330－350 页中的"意大利特色"（Italianicity）更广泛地加以运用。

13. 该信息显然只针对年轻人，且很难触及南澳大利亚的外国游客。事实上，南澳大利亚历史信托博物馆中心主要集中于当地人群，而非最有趣的事。

14. T. B. Macaulay, *History of England from the Accession of James the Second*, illus. and ed. C. H. Firth（London：Macmillan，1914），vol. III，p. 1187.

15. 利特尔科特传奇的特征为叙事歌谣，并组成了 *Rokeby* 第五篇第二十七首。Scott 的大量注释不但以"由一位朋友提供"的大厅开头，还讲述了一个耸人听闻的杀婴案故事，犯案人员为利特尔科特的主任 Darrell。"在向法官行贿后，他逃脱了法律的制裁。"而行贿行为使得 Popham 法官拥有了这份财产。参见 Walter Scott, *Rokeby：A Poem in Six Cantos*, 4th ed.（Edinburgh：Ballantyne，1814），pp. 225－226 and 400－404. 斯科特报告称，仍会向旅游者展示帷帐，并将其切断后重新缝合，这将有助于先一步发现罪犯。然而，这一细节不再是利特尔科特旅游的一部分。

16. Macaulay 作品，见前引文，第 1191 页。

17. 参见 Herbert Butterfield, *The Whig Interpretation of History*（London：Bell，1968）for the fallacy that 'Clio herself is on the side of the Whigs', p. 8.

18. Roland Barthes, 'The reality effect', trans. R. Carter, in Tzvetan Todorov, ed., *French Literary Theory Today*（Cambridge Univ. Press，1982）.

19. 参见 J. M. Cameron 在一次有关英国小说家与天主教欧洲传统间的关系而进行的调查中，将辉格式阐释描述为"智力衰弱"(intellectually debilitating)，且"在 1688 年的进程中见证了光辉历史"(sees glory in the proceedings of 1688)，并将内战矛盾降低至教派间的争论，参见 *20th Century Studies*，第 1 辑(1969 年 3 月)，第 87 页。

20. 对于内战中的相继定位总结以及十八世纪英国史学，参见

J. C. D. Clark, *Revolution and Rebellion*: *State and Society in England in the Seventeenth and Eighteenth Centuries* (Cambridge Univ. Press, 1986), pp. 1—5。

21. 该令人心动的演讲发表于一间装修精美的大礼堂内,成为了流传在英国大学(及学院)内的一段生动回忆。关于内战的辩论应走多远的普遍性问题,以及其他英国史学的中心问题,可向澳大利亚历史感观提交资料——高于学术水平——值得注意的是,Donald Horne 的观点是十分有趣。在战后时期前期,为了区分由悉尼和墨尔本代表的双方智力活动的"立场",他向后者建议道"帕特尼辩论需要阅读",而建议前者了解"柏拉图对苏格拉底审判的描述"。在墨尔本大学,他察觉"英国清教徒革命仍在抗争(若在社会方面)…"(*The Luck Country*, p. 208)。

22. 对于迪士尼主题公园的深刻分析,参见 Louis Marin, 'Disneyland: A Degenerate Utopia', in *Glyph*, 1(Baltimore: Johns Hopkins Univ. Press, 1977), pp. 50—66。在该背景下,针对利用家庭作为历史题材,Marin 有些有趣的事想要分享:"在这里,参观者成为了观众…坐在马戏团和移动舞台前,观赏一系列拍摄于 19 世纪、20 世纪初期、今天和明天的家庭生活画面。这是在不同历史时期拍摄的同一个家庭;而不再讲述自己故事的观众们却在聆听这个"永久"家庭的故事。历史被中和;只有与电力设备增加和人类环境(以餐具为主)的复杂度不断攀升有关时,这些场景才会有所变化(p. 63)。尽管叠加了壮丽的特点,其将成为"利特尔科特土地",传播与众不同的历史证据。

23. *Historic Houses, Castles and Gardens Open to the Public*, 1988 ed. , p. 38: entry on Littlecote. 24. William Frederick Yearnes 的著名作品,该作品描述了投身保皇党的男孩受到了清教徒的审问,参见 Roy Strong, *And when did you last see your father? —The Victorian Painter and British History* (London: Thames & Hudson, 1978), pp. 136—137. 作为家庭戏剧而处理的内战时期问题,随后将其自身推荐至众多历史小说家和电视制片人面前。

第七章　参观者在博物馆的体验

1. Pieter Pott 博士，荷兰莱顿民族学博物馆主任，将参观分为三个基本动机：审美动机——希望体验美；浪漫或消极避世动机——迫切需要短暂地离开日常世界；智力动机——希望满足对知识的某种渴求，转引自 Kenneth Hudson, *A Social History of Museums*: *What the Visitors Thought* (London: Macmillan, 1975), p. 74。

2. 在英国为公开成立的博物馆引入门票时，笔者并没有被由此引发的骚动说服。当然，确实需要免费进入博物馆，并且也可在观看戏剧或观赏音乐会时，同样免费入场。然而，但凡有人曾在西欧或美国游历，会发现那里的博物馆均收取入馆费，我们也很难证明这些国家的人，会比我们看起来更没有素养或反应迟钝。免费入馆的传统不再是从可能身怀负罪感的富有私人收藏家或从19世纪通过社会操控的市、镇公司处继承而来的惯常做法，其中无私慈善与社会中控制阶层的文化改教间的分界线难以明辨。正如数目众多的近期研究表明，目前进入博物馆最显著且有效的阻碍时阶层与文化而非金钱。

3. 参见 Appendix A in Hudson, *A Social History of Museums*.

4. Hudson, *A Social History of Museums*; Edward P. Alexander, *Museums in Motion*: *An Introduction to the History and Functions of Museums* (Nashville, Tenn.: American Association for State and Local History, 1979); Oliver Impey and Arthur Macfiregor, eds., *The Origins of MuseUl1lS*: *The Cabinet of Curiosities in Sixteenth and Seventeenth Century Europe* (Oxford Univ. Press, 1985); Kenneth Hudson, *Museums of Influence* (Cambridge Univ. Press, 1987); and not forgetting Geoffrey Lewis's contributions in the Museums Association's *Manual of Curatorship* (London: Butrerworth/Ma ，1984).

5. 最近，艺术品交易世界与博物馆的接触再次被提及，且双方毫无意外地恶语相向，参见来自于 Kenneth Hudson, *Museum News*

(Jan. 1988)，以及 Dr Celina Fox，*The Spectator*，4 June 1988 的文章。

6. 关于认证的艺术史专家和《杰作》(Masterpiece)首席销售商之间著名关系的具体细节，在 Colin Simpson，*The Partnership*（London：Routledge，1987)中有所表述。

7. ch. V1 of the first volume of Kenneth Clark's autobiography *Another Part of the Wood*（London：John Murray，1974)

8. 虽然 Timothy Clifford 的争论暗含双向讽刺，但曼城艺术画廊——其曾于 1978－1984 年在此担任主任一职 ——的出色的再装修和重新设计的悬挂摆设重现了维多利亚艺术画廊的原始风格（墙面漆有丰富的蓝色、红色或绿色，以衬托画作，并在房间内重新引进了装饰艺术和植物），进而创造了五十年代的完整白墙装饰并覆盖了 19 世纪的装饰，因此全部画作都悬于一条横梁之上，并被挂在平视的高度。然而，Clifford 的新作在爱丁堡国家美术馆强调，古文物研究显然推动了修复工作。尽管清晰的视觉冲击（对于今天非正统）在历史上起到了促进作用，他们不再为 20 世纪晚期的参观者阐明作品的意义，取而代之则是在五十年代的白墙上悬挂，且有时候，古董真伪的兴趣（小于）画作的情况也确实因墙壁上的堆叠而模糊化！

9. 作为博物馆艺术历史学家协会小组，为期一天的"为何布展？"会议于 1988 年 4 月启动，艺术历史学家和馆长间就谁来控制展览简介以及谁切实制定决策、谁举办何种展览等不同意见能更加明确地融合在一起。然而，在"进取的"策展人聘请"传统"艺术历史学家或与之相反的情况中，产生了分歧，或者馆长未能雇佣某一领域的专家（艺术历史学家）但却组织了该领域的室内展览（双方均认为在个人职业生涯中展览举办是极为重要的机遇）时，矛盾变得更加尖锐。

10. Hudson，*A Social History of Museums*，p. 6.

11. 参见前引文第 1 条。

12. Danielle Rice，'On the ethics of museum education'，*Museum News*，June 1987，pp. 13－19.

13. 在《来自帕特农神庙》一文中（该篇文章刊登于 *Broadcast televi-sion and the arts*，1984，pp. 27 - 28.），John Wyver 编写 Kenneth Clark 的电视系列剧 *Civilisation*："很大程度上来说，《文明》…分享了电影特征的方法：关注个体，情感压抑…以及叙事风格…但也需依赖于第四个关键元素：对于知识的实证主义概念。克拉克和他的（大多数）同事依靠某地、某幅油画或某幅壁画的直接经验获取知识。因此，可以利用熟悉的电影设备放映帕齐礼堂或卢浮宫、或沙特尔，并配以解说人的旁白，这类参与能暗示他可以通过观众延伸，直接进入文艺复兴时期的真实世界…"，"尽管该等风格具有诸多前因变量，却能通过承办宏大旅行以及随后在维多利亚中产阶级中盛行的组织化旅行和'魔法灯笼'幻灯片旅行，明确专注于 19 世纪启蒙运动概念。"…进一步说，Kenneth Clark 的知识不仅依赖于经验，也源自"自然（natural）"，即仅仅是参观大量地区的问题。若您也曾前往这些地区…那么您也将得出与克拉克勋爵完全一致的结论。"随后该系统中的知识将不成问题，且几乎不存在复杂性和矛盾性。并且知识必然不能被视为在或根据特定的政治或社会或理想框架中构建的建筑。"

14. 在泰特美术馆内收藏的英国藏品中，对于国家美术馆和伦敦国家肖像美术馆以及爱丁堡苏格兰国家肖像美术馆拥有最早的英国作品的事实没有可见或书面参考，或者说为什么只有极为少数的作品在 16、17 世纪的圣像破坏运动中幸存下来。

15. Bob Tyrrell, 'The leisure paradox', *Museums Journal*，87：4 (1987)，p. 207.

16. Judith Huggins Balfe 在 *Bring on the baby boomers: a new look at adult learning in museums* 一文关于纽约现代艺术博物馆美国自然历史博物馆的论述："…中产阶级的家庭收入为 5 万美元，70％的成年人大学毕业，而 40％毕业于研究院。在 MOMA，70％的人在大学期间选修过艺术史。"或 Nathalie Heinich, *The Pompidou Centre and its public: the limits of a utopian site, The Museum Time Machine:*

Putting Cultures on Display）（London：Routledge/Comedia，1988），pp. 202－203；"关于社会起源，我们通常面对受过高等教育的人群。超过半数的蓬皮杜参观者至少接受过三年的高等教育。大约三分之一的人已通过了学士学位考试或具有两年的高级普通教育或技术教育。只有15％的人没有获得学士学位，只有 3％为体力劳动者（其占 1982 年法国成年人总人口的 18％）。相比之下，几乎 30％为高管和教授（占人口的4.4％）。"亦参见 *BBC Survey on the Public for the Visual Arts*（1979 年2 月施行），1980 年出版。

17. Dr Lee Draper，'Partners in learning'，*Western Museums Conference Newsletter*，2（1987），选自博士论文 *Friendship and the Museum Experience* 且可在美国密歇根州安阿伯市大学微电影国际公司（University Microfilms International)查阅。

18. Huggins Balfe，见前引文，第 16 条。

19. 调查范围的有用指示及其一般结论请参见 Eilean Hooper-Greenhill，'Counting visitors or visitors who count？' in R. Lumley，ed.，*The Museum Time Machine*.

20. 转引自 Lee Draper and Eilean Hooper－Greenhill，'Staying away—why people choose not to visit museums'，*Museum News*，61：4（1983）.

21. 前文所引 Draper 作品第 17 条。

22. Hudson，*Museums of Influence*，p. 179.

23. Victor Middleton 携论文 *Visitor Expectations of Museums* 在苏格兰博物馆委员会 1984 年年度会议"博物馆服务大众"（Museums are for people)上作报告，（伦敦：皇家文书局出版，1985），第 17－25 页，他列举了十种期望，且任何一家博物馆都在其中能有所收获。

24. Robert L. Wolf，'Museums in their blackberry winter'，*Museum Studies Journal*，17（Fall 1987）；由 George MacDonald 博士（'The future of museums in the Global Village'，*Museum*，55，1987，p. 214））

做出回应:"根据来自于英属哥伦比亚大学的 Robert Kelly 博士所言,在信息社会中,人们从拥有的经验和掌控的信息而非他们所占有的财富对象中绘制各自状态。博物馆参观者的温和回应且参观质量展现了他们的信息,以及他们提供的(与他人分享的)成功经验。当层层剥离发出过去的博物馆财务货币价值信号时,新的参观者想要更多的'体验'展览,在该等展览中被展览的对象与观看者相距并不遥远。专业博物馆的激增可进行示范表演或者甚至与被展览的对象直接接触,例如儿童博物馆和露天博物馆。"

25. 前文所引 Rice 第 12 条。

26. 例如,蓬皮杜中心估计近期年度总参观量为 730 万人次,预示有将近 80 万独立参观者;即约为 1 名参观者参观 9 次:转引自 Heinich, in R. Lumley, ed. , *The Museum Time Machine*, p. 211.

27. 例如,在美国博物馆内再次发现了两项实例——各自领域的领导者们:亚利桑那州凤凰城赫德人类学与原始艺术博物馆(Heard Museum of Anthropology and Primitive Art),和纽约康宁玻璃中心。首先从其全部的参观者中穿过,但不能强迫他们观看一小段音频视频,且根据(南一西)印第安人的历史(该博物馆中已描绘了其物质文化),该音频视频设置了忧伤的音调。第二个问题,个人解释,向每位参观者或每个参观团分发传单,并在传单中制定出参观该中心三项主要内容所需的时间(三项主要内容分别为:参观康宁世界玻璃藏品、观察斯托本玻璃厂的运作以及在科技工业大厅体会实践),并提供一份该特设中心的清晰地图(并为囊括了该镇中其他的参观者可游玩的景点)。

28. 参见 Franz Schouten, 'Psychology and exhibit design: a note', *The International Journal of Museum Management and Curatorship*, 6 (September 1987), pp. 259—62.

29. 转引自 Christopher Zeuner 在 AIM 研讨(AIM Workshop)的评论 'The American way with visitors', *AIM Bulletin*, 11:2 (April 1988), p. 3.

30. Marie Hewitt, 'Developing strong evaluation efforts', *The Journal of Museum Education*: *Roundtable Reports*, 12:1, pp. 18—20.

31. Harvey Green, 斯特朗博物馆(Strong Museum)讲解副主席, 1988 年 1 月致笔者的一封信。

32. 参见第三部分: 参观者服务(Visitor Services), 特别是第 44—48 章(包含)。亦参见 R. S. Miles *et al.*, *The Design of Educational Exhibits* (London: Unwin Hyman, rev. *p/b* ed. , 1988).

33. Sherman Lee, *The Bulletin of the Cleveland Museum of Art*, LVII:6 (June 1970), p. 164 (kindly supplied by William Talbot, Assistant Director for Administration at the Cleveland Museum).

34. 例如, Bloomsbury 绘画可被设置在"其自身的情境中(in its own context)"(欧米茄工坊(Omega Workshops)、布鲁姆斯伯里家庭和资助人等的装饰艺术): 在我们的帝国的制高点, 作为"先锋"与处于高品位的爱德华时代(High Edwardian Taste)的平庸艺术家形成对比; 与当代欧洲先锋(野兽派画家、印象派画家、立体派艺术家)的工作相比, 更加"谨慎和中庸(timid and electic)"; "基于传统工作室(traditionally studio—based)"与那时候在英国出现的当代政治和社会问题对比, 以及与第一次世界大战前众多其他欧洲国家的未来主义的影响对比。或某一具体历史时期的艺术——如在荷兰 17 世纪早期——可在其原专员或收购者的价值情境中设置, 作为其品味、社会地位和富有程度的体现; 可在当时流行的古董品味或自然历史兴趣及研究, 与新世界和东方进行的贸易往来的情境中设置; 或在同时发生的具有毁灭性的三十年战争中神学、道德、世俗价值和宗教信仰的情境内, 等等。

35. Gayle Kavanagh, 'Ah, yes, but … a few thoughts on the objects vs. people debate', *Social History Curator Group News*, 16 (1987), p. 7.

36. Hewitt, 见前引文, 第 30 页。

37. Hudson，《有影响力的博物馆》(*Museums of Influence*)，第173页。

38. 在如此简短的说明中挑选出一些创新博物馆并不公平，且如有疏漏，则轻视其他同样值得认可的博物馆，但在过去约十年内，亚伯丁艺术画廊(Aberdeen Art Gallery)的展览和活动计划，南安普顿艺术画廊(Southampton Art Gallery)的教育和收藏实践，诺威奇(Norwich)塞恩斯伯里中心(Sainsbury Centre)的永久藏品展览(且与上文第8处提及的曼城艺术画廊(Manchester City Art Gallery)有着鲜明的对比)，以及位于布拉德福德(Bradford)的卡特赖特·霍尔美术馆(Cartwright Hall Art Gallery)的多民族项目，均已超出当前美术馆和博物馆实践的风险范围。

第八章　作为一种文化现象的博物馆参观

本文呈现的研究是于1988年提交至剑桥大学的博士论文的一部分。笔者十分感谢英国国家学术院、圣约翰大学、HBMC 和 Cole Trust，感谢他们提供经费。此外，笔者向笔者的导师们：Cathie Marsh 和之后的 Kate Pretty 致谢，感谢他们的建议和鼓励。伦敦博物馆允许我休假以完成本论文。在此，也向 Ian Hodder 和 Colin Renfrew 致以特别感谢，并感谢 Cathie Marsh、Eilean Hooper-Greenhill 和 Fred Baker 对本文初稿的评论。

1. Eilean Hooper-Greenhill, 'Counting visitors, or visitors who count?', in Robert Lumley, ed. , *The Museum Time Machine* (London: Routledge/Comedia, 1988), pp. 213—32.

2. 该调查采用的美国邮寄调查技术，被称作"总设计方法"，且该方法依赖于个性化和后续行动，以最大限度获取回复。问卷调查起先采用非结构式访谈，通过初步调查进行检测，随后在英国选民登记系统中随机选择1500名成年人作为样本分发问卷。该问卷调查的回复率达到66%，且限定了非应答者的特征后，该结果可模拟总人口的样本代表性。利用 SPSS-X 数据分析包对该调查进行分析。采用标准的解释变量，如年龄、教育背景。"地位"为复合变量，建立在有关房屋使用、车辆拥有和教育等问题的答案基础之上。由于社会地位较低的长者间年里和地位的相互作用，低于 60 岁的低社会地位答题者与年龄高于 60 岁的低社会地位答题者相分离。此处呈现的全部结果均在 p=.05 的水平上统计显著；"N"是样本规模；且全部数据均四舍五入至最近一个百分点。

3. Nick Merriman, 'The social rôle of museum and heritage visiting', in S. Pearce, ed., *Museum Studies in Material Culture* (Leicester Univ. Press, 1989), pp. 153-171.

4. Nick Merriman, 'The role of the past in contemporary society, with special reference to archaeology and museums', unpublished Ph. D. thesis, University of Cambridge, 1988. (更正：Nick Merriman, 'The social basis of museum and heritage visiting' in S. M. Pearce (ed.), *Museum Studies in Material Culture*, Leicester: Leicester University Press, 1988b—译者注)

5. Robert Hewison, *The Heritage Industry* (London: Methuen, 1987).

6. Merriman 作品，见前引文，第 3 条，第 155 页。

7. Brian Dixon, Alice E. Courtney and Robert H. Bailey, *The Museum and the Canadian Public* (Toronto: Culturcan Publications, 1974).

8. Marilyn G. Hood, 'Staying away—why people choose not to visit museums', *Museum News*, 61: 4 (1983), pp. 50-57.

9. David Prince and Bernadette Higgins-McLoughlin, *Museums UK: The Findings of the Museums Data Base Project* (London: Museums Association, 1987).

10. Henry Sears, 'Visitor characteristics and behaviour', in

B. Lord and G. Lord. , eds, *Planning Our Museums* (Ottawa: National Museums of Canada, 1983), pp. 33—44.

11. English Tourist Board, *Survey of Visits to Tourist Attractions* (London: ETB, 1983).

12. Merriman 作品，见前引文，第 3 条，第 160—161 页。

13. Merriman 作品，见前引文，第 4 条。

14. David Prince, 'Behavioural consistency and visitor attraction', *International Journal of Museum Management and Curatorship*, 2 (1983), pp. 235—247.

15. Merriman 作品，见前引文，第 3 条，第 157—161 页。

16. Merriman 作品，见前引文，第 3 条，第 157—161 页。

17. Merriman 作品，见前引文，第 4 条，第 173—174 页。

18. Robert Hewison, *The Heritage Industry* (London: Methuen, 1987) and Patrick Wright, *On Living in an Old Country* (London: Verso, 1985).

19. Marilyn Hood, 'Adult Attitudes Towards Leisure Choices in Relation to Museum Participation', unpublished Ph. D. dissertation, Ohio State University, 1981; *Op. cit.* , n. 8, pp. 50—57.

20. Hooper-Greenhill 见前引文，第 1 条。

21. David Prince, 'Countryside interpretation: a cognitive evaluation', *Museums Journal*, 82 (1982), pp. 165—170; 'Behavioural consistency and visitor attraction', *International Journal of Museum Management and Curatorship*, 2 (1983), pp. 235—247; 'The museum as dreamland', *International Journal of Museum Management and Curatorship*, 4 (1985), pp. 243—250.

22. Prince, 1983 年著作，见前引文，第 21 条，第 242 页.

23. David Prince, 'Museum visiting and unemployment', *Museums Journal*, 85 (1985), p. 86.

24. David Prince and Tim Schadla-Hall，'The image of the muse-um：a case-study of Kingston-upon-Hull'，*Museums Journal*，85 (1985)，p. 40.

25. Prince 作品，1983，见前引文，第 21 条，第 242 页。

26. Pierre Bourdieu，*Distinction* (London：Routledge，1984).

27. Pierre Bourdieu，*Outline of a Theory of Practice* (Cambridge Univ. Press，1977).

28. Pierre Bourdieu and J.—C. Passeron，*Reproduction in Educa-tion*，*Society and Culture* (London：Sage，1977)，pp. 35—41.

29. Bourdieu 和 Passeron 作品，见前引文，第 28 条，第 73 页。

30. Pierre Bourdieu and Alain Darbel，*L'amour de l'art：les musées et leur public* (Paris：Editions de Minuit，1966)；*L'amour de l'art：les musées européens et leur public*，deuxième edition revue et augrnentée (Paris：Editions de Minuit，1969).

31. Bourdieu and Darbel 作品，1969，见前引文，第 30 条，第 35 页。

32. Bourdieu and Passeron 作品，见前引文，第 28 条，第 43 页。

33. Bourdieu and Darbel 作品，1969，见前引文，第 30 条，第 71 页。

34. Bourdieu and Darbel 作品，1969，见前引文，第 30 条，第 62—66 页。

35. Bourdieu and Darbel 作品，1969，见前引文，第 30 条，第 165 页。

36. Patrick Heady，*Visiting Museums. A report of a survey of vis-itors to the Victoria and Albert*，*Science and National Railway Muse-ums for the Office of Arts and Libraries* (London：Office of Population and Census Surveys，1984)；Rudolf Klein，'Who goes to museums?'，*Illustrated London News*，April 1974，pp. 27—29.

37. Robert Kelly, *Leisure* (London: Prentice-Hall, 1982); *Leisure Identities and Interactions* (London: Allen & Unwin, 1983).

38. Robert Kelly 作品，1983，见前引文，第 37 条，第 35 页。

39. Robert Kelly 作品，1982，见前引文，第 37 条，第 172 页。

40. Robert Kelly 作品，1983，见前引文，第 37 条，第 46 页。

41. 参见 Kenneth Hudson, *A Social History of Museums* (London: Macmillan, 1975)，查询早期博物馆参观者反应的例子。

42. T. Greenwood, *Museums and Art Galleries* (London: Simpkin Marshall, 1888).

43. Augustus H. L. F. Pitt Rivers, 'Typological museums, as exemplified by the Pitt Rivers Museum at Oxford, and his provincial museum at Farnham, Dorset', *Journal of the Royal Society of Arts*, 40 (1891), pp. 115-122.

44. 根据 David Prince 、Bernadette Higgins-Mcloughlin, *Museums UK: The Findings of the Museums Data Base Project* (London: Museums Association, 1987)中标出的图 2.3 进行计算。

45. David Prince, 1983, 见前引文，第 21 条。

46. E. Cumming and W. Henry, *Growing Old* (New York: Basic Books, 1961).

47. Kenneth Roberts, *Leisure*, 2nd ed. (Harlow: Longman, 1981), p. 79. 然而，提前退休的增长趋势可能带来范围更广的"返聘"。五十多岁或六十岁出头的退休人员人数不断增长，他们或许可以利用退休的闲暇时光重新受雇于博物馆活动，如参观博物馆。

48. Bourdieu 作品，见前引文，第 26 条，第 27 页。

49. 通过对过去 10-15 年的《Social Trends》(Central Statistical Office)摘要审查得以显示。

50. 参见 Dean MacCannell, *The Tourist: A New Theory of the Leisure Class* (New York: Schocken Books, 1976)或 Michael Bommes

and Patrick Wright，'"Charms of residence"：the public and the past'，in Centre for Contemporary Cultural Studies，ed.，*Making Histories：Studies in History-Writing and Politics* （London：Hutchinson，1982），pp. 253—301.

51. 二十世纪六十年代博物馆教育服务的扩建得益于罗斯报告（Rosse Report），其也对博物馆面向更多大众开发的变化做出了贡献（E . Hooper—Greenhill 私人通信）。

52. Hewison 作品，见前引文，第 18 条。

53. 参见 J. Goldthorpe，D. Lockwood，F. Bechhofer and J. Platt，*The Affluent Worker in the Class Structure* （Cambridge Univ. Press，1969），or F. Hirsch，*The Social Limits to Growth* （London：Routledge，1977）.

54. Goldthorpe 等，见前引文，第 53 条，第 121 页。

第九章　博物馆与文化财产

1. 参见 1988 年 8 月 20 日《泰晤士报》的报告。其中，数据由博物馆协会（Museums Association）于"博物馆年"1989 年 1 月得出。

2. 参见 1988 年 8 月 28 日《星期日泰晤士报》（*Sunday Times*），*Call to halt trade in stolen treasure*。

3. 参见 Norwegian Cultural Heritage Act）（no. 50）或 Australian Protection of Movable Cultural Heritage Act（no. 11）。在后者的序文中称，该法案不仅仅用于保护澳大利亚自己的可移动文化遗产，也支持"外国可移动文化遗产的保护"

4. *Parker v British Airways Board* ［1982］QB444。

5. Kowal v Ellis［1977］76DLR(3d)546。

6. 第 4774(1971)号令

7. *Winkworth v Christie Manson & Woods Ltd*．［1980］1 A11 ER 1121。

8. Cammell V Sewell(1860) 5H&N 728。

9. Princess Paley Olga v Weisz [1929] 1 KB 718

10. 1988 年 8 月。

11. *Management of the Collections of the English National Museums and Galleries*，23 March 1988，paras. 4.1—4.11.

12. *The National Museums*，6 April 1988，多处。

13. 参见 *Powers of Disposal from Museum and Gallery Collections*，收录于由艺术与博物馆办公室(Office of Arts and Libraries)签发的咨询文件。

14. 参见就这一问题的进一步提案，该提案由 Philip Goodheart MP 爵士在 *Bow Group Research paper* 的 1988 年第 7 期中提出，收录于 *The Nation's Treasures*，并于 1964 年达成协议，博物馆职员享受国家公务员的待遇应被取消，且"收购政策应成为国家收藏托管人的唯一财政责任"，同上。对于当前本地博物馆所面临的压力，参见博物馆协会的文章 *Answering the Challenge*(1988)，刊登于 1988 年 9 月 14 日《泰晤士报》。

15. 见前引文，第 10 条，第 11 段。

16. 见前引文，第 10 条，第 10 段。

17. 见前引文，第 10 条，第 10 段。

18. 商品销售法案(Sale of Goods Act)，s. 21(I)。

19. 参见一般侵权行为(商品干扰)法案 1977，S.3。

20. *Moorgate Mercantile Co. Ltd v Twitchings* [1977] AC 890。

21.《侵权行为(商品干扰)法案》(Torts (Interference with Goods) Act)1977，S.3。

22. 更多参见下述第 23 条。

23. 然而，对于善意第三人取得所有权不完整的物品，有两条可以缓解该善意第三人不得对抗原所有人这一规则。第一条以若干法定例外为准：凡有形动产之买方可能成为其合法拥有人，即使试图出卖该等有形动产之人士不具备该等所有权。该等例外主要包含在 1979 年货物买卖法（Sale of Goods ACT 1979）之章节 21－5 及 1889 年代销法案（Factors Act 1889）之第 2 章节。第二条即为未能获得许诺货物所有权的让受方有权要求供应方赔偿。至少该做法的立场是倾向于让他采用意图销售或交易的形式：特别参见 1979 年货物买卖法（Sale of Goods ACT 1979）第 12 章节（买卖合同案例）以及 1982 年货物与服务提供法（Supply of Goods and Services Act 1982）（交易合同案例）。

24. *Rowland v Divall*〔1923〕2 KB 500

25. 货物买卖法（SGA）53（I）。

26. 帕尔默（Palmer）（1981）44 MLR 178。

27. 如塞特福德宝库（Thetford hoard）案例中所述。

28. *Prerogatives of the Crown*，p. 152.

29. BL Com（第 14 版）295。

30. Co Inst I32

31. Palmer（1981）44 MLR 178。

32. Treasure Trove in Law Reform Issues（September 1987），paras. 12，13.

33. *Webb v Ireland*（1987），未报告，12 月 16 日。

34. Palmer，*Bailment*（Law Book Co. of Australasia，1979），ch. 3.

35.〔1980〕1 A$_{11}$ ER $_{1121}$，p. 1135 页.

36. 参见《泰晤士报》（*The Times*）1987 年 1 月 20 日；1988 年 8 月 2 日。

37. 根据 1980 年《国家文化遗产法令》（*National Heritage Act*）条款 4(1)颁布。具体参见博物馆与美术馆委员会出版发行的《标准条款》（*Standard Conditions*）。

38. Palmer 作品，见前引文，第 34 条，第 9、13、19 章。

39. Morris v C. W. Martin & Sons Ltd (1966) 1 QB 716。

40. Shaw & Co. v Symmonds & Sons〔1917〕1 KB 799；Mitchell

新博物馆学

V Ealing LBC〔1978〕2 WLR 99。

41. Mason v Morrow's Moving & Storage Ltd.〔1978〕4 WWR 5 34.

42. 见前引文，第12条，第33—34页。

43. 同上。

44. 应当注意的是，当今贷款协议主要防止借款人承担在向所有人报告前对借贷物资进行修复与修缮的大部分风险。

45. 例如，遵从1963英国博物馆法案，ss.3(1),3(3)。

46. 见前引文，第12条，第5页。并参见第7—9页。

47. 见前引文，第12条，第17页。

48. 见前引文，第12条，第19页。

49. 参见下述第52。

50. Ss.6 维多利亚与阿尔伯特博物馆，14科学博物馆，皇家军械博物馆。

51. 第20—22段。

52. 1987年10月16日《泰晤士报》。

53. 1988年5月13日和8月10日《泰晤士报》。

54. 1988年9月8日《泰晤士报》

55. 1987年11月21日《泰晤士报》

56. *Powers of Disposal from Museum and Gallery Collections* (1988); and see further Bow Group Research Paper no. 5 (1988)，*The Nation's Treasures* by Sir Philip Goodhart MP.

精选文献①

以下列出的参考文献只是众多有关博物馆学的一部分书目，大多数探讨相关领域的书籍和选集都包括在内。列出的许多书籍都标注了延伸阅读文献以备后期查阅；更为细致的备注，尤其是期刊文献和报纸文章、专业杂志以及同类书籍也在各章相关注释中列出。

Alcock，Sheila，ed.，*Museullsand Galleries in Great Britain and Ireland*，East Grinstead：British Leisure Publications，1988.

Alexander，Edward P.，*Museums in Motion：An Introduction to the History and Functions of Museums*，Nashville，Tenn.：American Association for State and Local History，1979.

——*Museum Masters. Their Museullzsand their Influence*，Nashville，Tenn.：AmericanAssociation for State and Local History，1983.

Altick，Richard D.，*The Shouls of London*，Cambridge，Mass.，and London：HarvardUniv. Press，1978.

The American Museullz Experience：In Search of Excellence，Edinburgh：Scottish Museums Council，1986.

Bann，Stephen，*The Clothing of Clio：A Study of the Representation of History in Nineteenth-Century Britain and France*，Cam-

---

① 精选文献为原书第 223—224 页内容，不做修改。——编者注

bridge University Press, 1984.

Bellow, Corinne, ed. , *Public View'. The ICOM Handbook of Museullz Public Relations*, Paris: ICOM, 1986.

Bourdieu, Pierre, "The Aristocracy of Culture", *Media*, *Culture and Society*, 2, 1985.

Chamberlin, Russell, *Loot. The Heritage of Plunder*, London: Thames & Hudson, 1983.

Communicatingicith the Museullz Visitor. Guidelines for Planning, Toronto: Royal Ontario Museum, 1976.

Cossons, Neil, ed. , *The Management of Change in Museullls*, London: National Maritime Museum, 1985.

Duncan, Carol, and Wallach, Alan, "The Universal Survey Museum", *Art History*, 3: 4, December 1980.

Dunlop, Ian, *The Shock of the New: Seven Historic Exhibitions of Modern Art*, London: Weidenfeld & Nicolson, 1972.

Durrans, Brian, ed. , *Making Exhibitions of Ourselves*, London: Scolar Press, forthcoming.

Greenhalgh, Paul, *Ephemeral Vistas: The Expositions Universelles, Great Exhibitions and World's Fairs*, 1851—1939, Manchester University Press, 1988.

Hall, Margaret, *On Display. A Design Grauull faorr Museum Exhibitions*, London: Lund Humphries, 1987.

Harris, John S. , *Government Patronage of the Arts in Great Britain*, Chicago/London: University Chicago Press, 1970.

Hewison, Robert, *The Heritage Industry*, London: Methuen, 1987.

Hudson, Kenneth, *A Social History of Museuulls*, London: Macmillan, 1975.

——*Museuulls of Influence*, Cambridge University Press, 1987.

Horne, Donald, *The Great Museum*, London: Pluto Press, 1984.

Impey, Oliver, and MacGregor, Arthur, *The Origins of Museums: The Cabinet of Curiosities in Sixteenth and Seventeenth Century Europe*, Oxford University Press, 1985.

Lowenthal, David, *The Past is a Foreign Country*, Cambridge University Press, 1985.

Lumley, Robert, ed. , *The Museum Time Machine: Putting Cultures on Display*, London: Routledge/Comedia, 1988.

Miles, R. S. *et al.* , *The Design of Educational Exhibits*, London: Unwin Hyman, rev. p/bed. , 1988.

Miller, Daniel, *Material Culture and Mass Consumption*, Oxford University Press, 1987.

Miller, Edward, *That Noble Cabinet. A History of the British Museum*: Andre Deutsch, London 1973.

Museunls are for People, Edinburgh: Scottish Museums Council, 1985.

Myerscough, John, *Facts about the Arts*, 2, London: Policy Studies Institute, 1986.

The National Museunls and Galleries of the United Kingdom, London: HMSO, 1988.

Pick, John, *Managing the Arts? The British Experience*, London: Rhinegold Press, 1987.

Physick, John, *The Victoria and Albert Museum*, Oxford: Phaidon Press, 1982.

Schlereth, Thomas J. , ed. , *Material Culture Studies in America*, Nashville, Tenn. : American Association for State and Local History, 1982.

Stocking, George W. , ed. , *Objects and Others: Essays on Museums and Material Culture*, Madison, Wis. : University Wisconsin Press, 1985.

Weil, Stephen E. , *Beauty and the Beasts. On Museums, Art, the Laio and the Market*, Washington, DC: Smithsonian, 1983.

Witteborg, Lothar P. , *Good Show! A Practical Guide for Temporary Exhibitions*, Washington, DC: Smithsonian, 1981.

Wright, Patrick, *On Living in an Old Country: The National Past in Contemporary Britain*, London: Verso, 1985.

索　引①

A

Adelaide 阿德莱德 105－117；Art Gallery 美术馆 105；Carrick Hill 卡里克山 108；Migration & Settlement Museum 移民和定居博物馆 105，108－110，111；Parliament House 国会大厦 105，106，107，114；South Australian Maritime Museum 南澳大利亚海事博物馆 105，106，110－111；State Library 国家图书馆 105，107

Africa 非洲 38－39，79

Agnew，Thomas，&Sons 阿格纽，托马斯 & 其子 42

Alexandria 亚历山德里亚 1

American Exhibition(1887) 美国展览馆(1887) 78，79

Museum of Natural History 自然历史博物馆 33；Psychological Association 心理学协会 144；World's Fairs 世界博览会 58，82，94

Ancient Monuments & Archaeological Areas Act (1979) 古迹和考古领域法案(1979) 174，185

anthropology，museums of 人类学博物馆 32，38，39－40，126

archaeology，museums of 考古博物馆 126

art galleries 艺术馆 详见博物馆 museums

人工制品，文化：

---

① 根据原书第 225～230 页索引改编而成。条目中页码系原书页码，中译本页边码。——编者注

　　　　　　　　　　　　　　　新博物馆学

acquisition of 获得 2，104，175，177－179，186；anthropological 人类学 39－40；考古学 174，179－180，192；church 教堂 178，179，186，191；classification of 分类 7，8，19，23－24，26，127，137，142；conservation of 保持 20，74，174，198－200；custody of 监管 193－201；disposal of 处理 2，172，176，201－204；establishing ownership of 建立所有制 174－175，180－189；labelling of 标记 17，24，26，139，140；legislation covering 法律涵盖 174－204，borrowed 借出 193－201，illegal acquisition of 非法获得 173－174，175，177－179，189－192；life cycle of 生命周期 9－20；treasure trove and 无主珍宝 174，180－185，186，188

Association of Art Historians 艺术历史学家协会 45

Atkinson，Frank 弗兰克·阿特金森 64，73

audience 观众详见 visitors 参观者

audiovisual media 视听媒体 48，51，53，66，69－71，107，124，126，131

国家图书馆 105，107

Australia，South：History Trust of 南澳大利亚：历史信任 105，107，110；Maritime Museum 海事博物馆 105，106，110－111；museums in 博物馆 105－112，114，University of 大学 106

Australia，Western 西澳大利亚 99

B

Barbican Art Gallery 巴比肯美术馆 42

Beamish，North of England Open Air Museum 比米什，英格兰北部生态博物馆 73

Belshazzar's Feast《伯沙撒王的盛宴》197

Berger，John 约翰·伯格 124；

Berlin，Kaiser Friedrich－Museum 柏林凯撒弗里德里希博物馆 141

Bethnal Green Museum of Childhood 贝斯纳尔格林儿童博物馆 26－27，28，30，31；gamesin 游戏 26，29；toys in 玩具 26－31

Boston，museumsin 波士顿博物馆 15

Brisbane 布里斯班 105

新博物馆学

新博物馆学

译后记

　　曾经有一段时间，执念于旅游，热衷于参观各类博物馆。在博物馆里，最大的感受就是觉得自己瞬间渺小，面对种类繁多、具体而又抽象的展品不知所措，唯一能抓住的救命稻草就是各种解说：有文字文本的、有音频视频的，还有现场网上搜索的。确实，正如书中所言，作为普通观众，除了按照博物馆"引导"我们去理解，自己是无法把握全局的。

　　彼得·弗格编撰的《新博物馆学》无疑给博物馆学研究者、博物馆管理者，甚或是同我一样的普通参观者揭开了博物馆的神秘面纱，从该书中，读者可以了解到博物馆的历史和文化起源，博物馆的内在逻辑与秩序，博物馆现象的文化解析，博物馆和展览品的各种关系等。这本书无疑是给研究对象纷纭复杂的博物馆学研究领域理清了思绪。正本清源之余，书中不乏极其有见地的批评，如认为博物馆是先贴上标签，然后让展品来服从于标签逻辑；认为有些博物馆过度的解说性材料湮没了展品原物，以至于剥夺了观众欣赏作品原物和独立解读的权力；认为展品是能够自己"说话"的，而博物馆的义务就是如何让展品自己"开口说话"，而不是博物馆为其发声。这些来自研究者真实体验的建议和深度的理论总结给博物馆管理和研究提供了最好的借鉴。

　　该书还配有大量生动的图片，不少珍贵的图片是作者们费尽心思从收藏中找到的，由此增加了阅读此书的"沉浸式体验"，即便是普通读者也相当于游历了一遍万国博览会。

所以，解读和翻译这本著作的过程，是一个愉悦的过程，厚重的历史知识在清晰的逻辑体系的组织下，形成了此书学术与审美结合的独特风格，作为译者的我，仿佛得到了作者们私下交给的万能钥匙，打开了一间间博物馆的大门。

这本书的翻译编辑工作跨越了我人生最重要的阶段，即从博士毕业到步入工作，见证了我在人生领域和学术领域的成长，而这样有益的学习和历练过程，还得益于清华大学博物馆馆长吴国盛教授，他是科学史和科学哲学领域的资深专家，同时也是博物馆学研究的中国先行者和践行者，他向我引荐了这部著作。还要感谢为这本书的出版而付出辛勤劳动的编辑老师们，有尹卫霞女士、沈萌女士、周益群女士、陈多雨先生、胡鹏先生等，他们给予我很多的宽容，很多的建议，做了大量的文字和协调工作，还有更多我尚未知晓姓名的编辑、排版和其他工作人员，以及一贯支持我的家人和朋友们，在此一并致以深深的谢意！有一些感动不会令人热泪盈眶，却如同一抹阳光照亮心田。若流年有爱，就随心花开。缘分的际遇，每一场交集，光阴都会记得；有一些遇见，就让它沉淀在心里。希望因为这本书而相识的读者您，也是如此。

The New Museology edited by Peter Vergo was first published by Reaktion Books，
London，UK，1989

Copyright © Reaktion Books 1989

本书简体版授权北京师范大学出版社独家出版，未经许可，不得以任何方式复制或发行本书内容。

北京市版权局著作权合同登记号：图字 01-2014-7698

图书在版编目（CIP）数据

新博物馆学 ／（英）彼得·弗格（Peter Vergo）主编；王颖译.
—北京：北京师范大学出版社，2021.4（2022.11 重印）
（科学博物馆学丛书 ／ 吴国盛主编）
ISBN 978-7-303-22646-7

Ⅰ．①新… Ⅱ．①彼… ②王… Ⅲ．①博物馆学 Ⅳ．①G260

中国版本图书馆 CIP 数据核字（2017）第 179561 号

图 书 意 见 反 馈	gaozhifk@bnupg.com 010-58805079
营 销 中 心 电 话	010-58807651
北师大出版社高等教育分社微信公众号	新外大街拾玖号

XIN BOWUGUAN XUE

出版发行：北京师范大学出版社　www.bnupg.com
　　　　　北京市西城区新街口外大街 12-3 号
　　　　　邮政编码：100088
印　　刷：北京虎彩文化传播有限公司
经　　销：全国新华书店
开　　本：787 mm × 1092 mm　1/16
印　　张：16
字　　数：210 千字
版　　次：2021 年 4 月第 1 版
印　　次：2022 年 11 月第 3 次印刷
定　　价：88.00 元

策划编辑：周益群	责任编辑：胡　鹏
美术编辑：李向昕	装帧设计：李向昕
责任校对：陈　民	责任印制：马　洁